SOA
/WHINSEC
アメリカの暗殺者学校

ジャック・ネルソン－ポールミヤー著
安倍陽子訳／戸田清監訳

School of Assassins: Guns,
Greed, and Globalization

緑風出版

SCHOOL OF ASSASSINS :
Guns, Greed, and Globalization
by Jack Nelson-Pallmeyer

This book is published in Japan
by arrangement with Orbis Books.

目　次

アメリカの暗殺者学校

School of Assassins: Guns, Greed, and Globalization

日本語版への序文

これからみなさんがお読みになるのは、米国の、ある軍事訓練学校のことである。その学校の卒業生たちは、ラテンアメリカのいたるところで人権蹂躙に関わってきた。五十年以上にわたる米国の指導・訓練・支援のもとで、アメリカ陸軍米州学校（the U.S.Army School of the Americas. 以下ＳＯＡ）の凶悪な卒業生たちの中から、独裁者、諜報局長、暗殺部隊のリーダー、軍高官が続々と誕生した。彼らは、司祭、修道女、司教を含む幾万人もの無実の人々の虐殺と失踪に対する責任を負っている。

ＳＯＡの任務の中心だったテロ行為と拷問の戦術について、日本の読者のみなさんはある程度ご存知だと思う。しかし、世界の別の地域での出来事だから、そんな学校があることをご存じでない方も多いかもしれない。ホンジュラスのホセ・マヌエル・セラヤ大統領の地位を奪った二〇〇九年六月の軍事クーデターに関する新聞記事をお読みになった方もいると思うが、あのクーデターがＳＯＡ卒業生たちによって実行されたことを指摘する報道はほとんどなかった。イラクのアブグレイブ刑務所で、囚われた人々に対する米兵の虐待行為が暴露されて世界中から怒りの声が上がったが、それは米国がスポンサーとなって行ってきたテロや拷問の隠された醜い歴史が見える、窓の役割を果たしている。米軍の兵士や民間の傭兵たちがイラクで用いた拷問技術の多くは、米国によって訓練された軍隊が最初にラテンアメリカで実行した残虐極まりない手口を採用するか、それに類似したものだ。SOAと同校の卒業生たちの虐待行為を読むにあたって、SOAがならず者の機関ではないことを心に留めておくことが大切である。SOAは一九四六年から現在にいたるまで、米国の歴代大統領から高く評価されてきた重要な外交政策の手段なのだ。同じように、拷問の合法化やCIA（米国中央情報局）の秘密刑務所の設置、囚人を拷問するためにほかの国々に送り込むといった近年の米国の政策は、当時のジョージ・W・ブッシュ大統領、リチャード・チェイニー副大統領、ドナルド・ラムズフェルド国防長官を含めて、政府のトップに立つ米国の指導者たちに承認されたことを覚えておく必要があるだろう。

本書では、一九四六年から二〇〇〇年のジョージ・W・ブッシュの選出にいたるまでの期間をカバーする、米国の外交政策の四段階について述べている。四つの段階は、米国の〝必要ならば手段を選ばない〟外交政策を物語るのだが、米国はその中でエリート層の経済権益を守るために、冷酷な抑圧、レバレッジ《影響力》としての債務の活用、構造調整プログラム（SAP）の押しつけ、〝自由貿易〟協定の促進など、多岐にわたる戦術とレバレッジの形態を使いこなしていた。中期的には財界のエリートたちが懐を肥やし、圧倒的多数の貧困層が苦しむ結果となったが、長期的な結果としては、今日ではコロンビアの際立った例外を除けば、ラテンアメリカのほとんどの国々が米国の干渉をはねつけて、ワシントンからの影響の低下にともなう独自の経済開発を追求している。(訳注1)

ラテンアメリカで起きている改革と、SOAや米国の外交政策について現在直面している問題点、さらには米国の政策に挑み、よりよい未来に向かって着実に前進する上で、日本の市民が担う重要な役割がある。それはどういうことなのかを理解するために、米国の外交政策におけるさらに二つの段階を手短に説明する必要があるだろう。ジョージ・W・ブッシュが大統領の任期を務めていた時期が第五段階にあたり、バラク・オバマ大統領の当選で第六段階が始まった。

ブッシュ政権の高官たちが、世界の永久的な支配を目指して過度の軍事化と傲慢な単独主義に走った時代が米国の外交政策の第五段階である。彼らの野望と妄想をたきつけたのは、ソ連の崩壊だった。米国は世界最強の力を誇る国であり、それを抑え込む力のあるライバルなど存在しない、というのが彼らの考えだった。いかなる国や組織であれ、ふたたび米国の支配に挑んでくるのを阻止するのが米国の外交政策の目的であり、それを達成する手段が攻撃的な単独軍事行動だったのだ。財源豊かなシンクタンクに所属するいわゆるネオコン《新保守主義者》によってプランや政策が具体化されていった。二〇〇〇年の九月には、彼らが〝米国のグランド・ストラテジー《大戦略》〟(訳注2)と呼ぶものを遂行することで、米国がいかにして永久的な世界支配を実現するのかについて述べている。彼らの戦略が求めたのは——米国の軍事費の劇的な増加、イラクの政権交代、世界中の石油供給の支配、中東における基地の永続的な設置を含めた海外の米軍基地ネットワークの拡張、宇宙の軍事化(訳注3)、報復の脅威にさらされることなく米国の干渉主義政策の

訳注1　中南米の最近の動きについては、『ゲバラの夢　熱き中南米』伊藤千尋（シネ・フロント社、二〇〇九年）を参照。

訳注2　ネオコンの二〇〇〇年九月の文書というのは、新しいアメリカの世紀プロジェクト（ＰＮＡＣ）の『アメリカ国防の再建』のことである。http://www.scribd.com/doc/9651/Rebuilding-Americas-Defenses-PNAC. その抄訳は、戸田清訳「資料　『アメリカ国防の再建』の要旨」木村朗編『九・一一事件の省察』凱風社二〇〇七年）三六六～四〇一頁。

推進を可能にするミサイル防衛システムの配備、新世代の〝使用可能な〟核兵器開発[訳注4]、米国による軍事力の単独行使を制限する国際協定からの脱退、国際刑事裁判所（ＩＣＣ）の創設への卑劣な攻撃、もしくはＩＣＣの効力の弱体化である（この戦略の詳細については拙書、『帝国からキリスト教を救う（*Saving Christianity from Empire*）』、コンティニュアム・ブックス、二〇〇五年）で述べている）。

ブッシュ政権の外交政策が大失敗だったことは、だれの目にも明らかである。同政権の高官たちは、米国の力と軍事力の有効性をあまりにも過信しすぎた。完全な思い違いからくるおごりにまかせて、彼らは国々を滅ぼし、何百万もの人々から祖国を、あるいは命を奪い、国際法を卑劣な手段で攻撃した。ＳＯＡで残虐性に磨きをかけ、ラテンアメリカ全域で用いた拷問の技術を、イラクやアフガニスタンや世界のそのほかの地域に広めた。米国国内においては市民から言論・思想などの自由を奪い、国の倫理上の立場は一段と損なわれた。米国の世界的安全保障も弱まった。彼らが戦略を進めるにつれ米国経済の衰退は加速化していったのである。皮肉にも、ネオコンの戦略に没頭して弱体化した米国のひとつの結果として、ラテンアメリカの多くの国々では、それぞれが独自の目標と政策を実行に移せるようになった。以前なら残虐な報復措置を受けたはずである。さらに皮肉な結果として、第五段階では（コロンビアをのぞく）ラテンアメリカにおいて、アメリカ陸軍米州学校（ＳＯＡ）の影響力が衰えていったことが挙げられる。ＳＯＡの特徴だったテロと拷問の戦術は、別の地域に輸出された。

米国の外交政策の第六段階は、まだ始まったばかりである。過去の政策にきっぱりと別れを告げることが求められているのだが、あいにくオバマ政権の外交政策は、その必要性に応えていない[訳注5]。私の考えでは、米国はまぎれもなく帝国の急速な衰退期に入っている。米国には倫理上の権威も、経済力も、国際社会において特権的地位を堅持するために戦争を起こそうにも効果的な軍事的手段もない。昨年［二〇〇八年］、米国の軍事費は世界の全軍事支出の五〇パーセント近くを占め、世界に向けた武器輸出については六八パーセントを占めるにいたった。(訳注6)オバマ大統領のもとで、米国の軍事支出の合計は過去の大統領のそれを上まわっている。イラクとアフガニスタンの占領は今もつづいており、米国はアフガニスタンとパキスタンでの戦争を激化すると脅しをかけている。(訳注7)そして、世界的な影響力を保つために米国の指導者たちが軍事的な手段に訴えるたびに、国内経済の衰退は加速化していくのである。(訳注8)

訳注3　宇宙の軍事化については、『宇宙開発戦争』ヘレン・カルディコット、クレイグ・アイゼンドラス、植田那美、益岡賢訳（作品社、二〇〇九年）、『グローバリゼーションと戦争　宇宙と核の覇権めざすアメリカ』藤岡惇（大月書店、二〇〇四年）を参照。

訳注4　ブッシュ前大統領の核戦略については、『「核兵器使用計画」を読み解く』新原昭治（新日本出版社、二〇〇二年）、『狂気の核武装大国アメリカ』ヘレン・カルディコット、岡野内正、ミグリアーチ慶子訳（集英社新書、二〇〇八年）を参照。

訳注5　オバマ政権の軍事戦略については、ＱＤＲ（四年ごとの国防見直し）改善の方向（先制攻撃戦略の廃止または緩和）が報道されている。西村央「先制攻撃戦略見直しへ　米政府〝国際環境を考慮〟米紙報道」『しんぶん赤旗』二〇〇九年十月十八日。他方オバマのノーベル平和賞については保守系の評論家ポール・クレイグ・ロバーツからも辛口のコメントがある。Paul Craig Roberts, 2009, Warmonger Wins Peace Prize (October 09,2009) http://www.informationclearing house.info/article23681.htm

訳注6　武器輸出については、たとえば、ワシントン、ロイター発「米の武器売却　十一年で四倍に　〇九会計年度」『しんぶん赤旗』二〇〇九年十一月十五日五面、を参照。

訳注7　オバマ政権一年間の軍事関連政策については、たとえば次を参照。成澤宗男「歯止めが効かなくなった〝オバマの戦争〟」『週刊金曜日』二〇一〇年一月二十二日号。

米国の指導者たちは、自国の外交政策を根本から変えるつもりはないようだ。彼らが口にする美辞麗句は、いまだに〝必要不可欠な国家〟のそれであり、米国の軍事的優越性の立場を堅持することに固執するばかりである。人類が直面している問題で、軍事力によって解決できるものなど皆無に等しいという認識が浅すぎるのだ。たとえば、米国がオバマ大統領のもとで軍事費と戦争に充てる予算は、気候変動［地球温暖化］対策のための予算の八三倍にものぼる。残念なことに、大きく米国内の規制を受けない銀行や金融界の投資家たちによって引き起こされた世界経済の危機［特に二〇〇八年九月のリーマン・ショック以降］で、国際通貨基金（ＩＭＦ）は命拾いしてしまった(訳注9)。これは第三世界の民衆にとって良い知らせではない。その理由は、本書の中で明らかにされるだろう。オバマ大統領のもとで、米国はアメリカ陸軍米州学校（ＳＯＡ）を開校したままにして、ラテンアメリカに米国の力を顕示する目的で、コロンビア国内で七つの軍事基地を使用・設置する協定を同国とむすんだことにも考えさせられる(訳注10)。これは、米国が過去の教訓から何も学んでこなかったという恐怖心を煽るものである。

本書が日本の読者の方々に役立つことを願っている。というのも米国の民衆は、みなさんの助けを必要としているからである。日本で、そしていたるところで嫌がられている軍事基地(訳注11)の閉鎖を含めて、米国に外交政策の非軍事化を余儀なくさせるための取り組みの先頭に立ってほしい。日本には、米国が対中国の軍事同盟に日本を組み込もうとしたり、あらゆる軍事活動に日本の支援を取りつけようとしたりするのを拒否しながら、米国が非軍事化するようにプレッシャーをかけてほしい。日本の人々と政府には、米国がイラクとアフガニスタンの占領をやめるように要求してほしい。アメリカ陸軍米州学校（ＳＯＡ）の閉鎖を求める人々の声に、日本の人々の声も加わってほしい。気候変動問題に取り組み、世界中から貧困をなくし、軍事支出を削減して緊急を要する経済上のニーズに対応するのに必要な資金を確保するための、国際的な努力を支援する先頭に日本の人々と政府に立ってほしいのだ。
米国内でも多くの人々が、米国の外交政策と国内政策の大々的な変革を求めて全力を尽くしている。私たちは、ほかの国々の市民の助けを必要としている。みなさんの助けが必要なのである。

敬具

二〇〇九年十一月十三日　ジャック・ネルソン‐ポールミヤー

訳注8　オバマ政権になってからの貧困と格差の現状については堤未香『ルポ貧困大国アメリカII』岩波新書、二〇一〇年参照。
訳注9　世界経済危機についてはたとえば、『金融恐慌を読み解く』高田太久吉（新日本出版社、二〇〇九年）を参照。
訳注10　周辺国の反応についてはたとえば、菅原啓「米・コロンビア基地協定『戦争の象徴』『介入』ニカラグア　ボリビア　両大統領が批判」『しんぶん赤旗』二〇〇九年十一月十一日、を参照。
訳注11　沖縄の辺野古新基地計画については、二〇〇九年十月にゲーツ国防長官（ブッシュ政権から留任）が予定通りつくるようなかば恫喝し、オバマ大統領も十一月の来日に際して建設を要望したことは記憶に新しい。沖縄県宜野湾市に位置する米海兵隊の普天間飛行場（通称、普天間基地）は、沖縄が日本に復帰した後に「世界で最も危険な基地」といわれるまでに機能強化された。新崎盛暉・沖縄大名誉教授は、「世界一危険な基地を閉鎖・返還せよ、という民衆の声が抑えきれなくなったとき、アメリカは、返すから代わりをよこせと要求し、日本の前政権も同調した。……戦場における勝者の権利として作られた基地を返す代償として新基地を要求（するのは）まさに「盗人猛々しい」というほかない。戦後六十余年、戦場の勝者によって奪われた生活者の権利回復が、ことの本質であることを忘れないでおきたい」と指摘する。（新崎盛暉「戦後の日米関係の本質と普天間問題」『けーし風』二〇〇九年十二月号八～九頁、新沖縄フォーラム刊行会議）。二〇一〇年一月二十四日に行われた沖縄県名護市の市長選挙では、辺野古への新基地建設に反対する稲嶺進候補が当選を果たした。

はしがき

ロイ・ブルジョワ（メリノール宣教会神父）
SOAウォッチ創設者

一九八九日十一月十六日、エルサルバドルの中央アメリカ大学構内で、虐殺事件が起きた。殺されたのは、イエズス会司祭六名と専属家政婦、そして彼女の十五歳になる娘である。ジョセフ・モークレー下院議員（民主党、マサチューセッツ州）率いる米連邦議会特別委員会が調査にあたり、虐殺は、ジョージア州フォート・ベニングのアメリカ陸軍米州学校（the U.S. Army School of the Americas　略してSOA）で訓練を受けた者たちによるものと報告した。

それから数ヵ月後、SOA正門のすぐそばにある小さなアパートで、SOAウォッチの活動が始まった。ラテンアメリカについての人権報告書や情報公開法（FOIA）、友好的な連邦議会議員たちの協力を得て、ラテンアメリカではかねてから「暗殺者学校」として悪名をはせながら、米国内でほとんど知られていなかったSOAの歴史をつなぎ合わせ始めたのである。

研究を進めるうちに、米国市民が理解するのにそれほど複雑ではない概略が浮かび上がってきた。

SAOとは、銃をかかえた男たちのことであり、これまでに六万を超えるラテンアメリカの兵士たちに特別奇襲作戦、心理戦争、暴動鎮圧技術を訓練してきた戦闘訓練学校のことである。運営資金は、すべて米国の納税者が支払ってきた。兵士たちは、少数のエリートが非常に裕福で、圧倒的多数の人々を極貧におとしめたままにする社会経済システムを守るために必要な戦術を身につけた後、それぞれ母国に帰って行くのだ。

SOAウォッチの働きかけによって、六名のイエズス会司祭、米国籍の女性教会関係者四名、オスカル・ロメロ大司教(訳注1)など、SOA卒業生に殺された大勢の人々の話が全米の大学キャンパスや教会、職場などで語られ始めた。

話が広がって行くうちに、やがてひとつの運動《ムーヴメント》が誕生した。非暴力に根ざし、ラテンアメリカで苦しむ貧しい人々との連帯でむすばれた運動である。

毎年十一月にフォート・ベニングのSOAの正門前に集まって、ラテンアメリカで殺された人々の

訳注1　オスカル・ロメロについては、『オスカル・ロメロ―エルサルバドルの殉教者』マリー・デニス、レニー・ゴールデン、スコット・ライト、多ヶ谷有子訳（聖公会出版、二〇〇五年）を参照。

訳注2　「プレゼンテ！」はスペイン語で、「ここに現れる」という意味。市民運動の文脈では、過去と現在のつながりを強調するニュアンスがある。

思い出を胸に、ＳＯＡの閉鎖を求めるのがＳＯＡウォッチの運動の習慣になった。一九九〇年十一月には一〇人が集まり、二〇〇〇年十一月には一万人が結集した。このイベントを希望のフェスティバルに変えてくれたのが、ラテンアメリカと米国の講演者やミュージシャンたちである。ＳＯＡの正門前で追悼式を行った後、棺と犠牲者の名前を刻んだ白い十字架を抱えた厳粛な葬列が、境界線を越えてフォート・ベニングの敷地内に（最前列から順番に一歩ずつゆっくりと）入って行く。犠牲者の名前が（一人ずつ）読み上げられ、参列者一同が〝プレゼンテ！〟[訳注2]と斉唱する。この人は今ここに私たちとともにある、という思いを込めて。

二〇〇〇年十一月には、三五〇〇人以上が境界線を越えた。このうち一七〇〇人が逮捕され、以前境界線を越えたことのある二六人は、ジョージア州コロンバスで裁判にかけられた。十九歳の女子大学生、レーチェル・ヘイワードと八十八歳のカトリック修道女、シスター・ドロシー・ヘネッセーを含む、刑務所行きとなった二四人のほとんどが懲役六カ月の刑に処せられた。

運動に関わり、ＳＯＡに抗議したために刑務所に送られた男女の数は、現在までに七二名にのぼる。全米各地の連邦政府の刑務所で、合計四二年の刑期を務めたことになる。ＳＯＡに反対する人々に重い判決を下し、多額の罰金を科せば運動をつぶせると権力側は考えたのだが、真実を封じ込めておくことなどできはしない。そのことを心得ている政治犯たちは、刑務所の中から声を上げた。そして彼女ら・彼らが刑務所へ行くたびに運動は勢いを増し、さらに多くの人々を十一月のジョージアへ向かわせたのである。

様々な人々が集結して勢いを増すこの大規模な運動が、ＳＯＡへの圧力を一段と強め、一九九九年にはＳＯＡの予算削減案が下院で可決（賛成二三〇、反対一九七）されたことから、米国防総省（ペンタゴン）は、ＳＯＡが重大な危機に陥ったことを察知した。そこでペンタゴンが二〇〇〇年に編み出した計画は、ＳＯＡを閉鎖して、その名称をＳＯＡから西半球安全保障協力研究所（Western Hemisphere Institute for Security Cooperation、略してＷＨＩＮＳＥＣ《ウィンセック》）に変更するというものだった。これは連邦議会で賛成二一四、反対二〇四で可決された。

ＳＯＡの閉鎖を求める運動は、これに騙されなかった。新しい名称になっても同じ恥であることに変わりない。毒入りのビンを手にしてペニシリンと呼ぶようなものだ。なんと呼ぼうと、悪辣なままである。ＳＯＡ／ＷＨＩＮＳＥＣは今も銃をかかえた男たちの学校だ。その目的は、相変わらずラテンアメリカの兵士たちに米国の外交政策を実行するために必要な戦術を身につけさせ、母国に帰すことである。目的達成のためには手段を選ばない兵士を養成する学校なのだ。

ジャック・ネルソン‐ポールミヤーは実に貴重でタイムリーな本を書いてくれた。正義を渇望し、正義のために闘う世界中すべての人々に読んでもらいたい。ＳＯＡ／ＷＨＩＮＳＥＣを閉鎖し、ラテンアメリカに対する米国の外交政策に変革をもたらすための活動をするにあたって、この本が私たちに堂々と声を上げ、大胆に行動する勇気を与えてくれることを望んでやまない。

序文

一段と勢いを増すＳＯＡ（アメリカ陸軍米州学校、the U.S. Army School of the Americas）の閉鎖を求める運動や、世界中で沸き起こる反グローバリゼーションの大規模な抗議行動、コロンビアでの対ゲリラ戦の激化を含めて、様々な展開がみられるのがここ数年の特徴である。ＳＯＡも改称された（現在、公式には西半球安全保障協力研究所、Western Hemisphere Institute for Security Cooperation. 略してＷＨＩＮＳＥＣ《ウィンセック》となっている）。二〇〇一年初頭にワシントンＤＣで開かれたＳＯＡウォッチ戦略会議の席で、以上のような展開を考えると、新たな資料があった方が何かと便利だろうということになり、私が本の執筆を引き受けた。内容は、最近になってＳＯＡが名称を変えた意味を含めて、ＳＯＡと米国の外交政策、コロンビア、国際通貨基金（ＩＭＦ）、世界銀行、世界貿易機関（ＷＴＯ）、そして企業主導の経済のグローバル化とのつながりである。本書がこうした重大な問題のいずれか、あるいはすべてに関心を持つ様々な分野の人々や運動の情報源と活力になればと願っている。前著、*School of Assassins*（訳注1）を読んだことのない読者も、過去五十年以上にわたって私たちの暮らす半球で起きた大半の残虐な人権蹂躙の陰に潜む、悪名高き学校の背景について充分把握できると思う。すでに前著の内容をご存じの読者には、ＳＯＡそのものに関する動かし難い新たな証拠に加えて、企業主導の経済のグローバル化の中で、米国の外交政策の手段として現存するSOA／WHINSECの役割について、さらに踏み込んだ分析をお届けする。

この本を執筆するにあたって限りない支援をしてくれたSOAウォッチの友人たち、私の早起きと夜更かしに耐えてくれた妻、セーラと子どもたち（ハンナ、オードリー、ナオミ）、創造的な活動を通して私に希望を与えてくれた聖トーマス大学や他校の学生たち、編集のサポートに加えてこのプロジェクトに専念してくれたオービス・ブックスのロバート・エルズバーグさん、二〇〇〇年十一月、フォート・ベニングのSOAで、閉鎖を切望して葬列に加わったために、その大半が六カ月の刑に処せられたSOAウォッチの二六名の抗議行動参加者のみなさん、そして最後に「暗殺者学校」の完全閉鎖に賛同する議員を増やすための来たるべき選挙での勝利の土台を築くために多大な努力をはらってくださった、故ジョセフ・モークレー下院議員に、深い感謝の意を表したい。

訳注1　*School of Assassins: The Case for Closing the School of the Americas and for Fundamentally Changing U.S. Foreign Policy*（『暗殺者学校　米州学校の閉鎖と米国外交政策の根本的変更を求める理由』）という書名で一九九七年に刊行。本書（二〇〇一年）はその増補改訂版。

解説

ＳＯＡ（アメリカ陸軍米州学校、the U.S. Army School of the Americas）は、一九四六年から今日にいたるまで、米国の外交政策の手段として存在してきた。本書は、企業主導の経済のグローバル化とリンクした外交政策の転換を含めて、変化し続けるＳＯＡの役割を検証し、七つの主題について展開する。

１．ＳＯＡは二〇〇一年一月に改称したが、機関としては新しいものでも別のものでもない。西半球安全保障協力研究所（ＷＨＩＮＳＥＣ）は、アメリカ陸軍米州学校（ＳＯＡ）の最新の姿である。ＳＯＡの閉鎖を求める運動の高まりや、変化する地政学的状況を考えると、改称と現在の学校の役割は彼らにとって合理的といえるだろう。その任務と目的の根本的な継続性を示すために、以下の章ではＳＯＡをＳＯＡ／ＷＨＩＮＳＥＣと呼ぶことにする。

２．米国の外交政策の手段であるＳＯＡ／ＷＨＩＮＳＥＣは、開校以来ならず者の機関だったことはない。人権弾圧に関わったＳＯＡ卒業生たちは、訓練や任務に反するどころか忠実に従っているのだ。彼らは、上官（米国の外交政策立案者、ＳＯＡの教官、ＣＩＡ高官や大統領）がラテンアメリカにおける米国の利益を守るために必要と決めたことを、実行しているにすぎない。例を挙げれば、エルサルバドル、グアテマラ、コロンビアをはじめとするラテンアメリカ全域で、神父や修道女、司教、一般の伝教者など[訳注1]、進歩的なキリスト教会従事者たちが殺されたが、どれも誤解や数名の血迷った兵士たちの嘆かわしい行動によるものではない。米国の外交政策立案者たちとその同盟者らは、殺された人々と、彼女ら・彼らを導いた解放の神学を[訳注2]、経済的および戦略的利益を確保するために打ち倒さなければならない敵とみなしたのである[原注1]。

3. 米国の外交政策は一貫した特徴もかなりあるが、硬直状態というのはまずない。SOA／WHINSECとは何なのかを知る上で、外交政策戦略と戦術の転換について把握しておくことが極めて重要である。たとえば有力な米国企業にとって重要な、あるいはそうした企業が取り決めた利益を守ることを抜きにして、米国の外交政策やSOA／WHINSECの有効性を理解するのは不可能だろう。企業利益を守るために実行した戦略と作戦は、一九四六年から現在にいたるまで、目まぐるしい進化と転換をとげてきた。読者には次に挙げる年代と概要をあまり厳密にとらえすぎないようにお願いする

訳注1　教理問答書によってキリスト教の教理を教える人。カテキスタとも言う。

訳注2　「解放の神学」は一九六〇年代に始まるカトリック神学の学派で、貧困層の救済、社会変革を強調し、市民運動やニカラグアのサンディニスタ政権に協力。バチカンからは批判されたが、ラテンアメリカや東南アジアで支持が広がった。ペルーの神学者グティエレス教授などが代表的な理論家。解放の神学に関する主な日本語文献については、監訳者あとがきを参照。

ことにして、米国の外交政策を四つの段階に分けて後の章で説明する。
・第一段階（およそ一九四六年から一九七九年まで）は、軍事化と独裁政権の時代だった。
・第二段階（およそ一九八〇年から一九九〇年まで）では、米国は必要に応じて（中央アメリカなどで）弾圧を強化し、別の状況ではできる限り（いわゆる第三世界のいたるところで）一種のレバレッジ（目的を達成するための影響力）として債務を活用するという二重路線戦略が特徴だった。この段階では、国際通貨基金（ＩＭＦ）や世界銀行（ＷＢ）といった機関が米国の外交政策の中で絶大な力を持つ手段として機能しており、外交政策を履行する上で現在も引き続き重要な媒体となっている。
・第三段階（およそ一九九一年から一九九七年まで）では、米国の外交政策にとって様々な形態の経済力とレバレッジが、主要でより好ましい手段となった。第二段階で成功した二重路線政策をおもな特徴とする弾圧と構造調整の組み合わせが、第三段階では北米自由貿易協定（ＮＡＦＴＡ）のような貿易協定を通じた利得の制度化の基礎を築いた。
・第四段階（およそ一九九八年から現在まで）もまた、二重路線政策が特徴である。世界貿易機関（ＷＴＯ）と南北アメリカで自由貿易協定を拡大する努力を通して、経済レバレッジと支配力のさらなる制度化を外交政策の手段とする一方で、この段階では二つの要因に直結した激しい再軍事化の時代というもうひとつの特徴がある。ひとつめの要因は情勢の不安定化で、これは企業主導の経済のグローバル化が必然的に行き着く結果であり、もうひとつは復活をみせる米国の軍産連邦議会複合体(訳注3)の勢力である(原注2)。

4．米国の破壊的な外交政策のあらゆる側面をあやつっているのが軍産連邦議会複合体だ。ソ連崩壊に加えて、より好ましい外交政策の手段として経済力が活用されるようになると、軍産連邦議会複合体の大部分が、その目的と存在意義の危機に陥った。巨額に膨らんだ軍事予算から直接恩恵を受ける彼らは、富と権力になんとしても欠かせない莫大な歳出を正当化するのに充分な敵と脅威が必要である。軍産連邦議会複合体の焦燥感、権力、利己主義からくる要求は、実際の安全保障や防衛のニーズとはまったく関係のない危険な軍事化の復活を促している。この複合体の破壊的な威力は、戦争や現在進行中の対イラク経済制裁(訳注4)、ＮＡＴＯ拡張、〝麻薬戦争〟やミサイル防衛システムを見れば一目瞭然である。

訳注3　「軍産連邦議会複合体」は、ドワイト・デーヴィッド・アイゼンハワー米大統領が演説の中で使う目的で考え出した用語だが、結局「連邦議会」の部分を省いて「軍産複合体」として使われることになった。しかし、四十年余続いた冷戦時代、ソ連の脅威が誇張され軍事予算が激増する中で、軍部と結託した軍需企業が開発・生産する兵器システムへの予算の配分を左右する連邦議会議員の選挙区に資金を投入し、議員はそれを活用して地盤固めをするという軍・産・連邦議会の相互依存体制を説明するには、「軍産連邦議会複合体」がより適切である。この体制は冷戦後も維持されている。("Bill Moyers Interviews Chuck Spinney," NOW: Politics and Economy , Public Broadcasting Service. November 2, 2002. Transcript. http://74.125.153.132/search?q=cache:UeRKQn-fnLUJ:www.pbs.org/now/transcript/transcript_spinney.html+military+industrial+congressional+complex+eisenhower+term&cd=14&hl=ja&ct=clnk&gl=jp.)

訳注4　本書刊行の二〇〇一年当時進行中だった経済制裁は、二〇〇三年のイラク戦争開始後まもなく停止されたが、戦争の泥沼化ゆえに制裁前の状態を回復してはいない

5. 企業主導のグローバル化は、大半の企業や多くの政治家、商業メディアが並べる美辞麗句に反して、みんなのためになるものではないし、私たち［先進国の市民］の大多数のためにさえならない。企業主導の経済のグローバル化は、想像を絶する悲惨な不平等［格差］を助長すると同時に、環境を脅かし真の民主主義を卑劣な手段で攻撃する。その構造と論理をあやつっているのは、人間を破滅の道に引きずり込んだら最後、地域社会や生きる喜び、精神的な一体感や人生の意味への切実な願いを満たすことなど一切不可能にしてしまう経済上の想定と物質主義的なヴィジョンである。経済学者で、開発に関する研究が専門のデビッド・コーテンは次のように述べている。

数十億人が排除されて貧困のどん底に喘ぐ一方で、少数のエリートが強固な砦に守られて富を享受する世界を、望ましいと思う人はいない。荒廃する社会と環境の中で生きたいと思う人もいないはずだ。それなのに私たちは、人間の文明と種の存続を危うくしてまで、一〇〇万人ほどの人間の手に、必要もない多額の富を集中させている。誰一人望まない未来に向かって、一直線に進んでいる。

私たちは、経済のグローバル化がどれほど高くつくかに気づきつつある。近代化のかけ声のもとに作られた不健全な社会が、暴力、過剰な競争、自殺、麻薬中毒、強欲、環境破壊などの病的な行為を助長している。これらは、人間の絆、信頼、愛情、そして共通の価値観といったものを人々に提供できないために起こる問題だ。そしてこの機能不全が、貧困、環境破壊、社会崩壊という三つの危機に現われている(原注3)(『グローバル経済という怪物』デビッド・コーテン、西川潤監訳、桜井文訳、シュプリンガー東京、一九九七年、三三〇頁の訳文を借用、一部改変)。

6. 米国の外交政策は、その経済規模と軍事行動を含めて、地球を破滅寸前に追い込む重大な要因となっている。純粋な希望に根差した現状とは異なる未来に現実的な可能性があるとすれば、SOA/WHINSEC、北米自由貿易協定(NAFTA)といった貿易協定、国際通貨基金(IMF)や世界貿易機関(WTO)を通して行使される米国の権力のおごりと乱用に闘いを挑み、変えさせなければならない。

7. かつてないほどの難題を抱える現代は、熱烈に希望を抱く時代でもある。米外交のあらゆる矛盾、SOA/WHINSECと結びついた現在進行中の破滅的な惨事、企業主導の経済のグローバル化の誤ったヴィジョンと破壊的活動は、学生や労働者、環境保護活動家や信仰に根ざした人々のあいだで幅広い抗議を巻き起こし、現状の不当性と将来の持続可能な暮らしの展望について憂慮する人々がますます増えてきている。私たちの目標は、そうした憂慮と抗議の広がりを、社会変革のために密接に結びついた運動に変えることである。様々な問題と運動をつなげて、明確で説得力のある、現状とはまったく別のヴィジョンを言葉で表現し、創造的な非暴力行動を通して具体化する社会変革のための現実的な方策を展開する必要がある。

SOA／WHINSECの閉鎖を求める運動が、そのほかの多彩な運動体と結びつけば、「暗殺者学校」を閉鎖し、独立した真相究明委員会の設置を要求する可能性がでてくる。『ナショナル・カトリック・リポーター』の論説が指摘するように、真相究明委員会は、事実無根の博愛心、冷戦の美辞麗句、自己欺瞞、沈黙、秘密主義からなる深い層の下に隠された数々の残虐行為に関わってきた米国の指導者たちを名指しして、その責任を問うことができるのである。

人権団体や国連による膨大な証拠書類は、中央アメリカにおける拷問や暗殺をはじめとするあらゆる人権蹂躙のむごたらしい事件に関して、米国の政策と米国による同地域の軍隊の訓練が著しい要因となっていることを明らかにしている。

……グアテマラやエルサルバドルをはじめとするラテンアメリカ各国の真相究明委員会は、数々の惨事が起こったことについて、たとえ完全でないにしても、これらの国々が一定の公正な理解にいたる役割を果たしてきた。私たちには独自の真相究明委員会が必要であり、過去数十年間の米国の中央アメリカでの役割について全貌を明らかにするために、CIA、軍、その他の政府機関の証拠書類を全面開示すべきである。ラテンアメリカの国々と同じように、私たちはまず米国がどういう形で各国の民衆に苦難を負わせたのかを認識して許しを乞い、和解を求めるための手段を講じなければならない。

米国がみずからを吟味する意思がなければ、暴力行為や恐怖政治に対するその他の国々の説明責任を期待しても無理だろう。(原注4)

ＳＯＡは、米国の外交政策を見わたせる窓である。これから順を追って明らかにして行くが、この窓から見える実態は、慈善の心に富んだスーパー・パワー〔善意の超大国〕という根拠のない神話をこなごなに打ち砕く。この誤った神話は、政治、経済、文化、環境を地球規模で崩壊に導く企業主導のグローバル化のヴィジョンとその具体化をおおい隠す役目を果たすと同時に、軍産連邦議会複合体のメンバーたちが私腹を肥やすのにも役立つ。破滅的に膨張した軍事予算と、自己利益につなげようと危険なまでに世界を軍事化させる政策を正当化する複合体である。

米国の外交政策が現在目指ししている目的にＳＯＡ／ＷＨＩＮＳＥＣを照らし合わせてみると、〝新しい〟学校の実態が明らかになってくる。ＳＯＡの名称が変わる直前に、同校の校長であるワイドナー大佐は次のように語っている。「過去にもそうしてきたように、新世紀の新しいニーズに見合うよう、今こそ前進し構造改革を進める時である（原注５）」と。いったい新しいニーズとは何なのか。米国の外交政策を動かすヴィジョンとは何なのか、だれの利益のためなのか。グローバル化の時代に米国が好む外交政策の手段とは何なのか。新たなＳＯＡ／ＷＨＩＮＳＥＣに与えられた役割とは何なのか。米国の外交政策の手段である様々な軍事訓練プログラムや世界貿易機関（ＷＴＯ）、国際通貨基金（ＩＭＦ）を、ＳＯＡ／ＷＨＩＮＳＥＣはどう補足するのだろうか。

ＳＯＡ卒業生たちによる残虐行為の究明が、ＳＯＡそのものと一九四六年から今日まで同校を導いてきた米国の外交政策の双方を解明することになれば、以上の疑問への答えは米国の外交政策の核心を突き止めることにつながるのではないだろうか。何が答えなのかを見極めるには、コロンビアの軍事化と弾圧から世界貿易機関（ＷＴＯ）の規定やその立案者たちにいたるまで、米州自由貿易圏（ＦＴＡ）から西半球安全保障協力研究所（ＷＨＩＮＳＥＣ）にいたるまで、国際通貨基金（ＩＭＦ）と世界銀行の回廊からコロンビアでの破滅的な戦争や世界の不安定要因となるミサイル防衛システムで荒稼ぎする軍産連邦議会複合体の自己利益主義的で破壊的な推進者たちにいたるまで、といった具合に多岐にわたる討論と、数々の問題点に踏み込んだ理解が欠かせない。

また、グローバル化におけるＳＯＡ／ＷＨＩＮＳＥＣと、米国の外交政策の役割に関する疑問の答えを見出すことは、私たちの多くが政治的な抗議行動と運動形成の核心に踏み込んで行くことにつながるだろう。ＳＯＡ／ＷＨＩＮＳＥＣの閉鎖を求める運動は、地球規模で地域社会と生態系の安寧を卑劣な手段で攻撃する経済的、環境的、政治的な不正義の核心に闘いを挑む、創造的な運動のひとつである。運動は多岐にわたり、労働者の権利、労働搾取工場、環境への負担、広がる経済格差、致命的な債務、自己目的のためにそれを乱用する富裕層の権力や企業の影響力と権力による民主主義の侵害といった、数々の差し迫った問題に取り組んでいる。

これらの問題や懸念のひとつひとつは、その底流において企業主導の破壊的な米国の外交政策につながっており、これに闘いを挑み変えて行く必要がある。ワイドナー大佐をはじめ、ＳＯＡ／ＷＨＩＮＳＥＣ支持者の多くが、エルサルバドルをＳＯＡのサクセス・ストーリーとして引き合いに出すのには、唖然とさせられる。米国は、ＳＯＡ／ＷＨＩＮＳＥＣが大きく関わっている〝プラン・コロンビア〟（訳注5）を通して、同様の〝成功〟を狙っているのだ。ＳＯＡ／ＷＨＩＮＳＥＣやそのほかの軍事訓練プログラム、ＩＭＦ・世銀の構造調整、自由貿易協定とＷＴＯ、そして軍産連邦議会複合体はすべて、破壊的な外交政策と直結した鎖の輪である。健全で持続可能な世界へ移行する現実的な希望を少しでも持てるとしたら、今日の世界で国内政策と対外政策をあやつる強大な米国財界勢力を変えていくしかない。

広がりゆく多様な抗議運動は、希望の源泉である。数年のうちに干上がるかもしれないし、現在の砂漠のような政治・経済状況へ溢れだして豊かな実りをもたらすかもしれない。それは大きく私たちの洞察力や、かけがえのない仲間たちと通じ合う力、一人ひとりがほかの人たちと一緒になって、できることからやってみるところにかかっている。私たちの運動には、連帯することで米国の外交政策に変革をもたらし、この国の民主主義に新しい活力を与える抗議の政治とヴィジョン、そして積極的な行動主義を燃え立たせる非暴力の力を示す可能性と責任があるのだ。

訳注5　ダグ・ストークスは二〇〇二年にＺネットで次のように解説している（益岡賢のサイトの「コロンビア入門Ｑ＆Ａ」から）。http://www.jca.apc.org/~kmasuoka/places/colprim.html「プラン・コロンビアは、二〇〇〇年から二〇〇一年にかけてクリントン政権がコロンビア軍に提供した、一三億ドルからなる軍事援助パッケージである。この援助の目的は、コカ・プランテーションと、コカ栽培に深く関わっていると言われる米国が呼ぶところの『麻薬ゲリラ』の根絶にある」。

第一章

公式の歴史と民衆の物語

Official History and the People's Stories

サンサルバドルのディバイン・プロビデンスがん専門病院で、ミサをとり行っていたオスカル・ロメロ大司教が射殺されてから二十年目にあたる二〇〇〇年三月二十四日、私は彼の生涯と殉教の記念式典に参列するため、エルサルバドルにいた。その夜、十二歳になる私の娘ハンナと、私が「正義と平和の研究」を教えている聖トマス大学の一二人の学生たちとともに、キャンドルの灯が燈る首都の街を歩いた。暗闇にぼんやり燈る灯の中を、ほとんど何も語らずに歩いたあの夜の威力を、どう伝えたらいいのだろう。録音されたロメロによる説教の抜粋が、ゆっくりと進むトラックの後部にある拡声器から定期的に響き渡り、彼の声が闇夜に広がった。預言を思わせるロメロの言葉は夜の街にこだまして、生前のように、彼を愛し、また憎んだ人々の胸を貫いた。

キャンドルの小さな炎はどれも、マーチに参加した一人ひとりが語ることのない数々のストーリーと経験が放つ勇気と希望の灯だ。私はただ彼女ら・彼らの奥深い話と底知れぬ痛みを想像するばかりだった。幾度となく流血で染まったサンサルバドルの通りは、街路そのものと地域社会、そして美しくも苦難を強いられたこの国のために、ラディカルなサルバドル人預言者のヴィジョンを消さずにおこうと心しているようだった。

記憶：そんなはずではなかった

その夜、私は自分やほかの人たちのストーリーを思いながら歩いていた。一九八〇年代、米国が援助する中央アメリカ全域の軍隊によってテロリスト［国家テロ］作戦が展開されるのを、私は実際に目撃している。米国がニカラグアの民衆に仕掛けた卑劣な戦争の最中、そこで暮らしていたのだ。米国中央情報局（CIA）は、コントラ（ニカラグアの反政府右派勢力）のために〝政府高官とシンパ〟の暗殺を奨励するマニュアルを作った。『ゲリラ戦における心理作戦』と題するこのマニュアルでは、〝暗黙のテロ行為とあからさまなテロ行為〟の指示も与え、民衆を恐怖で支配することの重要性を力説している。いったん人間の心に「到達すれば、〝政治的動物〟は弾丸を受ける必要もなく敗北する……すなわち我々の標的は、人々の、すべての人々の――我々の軍隊、敵の軍隊、そして一般市民全員の心である」（原注1）という。元コントラ指導者のエドガル・チャモロは、国際司法裁判所（ICJ）で、「マニュアルが提唱する戦術の多くに不快感を覚えた」と証言している（訳注1）。さらに、「CIAの地域本部長に数々の不服を申し立てたが、まったく無反応だった。事実、FDN（ニカラグア民主軍の略称。最大のコントラ組織）はマニュアルが提唱する策略を実行して、冷酷にも多くの一般市民の命を奪った。ほかにも大勢の人たちが拷問を受け、身体を切り刻まれ、強姦され、強奪されるなどして虐待を受けた」（原注2）と語っている。元CIA高官のジョン・ストックウエル（訳注2）は、数々のテロリスト戦術が、米戦略の中核を占めているという。「女性に対する強姦や、男性や子どもたちの処刑に関する数々の技術を積極的に勧めるのは、不安定化計画における組織的な政策である」（原注3）としている。

　チャモロは、CIAの訓練担当者らが、コントラ兵士たちにテロリスト訓練マニュアルと大型ナイフを手渡したと証言している。「特別奇襲ナイフが配られた。民衆を殺すために、民衆の喉をかき切るナイフを我々の兵士たちは皆欲しがっていた」（原注4）という。さらに、国際司法裁判所での彼の宣誓供述書には、次のように記されている。

通信士官としてFDN勢力のイメージ・アップを図るのが、私の最大の任務だった。囚人やサンディニスタの協力者という疑いがある人たちを殺すのがFDNの常套手段だったから、それには随分手を焼いた。ホンジュラスの国境沿いにあるいくつものFDN、野営地で士官たちと話しながら、「あいつの喉をかき切ってやった」などとそっけなく言うのをよく耳にしたものだ。CIAはそうした戦術をやめさせようとはしなかったし、むしろ逆に、私が記者団に対して、FDNが農地改革を進める労働者や一般民衆をしょっちゅう誘拐し処刑していることを認めた時、ひどく私を非難した。サンディニスタを打倒する唯一の方法は、虐殺し、誘拐し、略奪し、拷問するだけだと命じられていた。(原注5)

コントラは、米国に援助を受けながら敗北した独裁者の残存兵士である。彼らは属する国のない軍隊であり、ニカラグア政府に対してテロ戦争をしかけるために米国によって創られた反乱勢力だった。そんなわけで、コントラの中でも米国に任命されて四十年以上にわたって権力の座についていたソモサ独裁一家の護衛として恐れられていたニカラグア国家警備隊の元メンバーたちは、以前アメリカ陸軍米州学校(the U.S. Army School of the Americas、略してSOA)で訓練を受けていたが、残りのコントラがSOAで公式に訓練を受けるのは無理だった。

米国には、外国の兵士たちを訓練するのに実にたくさんの選択肢がある。コントラに関しては、S

訳注1　これは言うまでもなく、ＩＣＪの「ニカラグア対米国事件」での証言である。裁判の結果についての、『朝日新聞』一九八六年六月二十八日の「国際司法裁、米のニカラグア介入は『国際法に違反』と裁定」という記事の冒頭を引用する。【ハーグ（オランダ）二七日＝住川特派員】国際司法裁判所（所在地ハーグ、シン裁判長ら一五人の判事で構成）は二十七日、米国が行ったニカラグアの反政府ゲリラへの援助、八四年のニカラグア港湾の機雷封鎖などの行動は国連憲章を含む国際法と米ニカラグア友好通商航海条約に違反するとして即時停止を命じる裁定を下した。同時に、裁定はニカラグアへの違法行為に対し米国は賠償を支払う義務があるとし、金額はこれから決めるとしている。同裁判所は国連の司法部門で、強制力は持たず道徳的権威を持つだけだが、ニカラグアの主張をほぼ全面的に認め、レーガン政権の軍事政策の違法性を弾劾したこの裁定の持つ政治的意義は大きい。米国は同裁判所の裁判権を拒否し、事件の審理に欠席していた。この裁判は八四年四月、ニカラグアが提訴したもので(1)八三〜八四年に米国がニカラグアの海軍基地、石油施設を攻撃した。(2)八四年初め、コリント港などを機雷封鎖した。(3)米空軍機が領空侵犯を繰り返している。(4)コントラ反政府ゲリラに対し訓練、武器、資金供与を行い、ニカラグア政府転覆を図っている。(5)禁輸をはじめとする経済措置で不法な圧力をかけている——などを指摘、国際法と一九五六年の米ニカラグア友好通商航海条約に違反すると主張した」。

　国際司法裁判所（ＩＣＪ）は一九四六年に設立。本部はオランダのハーグ。有名な決定としては：一九八六年六月二十七日、ニカラグア事件で米国の国際テロ行為は違法と裁定、一九九六年七月八日、核兵器の使用は一般的に国際人道法違反との勧告的意見、二〇〇四年七月九日　イスラエル政府のパレスチナ分離壁建設は違法との勧告的意見などがある。原告、被告となるのは基本的に国家、政府である。

　国際刑事裁判所（ＩＣＣ）は一九九八年に採択された国際刑事裁判所ローマ規程に基づき、二〇〇三年にオランダのハーグに設置。ＩＣＪと異なり政府や軍の高官などの個人責任が追及されるので、米国政府などはいやがっている。ウィキペディア（本書では、信頼がおけると思われる項目のみ活用した）の「国際司法裁判所」「国際刑事裁判所」などを参照。

訳注2　ストックウェルの映像は、フランク・ドリル監督の映像『テロリストは誰？　第三世界との戦争　僕がアメリカの外交政策について学んだこと』（きくちゆみ日本語字幕、グローバルピースキャンペーン、二〇〇四年）に収録されている。また、この作品に収録されたＳＯＡについての映像には、ブルジョワ神父も出てくる。

ＯＡは公的に禁止区域だったため、同校卒業生で独裁者のレオポルド・ガルティエリを含むアルゼンチンの将官連中と協力契約を結んだ。アルゼンチンで三万人が殺され、あるいは行方がわからなくなった残虐な時代の軍政指導者がガルティエリである。一九八一年、ウィリアム・ケーシーＣＩＡ長官は、自国の民衆に対するテロ戦争で経験を積んだアルゼンチンの将官たちが、ホンジュラスでコントラを訓練する手はずを整えた。米国が、テロ戦術を専門とする連中のあいだで多国間協力を築いた証拠はこれだけではない。コントラ（ＦＤＮ）の諜報部長は、（エルサルバドルの）ロメロ大司教の殺害計画を援助したことで知られている。(原注6)

ケーシーによれば、米国のニカラグアでの任務は、国を弱体化させることによって民衆が支持する革命の土台をくずすことだったという。「小国の平和と経済上の安定を混乱させるには、わずかな人手と若干の援助があればすむ」と。米国の援助を受けたコントラには、ニカラグア政府の転覆はできないかもしれないが、彼らは「政府にいやがらせをして」「徐々に破壊する」と読んでいた。(原注7)ケーシーは、このほかにも米国家安全保障会議（ＮＳＣ）で次のように語っている。

「注文がある。経済インフラを、特に港湾を攻撃したい。（もしコントラに）できないなら、ＣＩＡ独自の工作員とペンタゴンの軍隊を派遣する。我々は、はっきりと目に見える成果を上げなくてはならないのだ」(原注8)。米国は、数ヵ月のうちに〝米国の統制下にあるラテン系人的資源〟（Unilaterally Controlled Latino Assets）として知られる独自の人員を使って、石油パイプラインや石油貯蔵タンクを爆破した。元コントラ指導者のエドガル・チャモロは、「ＦＤＮはこの計画と一切関係なかったが、ＣＩＡの関与

を隠ぺいするために、公式に責任を認めるよう指示された」と報告している。(原注9)

CIAのマニュアルで提唱され、ニカラグアのコントラが使った戦術は、SOAやアメリカ南方軍(訳注3)が使用する訓練マニュアルの中で扱われているものと類似している。グアテマラにおける米国の作戦を再調査する米諜報監督委員会（the Intelligence Oversight Board）が要求した分厚い報告書に埋もれていた一節は、次の通りである。

一九八二年から一九九一年にかけて、SOAと南方軍司令部がグアテマラ人を含むラテンアメリカの将校たちを訓練するのに不適切な教材を使ったことを、国防省は一九九一年に知った。連邦議会はこのことについても報告を受けていた。これらの教材は、国防省から適切な評価を一切受けておらず、ゲリラの処刑、ゆすり、身体的虐待、弾圧、偽装拘留といった手段を容認するような（あるいは容認すると解釈できる）箇所もあった。(原注10)

ダメージ・コントロール《被害対策》を意識した言葉（〝教材は、国防省から適切な評価を一切受けていなかった〟と

訳注3　アメリカ南方軍（United States Southern Command：SOUTHCOM）は米軍における地域別統合軍の一つ。中南米と西インド諸島（キューバを含む）を担当地域としている。人員は約一二〇〇名、司令部はフロリダ州マイアミ所在（ウィキペディア「アメリカ南方軍」）。

か、〝容認すると解釈できる〟など）を使って秘密を守り抜こうとしても無駄である。ペンタゴンが処刑や拷問、偽装逮捕、恐喝、検閲、虐殺に対する報酬金の支払いのほか、敵に対する身体的虐待を提唱するこれらのマニュアルを機密種別からはずしたのは、世論の圧力によるものだった。たとえば、〝テロリズムと都市ゲリラ〟に関するマニュアルには、「ＣＩ（対敵情報活動）工作員のもうひとつの役割は、ＣＩの標的となる人物に挫折を勧めること」とあるが、これはＣＩＡコントラ・マニュアルの中で使われている抹殺や暗殺の遠回しな言い方と同じである。士官たちは、さるぐつわをはめる、手足を縛る、容疑者に目隠しをする、といった技術を教えられるが、こうした技術が〝尋問〟マニュアルの一環であることを考えるとき、不吉な意味を帯びてくる。何万人ものラテンアメリカの人々は、尋問のあいださるぐつわをされ、手足を縛られ、目隠しをされて拷問を受け、そして殺されたのだ。〝情報源の取扱い〟のマニュアルは、「ＣＩ工作員は、配置計画の一環として、使用人（情報提供者）の両親を逮捕、あるいは監禁するか、使用人を投獄、あるいは殴打することができる」としている。（原注11）

これらの戦術には長い歴史があり、その多くは一九六〇年代、軍の対外諜報援助計画（〝プロジェクトＸ〟）で使用された教材で中心的に取り上げられていた。こうしたマニュアルは、米国が対ゲリラ戦に最も深く関与していたグアテマラやエルサルバドル、ホンジュラスやパナマを含む中央および南アメリカの国々で広範に配布されていたのである。（原注12）ジョセフ・ケネディ下院議員は、これらのマニュアルが意味することを、次のようにまとめている。「ペンタゴン（国防総省）は、その学校（ＳＯＡ）に反対する活動家たちが長年主張していたことを曝け出した。すなわち、外国の軍の将校たちは、政治的目的を達成するために拷問と虐殺を教えられたのだ」。（原注13）

テロのパターン

ニカラグアで生活しながらエルサルバドルを頻繁に訪れていた私は、米国に支配された歴代政権が、民衆の支持を得た組織に所属する人々に対して使った弾圧的な戦術を長期にわたって見てきた。そこで出会ったのは、キリスト教基礎共同体(訳注4)のメンバーや、中央アメリカ大学（UCA）で殉教した数名のイエズス会司祭、勇敢な〝行方不明者の母親たち〟、労働組合のリーダー、人権運動のメンバー、そしてカンペシノ（零細農民）たちだった。キャンドルの灯りに照らされたロメロ大司教の追悼巡礼行進の中で、多くの人たちのことを思った。どの人も正義を求めて立ち上がったために、米国の外交政策の立案者たちや彼らと結託したエルサルバドル人同盟者らに敵とみなされ、標的にされたのである。私はキャンドルを手に歩きながら、ロメロ大司教や何万人もの人々がアメリカ陸軍米州学校（SOA）の卒業生たちに殺されたことを、はっきりと意識していた。亡くなったすべての人々と自分自身と母国を思うと涙があふれた。感慨に満ちたこの夜、私の嘆きは巡礼参加者たちが共有する希望と、痛ましい記憶の溜息にとけ込んでいった。

サンサルバドルのある人権団体の事務所で〝行方不明者の母親たち〟に出会ったのは、一九八三年に初めてエルサルバドルを訪れた時のことだった。ロメロ大司教に勇気づけられ、深い悲しみでむすばれた彼女たちは、子どもたちの死が無駄にならないようにエルサルバドルの弾圧社会を変えるのだと決心していた。どの母親も、息子や娘が〝暗殺部隊〟に連れ去られた生々しい体験を抱えていた。〝行方不明になった〟子どもたちは、歩道やバス、学校、家などから連れ去られた後、二度と姿を見せなかったのである。そのほかは死体で身体を見るも無残に変形され、残虐に拷問され、民衆へのみせしめとしてゴミ捨て場や街角に捨てられていたところを発見された。字幕つきのホラー映画のように、彼女たちはむごたらしく変わり果てた死体の写真を貼ったアルバムをまわした後、一人ひとりが目にしたおぞましい光景と体験を交えた話をしてくれた。私たちの大半は泣いた。驚くべき不条理を聞かされて身を切るように圧倒されていたその時、母親の一人が私たちにピザをふるまってくれた。また別の女性は、私たちが国に帰って米国の政策を改めるよう求めた後、ブラウスを開いてサルバドル人兵士からマチェーテ（伐採用なた：武器）で乳房を切り落とされた傷跡をさらけ出してくれた。

私たちが心にとどめておかなくてはならないのは、暗殺部隊は米国に訓練されたエルサルバドルの保安部隊と同盟関係にあった準軍事組織や軍事組織の兵士たち、ということである。彼らはニカラグアのコントラのように、米国の政策の道具であり、テロの手段だった。『ナショナル・カトリック・リポーター』（NCR）の記事によると、機密種別から解除された米国務省や国防総省、CIAの数千にのぼる文書は、「レーガンのホワイトハウスが一九八〇年代のエルサルバドルの暗殺部隊と一九八〇年のサンサルバドルにおけるオスカル・アルヌルフォ・ロメロ大司教の虐殺をだれが指揮し、資金を提供し、守ったかを完全に把握していた（原注14）」ことを示しているという。

公式の軍隊と密接につながっている準軍事組織は、民衆を弾圧する軍隊や彼らが仕える政財界にとって都合のよい口実となる。一九八〇年代のエルサルバドルや今日のコロンビアといった民衆を弾圧

訳注4 「キリスト教基礎共同体は、カトリック教会の地域民衆組織として、信仰の教えを根拠に貧困層のケアを試みる活動体であった。そのため、かつての軍政時代、とくに六〇年代末には、おのずと厳しい弾圧下で人権と社会正義を求める民衆運動の中心となった。……時代状況の推移の中で基礎共同体は、民衆運動の中に並列化されたともいえる。さらにヴァチカン保守派の圧力やペンテコステ主義の民衆への浸透も基礎共同体の停滞をもたらしたと言われる」(『グローバリゼーションの「煉獄」とブラジル・キリスト教の一断面』大倉一郎(青山学院大学総合研究所)『SOKEN 二〇〇六年十月号』掲載 http://www.latinamerica-ch.net/research/research_0610.html)。

また、「西野神社社務日誌」(札幌)というサイトの「二〇〇七年五月十日 解放の神学」という頁にわかりやすい説明があるので引用する。

「一九六八年(昭和四三年)にコロンビアの首都メジデンで開かれたカトリックの第二回ラテンアメリカ全司教会議では、こういった社会状況を背景として、司教達が日常で直面していた切実な社会問題について真剣な討議が行なわれました。このとき特に真剣に討議された社会問題は、ラテンアメリカにおける言語に絶する貧困と、これと表裏を成す目に余る社会的不公正のことで、司教達はこれを『制度化された暴力』と表現しました。そして司教会議では、真剣な討議の結果を長文の決議文としてまとめ上げました。その決議文で強く訴えられたのは『ラテンアメリカの全面的な構造改革』、つまり根本的改革であり、その実際行動でした。みずからも富んで富者と結託してきた従来の教会のあり方を反省し、貧しい人々との連携を鮮明に打ち出し、『草の根組織』として民衆と共に活動するという、従来の教会の態度からの大転換が図られることになったのです。決議文は、「教会を駆り立てるのはいかなるこの世の野心でもなく、ただ全ての人のいやしい下僕でありたいという願いなのである」と締め括られました。会議の決議文にある「草の根組織」は、「教会基礎共同体」あるいは「キリスト教基礎共同体」と呼ばれるグループが担い手となり、上層・中層階級本位の教会からはみ出した貧しい信徒達が一五〜二〇家族単位で祈りや聖書の学習などを共にして、従来の『上からの』に対する『下からの』教会を目指して活動を行いました」http://d.hatena.ne.jp/nisinojinnjya/20070510

する国々では、公式の軍隊の「人権記録」は〝向上している〟かもしれないが、同時に準軍事組織による暴力はエスカレートしているのである。米国が人権に考慮して公式な軍事援助を削減する場合にも、これと似たような〝人権戦略〟を使う。［米国の］援助削減の結果としてできた穴は、イスラエルによる軍事訓練や武器によって埋められるのだ。過去には軍事独裁政権下の韓国やアパルトヘイト時代の南アフリカが、その役割を果たしたこともある。

自由と民主主義の名のもとに、国軍と結びついた準軍事組織を使って一般市民を恐怖で支配する米国の戦略は、現在コロンビアでも繰り返されている。ヒューマン・ライツ・ウォッチ（世界最大の人権NGO）は、二〇〇〇年二月に『結ばれた絆――コロンビアと国軍―準軍事組織の連係』と題する報告書を発表した。その冒頭で、「双方が密接につながったコロンビア軍と準軍事組織による現在進行中の重大な人権蹂躙について、ヒューマン・ライツ・ウォッチは、詳細かつ説得力あふれる豊富な実証を提供する」（原注15）と述べている。

ミネソタ州選出のポール・ウェルストーン上院議員は、二度にわたるコロンビア訪問の後、マルティン・オルランド・カレノ将軍（コロンビアの陸軍司令官）に対して、準軍事組織の基地がバランカベルメハ市近郊にあり、「あなたの司令のもとで公然と作戦行動を行っている」と非難するとともに、米国の援助については「本気で躊躇している」と語った。同国訪問中、ウェルストーンは、「カレノ将軍は、コロンビア全域で軍と準軍事組織が共謀しているという報告を何度も受けていた」と述べている。さらに国軍について、「準軍事組織の行動を黙認して援助し、積極的に連係することで結果的には多くの場合、大虐殺にいたっている」(原注16)との説明を受けたという。武器と強欲とグローバリゼーションが最も生々しく交差するコロンビアは、SOA/WHINSECで訓練を受ける兵士が最も多い国である。

ロメロの追悼巡礼の中に行方不明者の母親たちはどれくらいいるのだろう。キリスト教基礎共同体に身を置いて解放の福音を信じ、正義のために力を尽くしたキリスト教徒たちはどうしているのだろう。彼女ら・彼らもこの巡礼マーチに参加しているはずだ。戦争考案者たちが仕組んだ、たび重なる極悪非道の残虐行為にさらされた後、どうやって希望を抱き続けられたのだろう。サンサルバドルでの巡礼の夜、私はキャンドルを手にそんなことを考えながら、以前(一九八八年)カンペシノ(零細農民)で基礎共同体のリーダーだった男性と交わした会話を思い出していた。彼は自分の息子について話しながら、エルサルバドルと真の信仰について教えてくれた。

彼らから死の脅迫を受けたのは、私の「重罪」のせいですが、このことについてあなたにお話できるのは奇跡でしょう。彼らは私の十八歳になる息子を連れ去って銃殺し、皮を剥いでばらばらに切り裂きました。それから彼を木に据え付けた十字架につるして睾丸を切り取り、彼の口の中に押し込みました。彼らはなぜそんなことをしたのでしょう。それは私が主の御言葉を世に喧伝する者だったからです。それが私の罪でした。国の全土で迫害が行われていましたから、私たちはそこを去らなくてはなりませんでした。私たちの罪は貧乏であること、そしてパンを乞うことです。ここでは法律は金持ちだけを優遇しますが、大多数の人々は貧しいのです。仕事がある人たちは、工場や農園で日々搾取されています。土地がなければ農作物は植えられません。仕事がありませんから飢えと窮乏が一層深刻化します。私たちには服も学校も仕事もありません。だからデモをするのですが、正義をうったえれば共産主義者と呼ばれ、パンを乞えば危険分子呼ばわりです。これは皆殺しの戦争です……キリスト教徒であり、正義を求めることは罪なのです。

エルサルバドル：SOAのサクセス・ストーリー?

私は十字架につるされた彼の息子や、同じようなめに遭わされた何千人もの人々のことを思いながら、SOAとその卒業生らが進歩的で信仰心の厚い人々を迫害する中で果たした多岐にわたる役割について考えていた。同時に二〇〇〇年二月、ロメロ大司教の記念式典より一カ月前に、クリーヴランド・シティー・クラブでSOA校長のグレン・ワイドナー大佐と交わした討論を思い起こした。ワイドナー大佐は、エルサルバドルをSOAのサクセス・ストーリーとして持ち上げた。彼は、エルサルバドルでの一九八〇年代の残虐な時代から一九九〇年代の民主化への移行が、SOAの訓練と米国の積極的な関与によるものとして引き合いに出したのである。そんな見方をクリーヴランドの聴衆にむかって披露したのだが、そこにはドロシー・ケイゼルの親類も見えていた。三人の修道女と一人の一般女性宣教師、ドロシー・ケイゼル、イタ・フォード、マウラ・クラーク、ジーン・ドノヴァンは、一九八〇年十二月二日、SOA卒業生から残虐に強姦されて殺された。討論の中で、ワイドナー大佐は、「彼らが遂行しようと考えていた政策や目的が何であれ、ラテンアメリカの人たちが行った残虐行為を大目に見たり容認したりする者は、この制服を着ている者たちの中には誰一人おりません。残虐行為を行った者たちは、SOAで訓練を受けたにもかかわらずそうしたのであって、SOAで訓練を受けたから残虐行為を行ったのではありません」と言い放った。

「我々の栄誉ある国が、まさかそんなことをするはずがない」という弁護にもとづくワイドナー大佐のバラ色の描写は、宗教家に対する迫害について米国の外交政策とSOAのつながりを示すいくつもの証拠の山を避けつつも衝突してしまうのである。人権団体アメリカズ・ウォッチは、サンサルバドルでのイエズス会司祭の殺害事件発生直後、米国の否認とは裏腹に、米国が操っていた十年にわたる戦争中、宗教家に対する迫害はパターン化していたと報告している。

教会や救援団体に対する政府の敵意は、特に明確に示された。(一九八九年)十一月十三日から十二月十四日にかけて、四〇の教会施設と教会従事者の自宅を合わせた計五四件の捜索がエルサルバドル軍と治安部隊によって行われた。教会関係者、数十名が死の脅迫を受け、政府の命令あるいは死の脅迫により国外へ脱出した。さらに数十名が拘留中に虐待され、数えきれないほどの教会がくまなく捜査され、荒らされた……国内の第一線で活躍する学者や宗教家たちが軍に虐殺されたことについて、その象徴的な意味合いをいくら強調してもしすぎることはないだろう。彼女ら・彼らの死は、またしても軍隊と暗殺部隊の暴力から逃れることはできないというシグナルを送っているのだ。ブッシュ政権は、イエズス会司祭の殺害についてエルサルバドル軍の方針から劇的に逸脱した行為とする立場を表明しているが……私たちは、殺害はエルサルバドルの十年におよぶ内戦の延長線上にあるとみている……エルサルバドル市民に対する極めて悪辣な迫害のほぼすべてに責任のある者たちは、いまだに完全な免責を享受しているのである。(原注17)

米国麻薬取締局（DEA）の捜査員のセレリノ・カスティジョ三世は、暗殺部隊と宗教家の迫害が、いずれも米国の政策の公的な産物であることを明確に示す証拠を出している。

対エルサルバドル米軍顧問のアルベルト・アダメ中佐は……彼の友人のひとりをライフル専任指導員として推薦した。……エクトル・アントニア・レガラド博士は、サンサルバドルの歯科医で、その名はエルサルバドルの権力の回廊ではよく知られていた。私は、〝死のドクター〟と握手をした。

米政界では、エルサルバドル暗殺部隊で最も恐れられている尋問者として名が通っていた彼だが、エルサルバドルでは、単に〝ドクター〟として知られていた。右翼のあいだでは、レガラドは、歯――と情報――を麻酔なしで無理やりに引き出す能力で評判だった。私は〝ドクター〟と関わる気はなかった。私はアダメに、米国大使館はレガラドをアドバイザーとして承認したのか尋ねてみた。彼は、在エルサルバドル米軍司令官、ジェームス・スティール大佐がレガラドの就任に賛成したと言った。米軍は明らかに、この男の協力と人権蹂躙などすべてを求めていた。共産主義や革命家に対する嫌悪で煮えくり返っていた〝ドクター〟は、とりわけ農民に同情する聖職者に対して侮蔑の念を抱いていた。

この〝死のドクター〟の上官だったのが、SOA卒業生で暗殺部隊を指揮するロベルト・ダビッソンである。カスティジョは、〝死のドクター〟のシニカルな業務について次のように説明している。

レガラドは、暗殺部隊の手口の生々しい実態を描いてみせた。彼らが犠牲者として選んだ人物の動きを知るために数日間観察した後、二台のバンに分乗した一二人の男たちが忍び寄って拉致するのだ。彼らは犠牲者の家から離れたところで襲いかかるのを好んだ。バンの両側のスライドドアから素早く飛び出し、通りからその人物を力まかせに引き込む。拷問がはじまると、彼らは犠牲者が絶叫する名前をすべて書き留める。ペンチを手にレガラドは即興で、不幸にして囚われた人々の歯を引き抜く。命を失いかけた血まみれの男性たちが、彼らを捕えている者たちに、今後の犠牲者を充分与えれば激痛から解放されるのではないかというかすかな期待を込めて、次々と名前を叫ぶ気持ちが私には分かる。大抵の場合、それは銃弾かナイフの刃で終わった……レガラドは、聖職者たちはキューバでエルサルバドルを弱体化するための訓練を受けた、共産主義思想をもつ侵入者だと固く信じていた。聖職者たちは卑怯者で、聖服の陰に隠れながら、彼が嫌悪する農民たちに病んだ教義を広めているとみなしたのである。彼は率直に意見を述べる司祭数人の暗殺を、個人的に指示したと話していた。(原注18)

宗教家の迫害で米国が果たした役割をごまかすワイドナー大佐だが、それは討論の数日前に、私がSOAの公式ウェブサイトで見つけた情報とも矛盾している。そこには「（SOAを）批判する人々の多くは、ラテンアメリカにおけるマルクス主義と解放の神学を支持していたが、これは米軍の助力により挫折した」（原注19）とある。いまだにこうしたレトリックを使っていることは、SOAを改革したとか、WHINSECは根本的に異なる機関であるといった主張の本質を曝け出すものである。

真の改革は、過去の犯罪に対する公正な判断、悔恨と賠償、そして説明責任の意志を真摯に示す点にかかっている。ラテンアメリカ・ワーキング・グループや国際政策センターのアダム・アイザックソンとジョイ・オルソンは、『ジャスト・ザ・ファクツ［ありのままの事実］』の中で次のように言及している。

米軍がある特定の神学を挫折させたなどという主張は、深く心をかき乱すものである。貧困層を支援する宗教家や市民運動を武装暴動と同等とみなす、ラテンアメリカの軍全体に行き渡った認識は、エルサルバドルでのイエズス会司祭六名（の虐殺）やエル・モソテ大虐殺（訳注5）を含む、数万人規模の一般市民の死を招いた。これらの犯罪に加担した者の多くは、SOAで訓練を受けていたのである。冒頭の主張がいまだにまかり通っているということは、SOAの首脳陣が、人権や米軍のラテンアメリカとの関係に対する正当な懸念について、根本的に把握していないことを示している。（原注20）

SOAからWHINSECへの改称

米国に訓練された軍隊がラテンアメリカ全域で繰り広げる行為は、米国が利益を守る目的で後援するテロ活動の一貫したパターンを暴露するものである。したがって、SOAだけに焦点をしぼるのは、誤りかもしれない。迫害は広範に行われ、外交政策体制の内部にある共通の本拠地から伸びた、あらゆる触手と結びついている。触手とは、SOA／WHINSECであり、CIA、国家安全保障会議（NSC）、ペンタゴン、南方軍司令部、軍事訓練プログラム、米国特殊作戦部隊や、その他様々な組織のことである。SOA卒業生たちの行動から迫害のパターンが明らかにされているが、同校の実態を暴き、閉鎖に追い込む運動は、ペンタゴンやホワイトハウス、そして連邦議会内にも存在するSOA支持者たちから危険視されている。

以上が、最近になってSOAが西半球安全保障協力研究所（WHINSEC）に改称した背景である。SOA／WHINSECの支持者たちが、SOAの〝冷戦期における任務〟のサクセス・ストーリーを盛んにまくし立てながら、任務を遂行する際に活用した虫唾《むしず》が走るような戦術については、その詳細に関する議論を拒む理由を物語っている。

訳注5　住民九〇〇名以上が殺された。

第二章

銃と強欲とグローバリゼーション

連続性と変化

Guns, Greed, and Globalization

Continuity and Change

ＳＯＡは、ラテンアメリカ全域で独裁者や暗殺者、そしてクーデターの学校として知られている。それはなぜなのか、米国市民として知っておく必要がある。過去五十年間に西半球で起きた、おもな人権蹂躙すべてにＳＯＡの関与が指摘されているのはなぜなのか。エルサルバドルでＳＯＡ卒業生たちがオスカル・ロメロ大司教や教会の仕事に従事する四名の米国人女性、イエズス会司祭たちの残虐な殺害を含めて、進歩的なキリスト教会関係者に対する残忍な戦争を徹底して行ったのはなぜなのか。さらに、米国の指導者やペンタゴンの高官たちは、ＳＯＡ／ＷＨＩＮＳＥＣによる恥ずべき迫害の記録を知りながらもその犯罪性を否定し、企業主導のグローバル化の時代に外交政策の手段として同校を維持しつづけようと躍起になっているのはなぜなのか。

ＳＯＡ／ＷＨＩＮＳＥＣの閉鎖を求める私たちは、ＳＯＡ卒業生たちの多くが見せた残虐性に当然ショックを受けている。しかし、私たちがしっかりと理解して覚えておかなくてはならないのは、彼らが行った虫唾《むしず》が走るような人権蹂躙は、非難されてしかるべきＳＯＡと、同校が任務を果たしている米国の外交政策を反映しているということである。ＳＯＡ卒業生たちが手を下したロメロ大司教や教会の女性たち、そしてイエズス会司祭の虐殺を、単にスキャンダル化するだけではすまされない。私たちは米国の外交政策の核心を調べて、貧しい人々を傷つけ、死に追いやる者たちを突き止める勇気を持つべきだろう。

彼らは多岐にわたる分野において、米国の外交政策の局面で、その時々の政治、経済、社会情勢に応じて先導的な、あるいは二次的な役割を果たす任務を受け持っている。彼らとは――軍事独裁者、ＳＯＡ卒業生、弾圧的戦術を駆使する軍隊や準軍事組織、債務をレバレッジとして使う国際通貨基金（ＩＭ

F）‐世界銀行の代表者、自由貿易協定と世界貿易機関（ＷＴＯ）を通じて懲戒を加える企業の計画立案者たち、そして軍事費削減と平和を恐れて脅威を過大に誇張し、自分たちの特権を守るために世界を不安定化へ導く軍産連邦議会複合体――のことである。私たちは冷戦時代だけでなく、グローバル化をすすめる企業の計画立案者たちに支配された冷戦後の地政学的移行期のあらゆる局面で、米国の外交政策の手段として果たしてきたＳＯＡ／ＷＨＩＮＳＥＣの役割について理解する必要がある。

国益と柔軟性

アメリカ陸軍米州学校（the U.S. Army School of the Americas）は、一九四六年の開校以来、所在地と名称を変えながら、米国の外交政策の手段として存在してきた。同校は、重大な不正を特徴とする西半球における経済的・戦略的権益を守り促進するために、米国とラテンアメリカ全域のエリート顧客に代わって、ラテンアメリカの兵士たちを訓練している。米国の外交政策一般、とりわけＳＯＡは、ひとにぎりの有力者の富を増大させる一方で、蔓延する貧困と極端な不平等、劣化する環境、抑制された民主主義、あるいは完全に非民主的な政策と体制を支えている。かつて米陸軍のマックスウェル・テーラー将軍は、端的にこう語ったことがある。「〝持てる者〟の先頭に立つ強力な国家として、我々はねたみ深い〝持たざる者〟から国家の貴重品を守るために戦わざるを得ないのかもしれない」（原注1）と。

粘り強く希望を掲げて、人口の大多数を占める貧困層が有意義な人生を送るチャンスを得るのに欠かせない社会変革を目指してきた人々を、SOAと同校卒業生たちは一貫して敵とみなして標的にしてきた。一九八九日十一月十六日にエルサルバドル国外にいたために、虐殺された同僚たちの運命をまぬがれたイエズス会司祭、ヨン・ソブリノは次のように書いている。

富と権力は、もしそのほかの人々が命を落とさず、尊厳を奪われることも、無力感と貧困に喘ぐこともなければ存在できない……第一世界は、つまり豊かな国々は、この世で最大のスキャンダルを隠している。スキャンダルとは、この世界そのものである。人類の三分の二が、貧困で命を失っていることが隠されているのだ。(原注2)

臨機応変な戦術と武器を駆使した、貧困層に対する現在進行中の戦争。進化しつづけるこの戦争は、率直に意見を述べて尊厳を呼び覚まし、現状とは違う別の未来にむかって組織する〝敵〟をターゲットにしている。戦術と武器は、米国によって訓練された軍隊や準軍事組織、暗殺部隊が実行するテロや拷問から、三つ揃えのスーツを着た銀行家たちが押しつける構造調整プログラム（SAP）や国際貿易規定にいたるまで幅広い。銀行家たちは通常、拷問担当者らが〝経済の自由化〟と〝民主主義〟にふさわしい情勢をつくり出した後に送り込まれるのだ。

SOA／WHINSECは、米国の〝必要ならば手段を選ばない〟外交政策の道具である。一九四六年から現在にいたるまで、SOA／WHINSEC の戦術は明らかに変化してきたが、これは地政学的状況の変化に基づくものであることを強調しておきたい。この間、〝必要ならば手段を選ばない〟政策は依然として変わっていない。地政学的状況における力学の変化を理解することで、過去と現在のSOA／WHINSECの役割を把握できるだろう。

冷戦時代には、〝必要ならば手段を選ばない〟政策は、労働者や農民、進歩的な宗教家や学生のほかにも、不正に基づく経済体制に異議を申し立てたり、人口の大多数を占める貧困層の基本的ニーズを確保するための構造的な変革を求めたりする人々を弾圧することだった。自由と民主主義のためと称して、また共産主義との闘いの名のもとに弾圧が行われていた。それは「悪の帝国」に対する英雄的な闘争に不可欠とされていた。現在、手段を選ばない政策は、兵士や暗殺部隊もさることながら、銀行家たちによって実行される確率が高い。冷戦時代の美辞麗句は、グローバル化のそれに取って代わられた。結果は貧困層にとって似たようなものだが、銀行家や国際貿易規定が外交政策の手段になると、現状とは別の道に向けて組織するのは一段と難しくなる。しかし、緊急性に変わりはない。

米国の外交政策は、過去から現在にいたるまで、有力な経済集団がみずからの権益を拡大するための手段である。外交政策の立案者らは数十年間にわたって、いわゆる第三世界の人々に対する低強度戦争の米戦略の一環として、軍事的・経済的選択肢が並んだ多彩なメニューの中から選んできたのである。（原注3）

「過度の期待や誤った経済管理のために、ほとんどの開発途上国が〝紛争の温床〟と化し、これが広がって西側工業国を巻き込む可能性」について、ペンタゴンのコンサルタントで低強度紛争（LIC）（訳注1）

の専門家である、ニール・C・リヴィングストーンは次のように指摘している。「米国の安全保障に必要なのは、戦争を仕掛ける力の再構築と、限定的な戦争を続けざまに行う能力に新たな重点を置くこと、そして第三世界に米国の力を見せつけることである」(原注4)。

しかし、一九八〇年代に第三世界の債務危機(訳注2)が拡大し、貧困層の経済的な弱さが一段と悪化した一九九〇年代と現在では、経済上のレバレッジそのものが米国の外交政策の目的追求と力を顕示するためのおもな手段になっている。残虐な軍事力による力の行使から経済上のレバレッジによる力の行使への部分的な移行は、企業主導のグローバル化の時代において、米国の外交政策の中心的な原動力となっている。SOA/WHINSECの歴史的な役割と現在の役割を把握するには、IMF・世銀の構造調整政策、NAFTAやFTAAなどの自由貿易協定、そしてWTOが、外交政策の手段であるとの認識が欠かせない。

米国は第二次世界大戦後、数十年間にわたって、おもに独裁者や弾圧的な軍隊・準軍事組織を援助することで、経済上の利益と外交政策の目的を果たしてきた。SOAと同校の卒業生たちは、弾圧的な手段で目的を達成する中心的な役割を担ってきたのである。しかし現在、米国の外交政策はおもに経済上弱い立場にある国々や民衆に対する経済力を通して達成されている。いずれにしても、利益の大半がエリートに流れる政治経済体制を確保する目的は変わらない。多くの場合、戦術は異なり、臨機応変である。経済上のレバレッジが政策目的を達成するのに充分であると思われる場合、権益は必然的に軍事力よりも経済力で守られるのだ。

抑圧的な兵士と抑圧的な経済学

抑圧的な軍隊は、ある状況のもとでは役に立っても別の状況には必要がなかったり逆効果を招いたりすることもある。この違いを認識し、反映させた政策を実行するのが経済をより好ましい力の行使の手段とするグローバル化の時代に、米国の外交政策の立案者たちが直面しているおもな課題である。

経済力の行使には様々な可能性と利点があるが、限界もある。企業主導の経済のグローバル化は、それ自体が社会の不安定化を引き起こすため、米国の外交政策の軍事的腕力は、当分のあいだそのまま存在しつづけるだろう。軍事力から経済力への移行は矛盾に満ちたもので、必然的につねに不完全である。国連の統計によれば、世界人口の半数近くが一日二ドル以下で暮らし、死んで行く。こうした状況が続く限り、安定した世界や非軍事化した外交政策を思い描くのは難しい。「富裕層の上位三名が、最も開発がなされていない四八カ国の国内総生産（GDP）の合計を超える資産を所有し(原注5)」、想像を絶す

訳注1　低強度紛争（LIC）についての日本語文献としては、『フィリピンと米国　LIC戦略の実験場』W・ベリョー［ウォルデン・ベロー］、フィリピン情報資料室訳（連合出版、一九九一年）を参照。
訳注2　『債務危機の真実』スーザン・ジョージ、向寿一訳（朝日新聞社、一九八九年）、『債務ブーメラン』スーザン・ジョージ、佐々木建・毛利良一訳（朝日新聞社、一九九五年）などを参照。

る不平等と環境の悪化、社会と文化の崩壊、急速な人口増加のすべてが企業主導のグローバル化によって深刻化しているのが世界の現状である。

別な言い方をすれば、軍事力に代わるものとしての経済力の活用について、誇張して話すのは誤りということである。企業主導のグローバル化と企業が牛耳る外交政策の擁護者の中で、最も明確に考えを示し、なおかつ横柄な人物のひとりであるトーマス・L・フリードマンは、国家は、彼の造語でいうところの〝黄金の拘束服〟と〝電脳投資家集団〟の命令に従う以外に現実的な選択肢はないと満足げに述べている。これを大まかに説明すると、国際通貨基金（ＩＭＦ）が設定した条件や、「マウスのクリックひとつで世界のあちこちに資金を動かす」（『レクサスとオリーブの木』上、トーマス・フリードマン、東江一紀・服部清美訳、草思社、二〇〇〇年、三五頁の訳文を借用）ことのできる国際的な投資家が喜ぶことはなんでも受け入れるしかない、ということになる。フリードマンによれば、「〝電脳投資家〟が集結するウォール街、香港、ロンドン、フランクフルトといった世界金融市場の要所を、〝超大市場〟と呼ぶ。今日、このような電脳投資家集団と超大市場の動向は、国家に多大な影響を与え、ときには政府の倒壊を招くことさえある」（原注6）という（前掲、東江・服部訳、三五頁）。だからといって、抑圧的な軍隊は不用というわけではない。フリードマンは、次のように言及している。「権力争いや、物質的、戦略的な利害の追求は……マイクロチップ、衛星電話、インターネットの世界においても綿々と続いている」（『レクサスとオリーブの木』下、東江・服部訳、一一頁を一部改変）。「経済のグローバル化で、地政学の役割が終わることはない」「読者の皆さんは現実にしっかり目を向けているだろうが、それでも、もう一度言おう」[原注7]（前掲、東江・服部訳、一一頁）。「経済のグローバル化で、地政学の役割が終わることはない」。

したがって、軍事化は当分のあいだ、ＳＯＡ／ＷＨＩＮＳＥＣや米国の外交政策の地政学的状況に対応した総合的なアプローチのひとつの特徴でありつづけるだろう。とはいえ、一九四六年から現在にいたるまでのＳＯＡ／ＷＨＩＮＳＥＣの役割の変容と、米国の外交政策の力学上の転換を、経済状況の大きな変化を把握せずに理解するのは無理がある。問題なのは、米国の政策の立案者たちにしてみれば、現状の変革を求める運動を鎮圧して、エリート層の経済的利益を守るために抑圧的な兵士たちを送り込むか、それとも国際通貨基金（ＩＭＦ）の構造調整プログラムを押しつけるかは、単に戦術上の問題にすぎないことである。何が可能なのかは状況に応じて変わってくるのだ。米国の外交政策の立案者たちによれば、どちらの政策オプション（あるいはその組み合わせ）にもメリットがある。フリードマンが指摘するように、「アメリカは爆弾で他国を破滅させる力を持つが、超大市場は債権のグレードを落とすことで、それを発行した国家や企業を破滅させることができる」[原注8]のだ（『レクサスとオリーブの木』上、東江・服部訳、三五頁）。銀行家たちを送り込めば、（国際的な人権擁護団体の）アムネスティー・インターナショナルとの問題は軽減されるが、この手がいつも通用するとは限らない。フリードマンはこう書いている。「Ｋマートでお買い物中の皆さまに申し上げます。アメリカ軍が任務についていなければ、アメリカ・オンラインは存在いたしません」[原注9]（『レクサスとオリーブの木』下、東江・服部訳、二六四頁を一部改変）。「マクドナルドは、アメリカ空軍戦闘機Ｆ15の設計者、マクダネル・ダグラス抜きでは繁栄しえない」[原注10]と（前掲、東江・服部訳、二六〇頁を一部改変）。

実利主義の今昔

二一世紀の経済力学を反映する実利主義は特に目新しいものではなく、少なくとも第二次世界大戦以降の米国の外交政策の核心にある、〝必要ならば手段を選ばない〟哲学を露呈している。たとえば米国は、ドミニカ共和国のラファエル・トルヒーヨの残虐な独裁政権を、三十年間にわたって援助していた。トルヒーヨは米国にとって貴重な独裁者だったが、非道な行為の数々が国内の不安定化を招いたため、彼を消す必要が出てきた。当時のケネディ大統領は、ドミニカ共和国までがキューバと同じように革命運動に成功するのを恐れて、トルヒーヨの暗殺を承認ないしは奨励したのである。ドミニカ共和国で可能な政府のあり方を思案したケネディは、結局ほかの選択肢に失敗した場合は、また別の抑圧的な独裁者を援助するとほのめかした。ケネディは次のように述べている。「実行可能な手段は、好ましいものから順に三通りある。まともな民主政権、トルヒーヨ政権の継続、あるいはカストロ的政権だ。我々は、一番目を目指すべきだが、三番目を完全に回避できるという確信が持てるまでは二番目を放棄するわけにはいかない(原注11)」。

今日の外交政策問題とラテンアメリカにおけるＳＯＡ／ＷＨＩＮＳＥＣの役割にそってこの実利主義を改新すれば、米国の外交政策の立案者たちは、〝黄金の拘束服〟、〝超大市場〟、〝電脳投資家集団〟、レバレッジとしての債務の活用、ＮＡＦＴＡ、ＷＴＯの規定や制裁の賦課を通じた経済的圧力を行使することによって、むしろ米国のやりたいことを他者に実行させる方を好んでいるということになる。

経済上の決定を駆使した外交政策についてまわるのは、生活水準の向上や人権の尊重、民主主義の普及など、経済のグローバル化がもたらすあらゆる利点についての説得力あふれる様々なレトリックである。今日のコロンビアを含めて、経済上のレバレッジやイデオロギー的な説得がうまくいかない場合、米国の政策が準軍事組織、爆弾、テロといった従来の軍事的手段に訴えるのは、状況によっては必然的といえる。こうした理由から、SOA／WHINSECの〝新しい〟カリキュラムは、おおむね戦闘訓練学校のカリキュラムのままであり、実に多岐にわたる戦術を外国の兵士たちにいたるところで訓練しているのもそのためである。

米国による軍事訓練は広範に行われているため、すべて監視するのは不可能に近い。アダム・アイザックソンとジョイ・オルソンは、『ジャスト・ザ・ファクツ：米国の防衛とラテンアメリカとカリブ地域への安全保障援助に関する市民のためのガイドブック』の中で次のように述べている。

米国は、ラテンアメリカの軍人を多様なプログラムと財政支援部門のもとで、数多く訓練している。完全な数字として扱うべきではないが、筆者が得た情報によると、米国は一九九八年にラテンアメリカの軍人九八六七名を訓練しており、このうち大部分の訓練が米国内の学校ではなく、ラテンアメリカ地域で行われた。たとえば、一九九八年にエクアドルで訓練された軍人の数（一二〇〇名）だけをみても、ジョージア州フォート・ベニングのアメリカ陸軍米州学校（SOA）の全学生数（八七五名）を上まわっている。ラテンアメリカの軍人を訓練するための施設としては、S

OAとテキサス州のラックランド空軍基地にあるインター・アメリカン・空軍アカデミーが米国内で最大規模だが、一九九八年にはその二つの施設で一七一九名の訓練を行った。同年、米国内にある別の一〇二カ所の施設でも、ラテンアメリカの軍人を訓練している。南方軍の司令官、チャールズ・ウィルヘルム将軍によれば、一九九八年には二二六五の個別配置で四万八一三二名の米軍人がラテンアメリカ・カリブ海地域を訪れている。このうち少なくとも一八回は、大規模な軍事訓練だった。(原注12)

SOA/WHINSECは、残虐な人権記録にもかかわらず開校したままだという声が、SOAを批判する人々から上がることもある。しかし、より正確には、過去から現在にいたるまで、外交政策の手段である同校の重要任務にはむごたらしい迫害行為が不可欠だからこそ、SOA/WHINSECは開校したままなのである。

第三章

SOAに注目

Focus on the SOA

SOAの最初の所在地は、国の存在そのものが米国の力の乱用と傲慢ぶりを反映したパナマだった。「合衆国は、中国では門戸開放を要求しながら、ラテンアメリカでは（モンロー宣言や多くの軍事干渉によって）門戸閉鎖、つまり、合衆国以外のどの国をも締め出すようにと主張していた。合衆国は、パナマ運河を建設し、支配するために、コロンビアに対する革命を計画し、パナマという「独立」国家を樹立した」(原注1)と歴史家のハワード・ジンは書いている（『民衆のアメリカ史』下巻、ハワード・ジン、富田虎男ほか訳、猿谷要監修、明石書店、二〇〇五年、九三頁）。SOAの内部関係者であり擁護者の、ジョセフ・C・ルーアーは、パナマ建国とその直後の時期について次のように述べた。

その年（一九〇三年）の十一月、主要な港湾都市、コロンのはずれに停泊中の米海軍ナッシュビル号を先頭とする駆逐艦隊に配置された米兵たちが注意深く見守る中、パナマはコロンビアからの独立を宣言した。駆逐艦隊の駐留で具体化された暗黙の保証は、米国側がパナマのジャングルを抜ける運河建設を自由裁量で行うのを認めた新共和国と米国間のヘイ＝ブノー・バリージャ条約(訳注1)締結に到った。来たる百年のあいだに米国が支配する運河地帯が造成されて、大洋間に運河が建設される。米軍は、熱帯の地形を開拓して造られた複数の基地から、放射状に広がる半球的規模のプレゼンスを確立することだろう。(原注2)

この詩的なレトリックは、米国によるラテンアメリカの軍事化に対する代償と責任を覆い隠し、ジミー・カーター大統領任期中の一九七七年に締結されたパナマ運河条約の一環として、SOAがパナマから追放された理由を曖昧にしてしまっている。

パナマの民衆がSOAの排除を求めたのは、開校からパナマ運河条約締結までの三十数年のあいだに独裁者と暗殺者、そしてクーデターの学校というしかるべき評判が、ラテンアメリカ全域で取りざたされていたからである。一九八四年にジョージア州フォート・ベニングに移転した(原注3)SOAは、現在も同地にとどまり、最近の西半球安全保障協力研究所(WHINSEC)への改称に乗じて形を変えながら、一貫した任務をつづけている。

SOAは、数十年間にわたって米国の対ラテンアメリカ政策の中心で機能してきたが、SOAの存在を知り、SOAの任務、あるいはラテンアメリカの人々がいかにSOA[による残虐行為]を体験してきたかについて、関心を払う米国人は少ない。ラテンアメリカの国々では、SOAと人権蹂躙、暗殺部隊、独裁との結びつきが知られている一方で、一九九〇年代まで米国市民の目にはほとんどふれることがなかったのだ。こうした事実は、米国の傲慢さや市民の無知、軍事化、秘密主義と慈善の心に富んだスーパー・パワーという米国内の結束を促す神話を雄弁に物語っている。

訳注1　米国のジョン・ヘイ国務長官(一八三八〜一九〇五、任期一八九八〜一九〇五年)とフランスの技術者・軍人でエコール・ポリテクニーク出身のフィリペ・ジャン・ブノー・バリージャ(一八五九〜一九四〇)のあいだで合意された条約。つまり米国人とフランス人がラテンアメリカ人をさしおいて決めたものである。ウィキペディア「ジョン・ヘイ」(日本語、英語)、ウィキペディア「Philippe-Jean Bunau-Varilla」(仏語、英語)を参照。

神話と現実

ヴィンセント・ハーディングは、マーティン・ルーサー・キング牧師に関するエッセイの中で、軍事化を暴き、［米国は］慈善の心［に富んだ国］という神話を打ち砕いて、私たちの国を公正な目で見つめ直す必要性を説いている。ロメロ大司教の追悼記念式典のためにエルサルバドルに滞在していた時、私はこのエッセイについて考えながら、キング牧師と違ってロメロ大司教は比較的、好都合な人物に矮小化されるのを免れてきたことを嬉しく思った。ハーディングは、キング牧師が訴えた〝価値観の革命〟と、自国の軍隊が破壊的な経済体制に奉仕する、軍国主義的な国家としての米国に対するラディカルな批判に、私たちは〝追いつく〟べきだと主張している。神話を作り出す権威ある者たちは、ラディカルなキング牧師を矮小化し、イコン（偶像）に変えてしまった。ハーディングは、こう書いている。「（キング牧師は）無事に死んでくれたらしく、今やきちんと国家の英雄の座に据えられている。軍楽隊と、〝ウィー・シャル・オーヴァーカム〟を歌う米海兵隊のコーラス、そしてリズムに乗った軍旗衛兵の行進をともなって……」と。実際のラディカルなキング牧師は、「米国が戦っているベトナム戦争に対する非難の声を一段と強めて」他の聴衆にむかって「断固として良心的兵役忌避者の立場を貫いて、従軍牧師の職を受け入れない」と宣言したことを、ハーディングは私たちに思い起こさせている。キング牧師というラディカルな預言者の人物像について、彼は次のように続けている。

キング牧師は、正義を求めて政府と国家に異議申し立てする方法を探求する中で、ベトナムの現実に絶えず邪魔されていることに気づいたのである。米国の貧しい若者たちは、かつてない規模で一掃され、犠牲者となり、また死の執行人となった。ベトナムの貧しい人々は、肉体的にも文化的にも破壊されてしまった。さらには不法な戦争がもたらす悲惨な荒廃のすべてが、自国の民衆が必要としているものに対応するための国の潜在的な財源から数十億ドルを、また一生分のエネルギーと創造性を奪っていることをキング牧師は分かっていたのだ。（原注4）

ハーディングによると、キング牧師は「権力の抑圧に立ち向かうために、貧困層の組織化」（原注5）を目指していたという。キング牧師独自の言葉を引用すると、米国は、「今日の世界における最大の暴力の調達者である。［この国は］時代に逆行して白人による植民地主義の永続を求める戦争をしている」。国家は、「資本主義の悪が、軍国主義の悪や人種差別の悪と同じように現実的であることを」認識するべきだと述べて、私たちはみずからを「人種差別、極端な物質主義、軍国主義という三つの悪から」解放しなければならないと力説した。「米国の今の資本主義のあり方は、どこか間違っている。私たちはこの価値体系に統合されるつもりはない。力は再配分されるべきだ（原注6）」と。また、キング牧師は次のように語った。

特権階級に属する地上の少数者たちに対して、嵐が巻き起ころうとしている。そこには個別の避難所も軍備もない。地上の果実の公平な分配によって、すべての人間が人並みの生活に必要な

ものを享受し、尊厳をもって生きられるようになるまで、この嵐が静まることはないだろう。(原注7)

米国は、世界で起きている革命で誤った側についているとして、貧しい人々を敵にまわすのではなく、貧しい人々に寄り添うべきだとキング牧師は語り、価値観の革命がなければ、「米国の善意ある人々は、米国が(引き起こす)中央アメリカを含めた、世界中の新たなベトナムに対して抗議するようになるだろう(原注8)」と預言めいた予測をしたと、ハーディングは書き留めている。

私たちにとって、キング牧師に追いつくということは何を意味するのか、ハーディングは、次のように述べている。

私たちがキング牧師に追いつくには、彼が公然と非難していた軍国主義の歴然とした矛盾を、すべて事実として認めるしかないだろう……兄弟(キング牧師)より前へ進むには、軍事化する国の予算に対する抵抗を組織して、子どもたちの想像力や外交政策や私たちの暮らしに関心を向けつづけるしかない。私たちは行進、デモ、座り込み、あらゆる暴力の弱体化、納税の拒否、平和に役立つことへの寄付、そしてペンタゴンを閉鎖に追い込むような、非暴力のうちに平和を創造する勢力はあるのだろうかというマーティン・ルーサー・キング牧師のかねてからの問いかけへの答えを探求しつづけることで彼に追いつき、前進するのである。私たちはどこにいようと、どんな家庭や地域社会にあっても、私たち自身の内と外に平和の貯水池を創って、きたるべき大洪水に備えてどんなに小さな場所でも水をまいて前進するのだ。(原注9)

キング牧師に追いつく努力をするうちに、私たちは間違いなくロメロ大司教と接することになるだろう。ラディカルな存在としては、ほとんど忘れ去られてしまったキング牧師のように、ロメロ大司教もまた、米国の軍国主義と慈善の心に富んだ米国という神話に闘いを挑んだ。その例として、一九八〇年二月に彼がカーター大統領に宛てた手紙がある。

米国政府が「エルサルバドルの三大隊に兵站と通信技術と諜報活動を訓練するために」軍事装備と顧問を送り込んで、エルサルバドルの軍備競争に拍車をかけようとしているというニュースに深く憂慮しています。この情報が……もし正しければ、貴政府の出資は、エルサルバドルで正義と平和が広がるのを支援する代わりに、最も基本的な人権を尊ぶための闘いに携わる組織の人々に向けられた不正義と抑圧を、間違いなく激化させるでしょう。

あいにく現軍事政権、特に国軍と治安部隊は、実際には国の重大な政治的・構造的諸問題を解決する機能を果たしていません。彼らはほとんどの場合、抑圧的暴力に訴えるため、これまでの死傷者数は、前軍事政権下のそれを上まわっています……去年十一月に「エルサルバドルを訪れた六名の米国人グループは……二〇万ドル分のガスマスクと防弾チョッキを提供し、デモ参加者に対する使用法を教えた」というのがもし本当ならば、それ以来、身体の防御と能率を上げた治安部隊は、致命的な武器を使って、明らかに以前にも増して民衆を激しく抑圧するようになってきたことを、あなたは知らされておくべきです。

以上の理由から、エルサルバドル人であり大司教として……私には信仰と正義がこの国を統治しているかどうか、確認する義務があります。もし真に人権を擁護する気があなたにあるのなら、エルサルバドル政府に対する軍事援助の供与を禁止し、エルサルバドル民衆の運命を決めるのに際して、貴政府が軍隊、経済、外交その他の圧力を使って直接的あるいは間接的に介入することがないよう保証することをあなたに求めます。外国の権力がエルサルバドル民衆に干渉し、失望させ、抑圧し、私たちの国が進むべき政治経済の道を自主的に決定するのを妨げるのは不当であり、悲しむべきことなのです（原注10）。

カーター大統領はロメロ大司教の訴えを却下した。レーガン大統領が就任すると、中央アメリカは、地上で最も重要な地域となった。「中央アメリカは、南北アメリカすべての国々の国家安全保障にかかわる問題だ。同地域で我々自身を守ることができなければ、どこであろうと優位を得られる見込みはない。我々の信頼性は衰え、同盟諸国は崩壊し、自国の安全が危険にさらされることになるだろう（原注11）」。レーガン大統領がこう主張してまもなく、ロメロ大司教やエルサルバドル民衆は、〝世界における最大の暴力の調達者〟の犠牲になった。米国のインドシナ半島における戦争計画立案者たちの多くが、「ベトナムで傷ついた」自尊心や経歴、そして資本主義と国家のプライドを、中央アメリカで取り戻そうとしていたのである。

ロメロ大司教はエルサルバドルでの米国の役割と軍事化が、どのような結果をもたらすかについて充分把握していたが、いずれ彼を暗殺することになる者たちが、SOAで訓練されていたことについて知るよしもなかった。

一九八三年八月十五日、（SOA所在地の）フォート・ベニングで、ロイ・ブルジョワ神父と陸軍予備兵のリンダ・ヴェンティミグリアとオブレイト修道会司祭のラリー・ローズバーグは、米国による軍事訓練とエルサルバドルにおける抑圧の関連性を米国市民に知らせようと、挑発的な市民的不服従行動に出た。SOAを閉鎖に追い込む取り組みに力を貸してきたロイ・ブルジョワ神父たちは、当時、ロメロ大司教がSOA卒業生に殺されたとは知らなかったものの、フォート・ベニングで大勢のエルサルバドル人が訓練されていて、エルサルバドルでは米国の援助を受けた卑劣な戦争で、数万人もの一般市民が殺されていることは分かっていた。放出物資として手に入れた米軍服を着た三人は、ロメロの最後の説教を録音したテープと大型ポータブルラジカセを抱えて、フォート・ベニングの基地に入って行った。エルサルバドルからの訓練生たちが寝泊まりしている宿舎に近い木によじ登ってラジカセを大音量にし、録音テープを流したのである。ロメロ大司教の声が大きく轟いた。

兵士の皆さん、国家警備隊の皆さん、そして警察官の皆さんに、私からの特別なお願いがあります。あなた方兄弟はみんな私たちの仲間です。私たちは同じ民衆です。あなた方が殺すカンペシノ（零細農民）たちは、あなた方の兄弟であり、姉妹です。人から殺せという言葉を聞いたら、神の御言葉を思い出してください。「なんじ殺すなかれ」と……神の御名において、底知れぬ苦しみを背負い、天にむかって嘆き叫ぶ私たちの民衆の名において、あなた方に懇願します。お願いです。神の御名においてあなた方に命令します。抑圧をやめなさい！(原注12)

カーター大統領へ手紙を送ってから五週間後、そしてエルサルバドルの兵士たちにこの心を揺さぶる呼びかけをした翌々日、サンサルバドルのディヴァイン・プロヴィデンスがん専門病院でミサをとり行っていたその時、ロメロ大司教はＳＯＡ卒業生たちに暗殺された。

一九八九日十一月、サンサルバドルの中央アメリカ大学（ＵＣＡ）で起きたイエズス会司祭六名と彼らの専属の家政婦、そして彼女の娘の殺害について、ジョセフ・モークレー下院議員が調査をしたことから、ＳＯＡに対する世間の注目が高まった。イエズス会司祭の殺害について米国政府は即座に反応し、リチャード・チェイニー(訳注2)米国防長官は語気を強めて、「エルサルバドル政府が関与した徴候は一切ない」と言い放った。(原注13)ブッシュ（父）政権は、敵対する武装勢力にイエズス会司祭殺害の罪をきせようと躍起になりながら、米軍事援助が滞りなく流れるよう根気強く動いていたのである。

米連邦議会特別委員会は、一九九〇年四月三十日に発表した報告書で、同殺害に責任を負う者たちは、フォート・ベニングのＳＯＡで訓練を受けていたと結論づけた。彼らは米国で訓練を受けた軍のエリートであるアトラカトル大隊に所属しており、殺害直前に〝人権〟コースを修了していたのだ。

国連・真相究明委員会が一九九三年三月十五日に提出した報告書によって、米連邦議会特別委員会が示したアメリカ陸軍米州学校（SOA）に対する憂慮が確証されると同時に、一層深まっていった。しかし、一九八〇年代にエルサルバドルに関心を向けていた者にとって、真相究明委員会の報告書には驚くに値するものはほとんど見当たらなかった。報告書は、人権侵害、虐殺、ロメロ大司教や教会で働いていた四名の米国籍女性、イエズス会司祭の虐殺を含む一般市民の死の大半は米国が訓練し、資金援助し、武装したエルサルバドル軍と米国の後ろ盾を受けた歴代政権に責任があるとした。

真相究明委員会は、エルサルバドルにおける米国の役割を具体的には示さなかった。米国は部屋の中にいるゾウのようである。だれもがその存在に気づきながら、そのことにふれる者はいない。米国は、真相究明委員会が失踪、弾圧、虐殺やその他の人権蹂躙の大半に対して責任を負うと指摘する複数のグループに、（六〇億ドルを超える）財政、兵站、軍事、イデオロギー的な支援を提供していたのだ。同委員会は、数々の残虐行為に対する最高責任を負うエルサルバドル人将校の名前をリストアップした。国連側のリストをSOA卒業生のリストに照らし合わせると、エルサルバドルにおける残忍な戦争の中でも最悪の残虐行為の数々に関わったとして挙げられた六〇名以上の将校のうち、三分の二強がSOA卒業生だった。(原注14) SOAの支持者たちが、残虐行為を犯した者たちを一部の腐ったリンゴにたとえ

訳注2　後にブッシュ（子）政権の副大統領となる。

たり、エルサルバドルをサクセス・ストーリーに持ち上げたりする時、この数を覚えておきたい。

米国の対ラテンアメリカ外交政策の中核にある、見下げ果てた機関の解明がなんとしても必要だったが、イエズス会司祭の殺害やモークレー下院議員の特別委員会と、国連・真相究明委員会がその役割を果たしたことになる。秘密が漏れ出したのだ。ＳＯＡウォッチの誠実な抗議行動と丹念に収集した有効な証拠資料が、驚くべき迫害の数々を列挙するにつれて明らかになっていったのは（原注15）、ＳＯＡと同校卒業生が関与する残虐行為が広範囲に及んでいたことである。

ＳＯＡと同校卒業生が関係する卑しむべき行為は、エルサルバドルだけでなく、ラテンアメリカの国々で展開していたのである。全体として、この証拠は国内外で高い代償をもたらす破滅的な外交政策を垣間見せてくれる。それは重要であると同時に、不快でもある。

冷戦の任務

二〇〇〇年の秋、アメリカ陸軍米州学校（ＳＯＡ）は、同校の公式機関誌、『アデランテ』の終刊号を出した。〝歴史的な終刊号〟は、グレン・Ｒ・ワイドナー大佐による「校長のあいさつ」ではじまった。

　アメリカ陸軍米州学校が出版する『アデランテ』の超特別版をお届けすることを、誇りに思っております。本校は、二〇〇〇年十二月十五日をもちまして、米国やラテンアメリカ、カリブ海諸国への五十四年にわたる格別な貢献を終え、独自の旗をたたみます……。

二一カ国から六万一〇〇〇名を超える兵士や民間人が、冷戦期の叙事詩的な闘いと時を同じくして、本校の諸課程で学んできました。冷戦は、南北アメリカで深い共鳴をもたらし、外部からの援助を受けた数々の内戦は、この地域に数世紀にわたって蔓延してきた従来の対立関係と社会経済的な害悪を増大させました。したがって、反乱の脅威に立ち向かうためにラテンアメリカの軍隊を訓練するという本校に託された役割は、専門事項を学ぶ目的で諸国の軍隊をこの地域に集め、半球の平和を促進することで、より確かな相互理解と潜在的協力をもたらすという、広義の目的を覆い隠してしまったのです……。本校は、米州機構（OAS）憲章のもとで出現した体制の重要な側面を構成していました。この体制は、紛争の平和的解決、安全保障上の脅威に対する集団的対応と、南北アメリカの人々のための社会的・経済的発展に専念してきたのです。

SOAは冷戦の任務を果たし、閉鎖しようとしています。過去にもそうしてきたように、新世紀の新しいニーズに見合うよう、今こそ前進し構造改革を進める時なのです。OAS憲章が最優先事項として掲げる目標はどれも、各国にとって今もなお決定的な重要性を持っており、軍のプロフェッショナルたちが共通の業績にむかって一致団結して行動するよう備えるために最善を尽くす新機関を形成する上で、指針を示してくれることになるでしょう。(原注16)

ワイドナー大佐の言葉は、いくつかの重要な点で事実を暴露し、同時に歪曲している。まず、彼が

SOAに過去形で言及している点である。二〇〇〇年十二月十五日現在、SOAはもはや存在しなかった。これは「終刊号」だとしている。SOAは、「五十四年にわたる格別な貢献を終え、独自の旗をたたみ、「体制の重要な側面を構成し」「冷戦の任務を果たした」という。SOAを過去形で語ることで、ワイドナー大佐はSOAを、それに取って代わった〝新しい〟学校(WHINSEC)から距離を置こうとしているのである。

これは、『アデランテ』からの引用文だが、一九四六年以来、SOAは様々な名称で呼ばれ、米国の外交政策の手段としてあらゆる任務を行ってきたことを明らかにしている。ワイドナー大佐は終刊号を、「一九四六年の創立以来、様々な形態をとってきたSOAの歴史について順を追って列挙する」ことに充てている(強調線は筆者による追加)。その正反対のレトリックとは裏腹に、ワイドナー大佐は、WHINSECがSOAの新たな形態であり、新たな別の機関ではないことを承知しているのである(原注17)。

暴露と歪曲の二点目は、長引く冷戦の影についてである。ワイドナー大佐は、「冷戦期の叙事詩的な闘い」によって、SOAが本来の目的を放棄し、「外部からの援助を受けた数々の内戦」に焦点を絞ったとしている。「ラテンアメリカの軍隊を訓練するというSOAに託された役割」が、「反乱の脅威」に対処するために拡大したことから、この冷戦の現実が、SOAの「広範な目的」を「覆い隠してしまった」という。優等兵のように、SOAは言われたことをきちんとやり遂げて、「SOAは冷戦の任務を果たし、閉鎖しようとしている」というのだ。

改称という相手の出鼻をくじく策略と、SOAを頻繁に冷戦と関連づけた言及の問題点は、実際に新しい機関であれば、その根底にあってしかるべき真の自己反省、過ちに対する認識、後悔、告白、償い、深い自責の念など微塵もないことである。

その例として、ジョセフ・ルーアーは、彼の論説のタイトルを『プロフェッショナリズムの半世紀……』(原注18)としている。SOAを批判する人々をしりぞけて、ワイドナー大佐と同様に、利用した戦術、標的にされた数々のグループ、奪われた命についてなんら言及することなく、冷戦で成果を上げたSOAの任務を引き合いに出しているのだ。

冷戦における東西のイデオロギー競争の結果として、中央・南アメリカ地域に広がった熱い戦争を戦う戦士たちのための統合訓練施設として活動することが、USARSA(アメリカ陸軍米州学校：SOA)に課された役割であった。本校で学んだ数万名の米国およびラテンアメリカの軍人たちによって、任務は成功裏に遂行されたのである。しかし、世紀の絶頂にあってUSARSAをついに閉鎖に追い込んだのは、本校が卒業生らに犯罪行為をそそのかしているという名誉毀損の申し立てによるものであった。(原注19)

このような見方で判断すれば、SOAの閉鎖を求める運動は、くだらない懸念を抱く復讐心に燃えた人々につき動かされていることになる。さらに重要なのは、冷戦の任務がSOAとその卒業生らによって成し遂げられたことが頻繁に引き合いに出されるが、検証に関してはゼロという点である。何の問題もない完璧な学校を閉鎖して、新たな名称で、同じ敷地に、基本的に同じカリキュラムの別の学校を開校するというのは奇妙ではないだろうか。新たなSOA／WHINSECを過去のSOAから遠ざけたいワイドナー大佐の欲求と、SOAが冷戦の任務を果たしたという中身のない彼の告白から、二つの疑問がわいてくる。過去のSOAの行動がSOAの支持者たちが言うように崇高であるなら、なぜ新たな学校にSOAから距離を置かせようとするのだろうか。そして、SOAが冷戦の任務を遂行するにあたって、どんな戦術が使われたのだろうか。

最初の疑問の答えは、実にわかりやすいものである。〝新たな〟WHINSECが〝過去の〟SOAから遠ざけられ、〝何の問題もない完璧な学校〟が、同じ場所にほぼ同じカリキュラムの別の学校に取り替えられるのは、同校とその卒業生らの任務と行為が、必然的に凄まじい人権蹂躙と残虐行為をともなってきたからである。改称というこっけいな茶番は、二つの重要なメッセージをはらんでいる。まずSOAの真相は、米国の指導者たちにとって非常に重要な何かを脅かすことなしには承認されないこと。そして、SOAや同校卒業生たちが関係する人権蹂躙やその他の迫害は、SOAの任務の中核にあり、過去から現在にいたるまで、高い評価を得ている外交政策の手段としての地位を築くのに役立ったということである。

ワイドナー大佐やその他大勢の米国の外交政策に責任がある者たちは、SOAの冷戦の任務を語っても、その任務の本質や、どのような戦術を使って成し遂げたのかについては沈黙を貫いている。改称は、米国が訓練したSOA卒業生たちの身の毛もよだつ蛮行によって外交政策の目的の多くが達成されたことを曖昧にするためのものである。ワイドナーは、冷戦と言いさえすれば、彼やSOA、SOA

卒業生や米国の外交政策の立案者らが法的・倫理的責任から当然逃れられると思っているのだ。冷戦という状況や〝共産主義〟との戦いの中でなされたことは何であれ正当化されるため、詳細を示すのは（彼にとって）不必要であり愚かなことなのだ。詳細に関しては完全な沈黙を守り、ただひたすらSOAは「冷戦の任務を果たした」から閉鎖すると言った方が賢明なのである。

ワイドナー大佐が、成功裏に終えたSOAの任務を冷戦という状況に据え置く事実は、冷戦の美辞麗句を口実に、米国によって実行された政策を考察するよう私たちに誘いかけている。

第四章

証拠と戦術

Evidence and Tactics

イエズス会司祭虐殺事件の調査と国連・真相究明委員会によって、一般市民の関心がようやくアメリカ陸軍米州学校（ＳＯＡ）に向けられるようになった。ＳＯＡは、もはや監視の目を避けられなくなったのである。それは、接近してくる車のヘッドライトをいきなり浴びた鹿のようだった。

・ロメロ大司教暗殺事件で出頭命令が出た三名の将校のうち、暗殺部隊の創設者、ロベルト・ダビッソンを含む二名は、ＳＯＡ卒業生である。
・マウラ・クラーク、ジーン・ドノヴァン、イタ・フォード、ドロシー・ケイゼルの強姦・殺害事件で出頭命令が出た五名の将校のうち、三名はＳＯＡ卒業生である。
・労働組合のリーダー二人の殺害事件で出頭命令が出た三名の将校は、いずれもＳＯＡ卒業生である。
・残虐極まりない内戦の中でも、ことによると最も恐ろしい事件であり、米国政府が躍起になって隠ぺいした、エル・モソテ村における九〇〇人以上にのぼる住民の大虐殺事件で出頭命令が出た一二人の将校のうち、一〇名はＳＯＡ卒業生である。
・一九八九年十一月に起きた、六名のイエズス会司祭、彼らの専属家政婦とその娘の殺害事件で出頭命令が出た二六名の将校のうち、一九名はＳＯＡ卒業生である。
・全体では、エルサルバドルの残忍な戦争の中で最も悪辣な残虐行為で出頭命令が出た六〇名を超える将校のうち、その三分の二以上がＳＯＡの同窓生である。（原注1）

SOAは、エルサルバドルでのイエズス会司祭の虐殺や、その他の残虐行為にいたらしめた米国の影響力の一翼［を担った］にすぎない。すでに詳しく述べたように、米国麻薬取締局捜査員のセレリノ・カスティヨ三世は、在エルサルバドル米国ミリタリー・グループ（the U.S. Military Group）の司令官から暗殺部隊のリーダーで拷問担当者である〝死のドクター〟を雇うように強制された。「米軍は明らかにこの男の協力と人権蹂躙などすべてを求めていた」からである。死のドクターは、「聖職者たちは、共産主義思想をもつ侵入者だと固く信じ」「率直に意見を述べる司祭数人の暗殺を、個人的に指示した」と大っぴらに語っていた。

一九八七年に開かれた米州陸軍首脳会議の会合から漏れた極秘文書によって、米国は進歩的なキリスト教会指導者たちを標的にした反動的な政策に、一段と深く関与していたことが明らかになった。アルゼンチン、ウルグアイ、チリ、パラグアイ、ボリビア、ブラジル、ペルー、エクアドル、コロンビア、ベネズエラ、パナマ、ホンジュラス、グアテマラ、エルサルバドルと米国の軍司令官たちが署名したこの文書は、解放の神学を国際共産主義の手段だと非難している。彼らは、「この新たな神学思想がもたらした論争は、カトリックとキリスト教徒一般、神学とその実践にマルクス主義が浸透するのに都合のよい風潮を助長して、キリスト教徒や神学に新たな性質を与えている」と断言した。解放の神学について、同文書は、軍の諜報機関と数々の作戦行動の連携を含む、ラテンアメリカにおける安全保障手段の戦略を駆使して反撃すべき、最大の敵であるとしている。さらに司令官らは、彼らの事実上の支配を隠す口実として、選挙の活用を支持している。彼らは新たな軍事クーデターのうねりに反対し、「形式的民主主義を保持しつつ軍による文民政治の永続的統制（原注2）」をより好むのである。

米州陸軍首脳会議は、やがて殺害されることになるイエズス会司祭の一人で、中央アメリカ大学（UCA）学長のイグナシオ・エジャクリアを「真に解放をもたらすキリスト教の救済の教えを、共産主義革命の目的を推し進めるために（原注3）」巧みにあやつる人物として名指しした。それから二年後に、エジャクリアをはじめとするイエズス会司祭たちが殺されたのは、それもそのはずである。米国に訓練された、そのほかのエルサルバドル軍のメンバーたちは、司祭の殺害を正当化し、喧伝してまわった。イエズス会司祭たちがベッドから引きずり出されて処刑される数日前には、SOA卒業生のファン・ラファエル・ブスティジョ将軍が指揮をとるエルサルバドル空軍が、次のようなビラを作って撒き散らしていた。

エルサルバドルの愛国者よ！　諸君には、命と財産を守る権利がある。そのためにはファラブンド・マルティ民族解放戦線（FMLN）のテロリストと、〝国際主義者〟である奴らの協力者たちを殺すしかない。殺すのだ……奴らを撲滅しよう。奴らにとどめをさそうではないか。神と理性と力とともに、我々は必ず敵を征服してみせる。

虐殺の翌朝、サンサルバドルの第一歩兵旅団は、軍の街宣車で大司教区の事務所の周囲を走り回り、虐殺と虐殺に手を下した者たちについて喧伝した。「イグナシオ・エジャクリアとイグナシオ・マルテイン・バロはすでに死んだ。我々は、今後も共産主義者を殺しつづける」(原注4)と、拡声器から金切り声が響いた。

米州陸軍首脳会議の報告書にある敵意むき出しのレトリックは、レーガン政権の中央アメリカ戦略を具体化した、有力な米国の政策立案者たちのレトリックをそのまま反映していた。米州安全保障協議会は、通称サンタフェ・リポートと呼ばれる一九八〇年の文書で、次のように言明している。

ラテンアメリカで〝解放の神学〟系の聖職者に利用されている解放の神学に対して、米国の外交政策は反撃を開始すべきである。あいにくマルクス・レーニン主義勢力は、キリスト教というよりもむしろ共産主義思想をもって敬けんな地域社会に潜入しながら、私有財産と生産性の高い資本主義に抵抗する政治的な武器として、教会を利用してきた。(原注5)

「(SOAを)批判する人々の多くは、ラテンアメリカにおけるマルクス主義——解放の神学——を支持したが、これは米軍の助力により挫折した」というSOAの公式ウェブサイト上にある主張(二〇〇〇年)は、公文書に記述されている解放の神学に対する広く浸透した敵意と、神父や修道女、そして教会従事者が実際に受けた抑圧を考慮すると、不吉な趣を帯びてくる。SOA卒業生たちは特に、また米国の外交政策は概して進歩的な宗教家たちを敵としてターゲットにしていた証拠が明らかになっている。それはなぜかという疑問については、第六章で探ることにする。

氷山の一角

SOAのエルサルバドルでの役割は、中央アメリカにおける同校卒業生たちの、より広範な関与と、SOAそのものの背後にある外交政策の中の氷山の一角に過ぎない。一九五四年、CIAの指導によって民主的かつ革新的な政府を転覆させたクーデター(訳注1)以降、数十年間で一五万人あまりが亡くなった国、グアテマラこそ説得力のある例だろう。グアテマラの首席司教、プロスペロ・ペナドス・デル・バリオ猊下は、グアテマラ大司教区の人権事務所公式報告書である『グアテマラ：ネヴァー・アゲイン！「グアテマラの悲劇を決して繰り返すな！」』の序説で次のように記している。

> 拷問と虐殺こそ、この戦争の特徴である。地域社会全体が壊滅状態に追い込まれ、威嚇され、無防備のまま銃撃戦にさらされ、先住民の宇宙観においては聖なる自然が破壊された。猛り狂う暴風のように、戦争はグアテマラ最上の有識者層を奪い去った。貴重な市民を失って、この国はいきなり孤児にさせられてしまった。失われた人々の不在が、今も私たちの心に重くのしかかる。この戦争の勝者は誰だったのか。私たちは皆、負けたのだ。数万人ものグアテマラ人——父、母、兄弟、姉妹、そして幼い子どもたち——の遺骸に対して、勝利の旗を挙げるほどシニカルな者はいないだろう。命を奪った地獄とは、本来無縁の人々であった。私たちの国の社会構造は、ことごとく破壊されたのだ。(原注6)

一般的にREMHI（歴史的記憶の再生プロジェクト）として知られるこの報告書は、戦争中に行われた拷問件数の八七・三八パーセントと、そのほかの残虐行為の八九・七パーセントが政府軍と準軍事組織に責任があるとしている。(原注7) また、軍と準軍事組織が駆使した戦術についても詳細に記している。これらの戦術の多くは、前述の、米国に訓練されたコントラやエルサルバドル兵士たちが実行したSOAやCIAが作成した訓練マニュアルと完全に同じか、驚くほど似通っている。REMHI報告書には、次のような例が挙げられている。

・グアテマラでは、人権侵害が社会の統制手段として用いられてきた。暴力が激しく無差別に吹き荒れた時代であれ、より限定的に抑圧が行われた時代であれ、社会全体が恐怖にさらされてきたのである。恐怖は、単に武力衝突の副産物というだけでなく、その時々で異なる手段を利用した、対ゲリラ戦政策の目的であった（証言の中で最も頻繁に報告された影響が、恐怖である）（四ページ）。(原注8)

・社会的組織のリーダーたちの強制失踪や虐殺戦略は……紛争中、絶えず行われていた……。選別的な抑圧の目的は、政府を脅かすとみなされた組織活動をつぶすところにある。そのような場合、警察と治安部隊は、加害者たちの身元が判明するのを防ぎ、暴力と偏在する抑圧機構をはっきりと誇示するように仕組まれた方法と行動を取る（五ページ）。

訳注1　米政府・財界によるハコボ・アルベンス政権倒壊の謀略については、本書第六章を参照。

・八〇年代初頭には、地域社会や組織的な運動体に向けられた激しい暴力を特徴とする恐怖の風潮が国全体に蔓延していた。こうした暴力に対して、人々は完全に無防備であった。多くの家庭は、危険が絶え間なくつづく状況の中で、日常生活がすっかり混乱してしまった。大量殺りくという形であったり、拷問を受けた痕の残る死体が何体も出てきたりと、恐怖の度合いは想像すらできないほど、けた外れに凄まじいものだった（九ページ）。

・拷問は、虐殺や拘留と関連づけて説明がなされている。拷問の目的は、情報を追求する以外にも、犠牲者のアイデンティティを破壊して抹殺するか、犠牲者本人の隣人や同僚たちを抑圧の共犯者に仕立て上げるところにある。グアテマラで拷問を適用した社会的な側面は、集団的アイデンティティに対する激しい攻撃を意味していた。農村地域では、ある種のみせしめ的なテロ行為として、拷問活動は頻繁に、公衆の面前で家族や隣人たちの目の前で行われた（二五一ページ）。

・犠牲者や遺族に非難と責任を負わせるのが、対ゲリラ戦戦略の中心的な特徴である。この目的のために軍が用いるおもな戦術は、プロパガンダと心理戦、社会を軍事化して服従を助長するための民間パトロール隊のような組織、そしてキリスト教の諸宗派である（二二一ページ）。

・子どもたちに対する脅しや拷問はまた、その家族を拷問する手段でもあった。子どもたちへの拷問は、他者を非難し、地域社会を破壊するといったことを含めて、人々に協力を強いる手段となった。それは子どもたちの家族に対する一種のみせしめ的なテロであり、民衆の命と尊厳に対する極度の侮辱行為を誇示するものだった（三三一ページ）。

・一九六六年には、ゲリラ勢力に対する軍の大々的な反撃の一環として、暗殺部隊が登場した。諜報機関の軍事活動部門として創設されたのである。政治的な抵抗運動をする人々を脅迫し、拷問し、処刑するのがおもな任務だった。民衆のあいだに心理的な恐怖が広がったのは、暗殺部隊が及ぼした最大の影響のひとつといえる（一一〇ページ）。
・地域社会の崩壊と強制退去で、信仰上のしきたりや祭典をつづけるのが非常に困難になってしまった。農村地域では、軍が危険な教義とみなすカトリック信仰を公言することへの恐怖心が、最も一般的な宗教表現上の障害だった（四六ページ）。

喉をかき切る大型ナイフを与えて暗殺を推奨するCIAのマニュアルから、「虐殺し、誘拐し、略奪し、拷問する」のが戦争に勝つ唯一の方法とする忠告にいたるまで――。対敵情報活動の工作員は、潜在的な情報提供者たちよりも、その家族を交渉力として標的にするよう推奨するSOAの訓練マニュアルから、暗殺部隊の活用と、進歩的な宗教家を皆殺しに値する危険分子としてターゲットとすることにいたるまで――。グアテマラでの〝猛り狂う暴風〟の中心にある虐待的戦術の数々は、これまでに述べてきた戦術と驚くほど似通っている。「恐怖の教訓」と題する『ボストン・グローブ』の社説は、SOAの訓練マニュアルについて次のように述べた。

虐殺、強要、拷問――これらは、ジョージア州コロンバス（SOA／WHINSECは市の南東に位置する）の悪名高い米州学校で、米国陸軍がラテンアメリカの将校たちに教えている学課のいくつかである。最近になって、ペンタゴンが警察や軍のリーダーたちに露骨な残虐行為を犯す訓練

をしたことが発覚した。それは、手の施しようがないプログラムがどんなものなのかを説明している。（原注9）

ＲＥＭＨＩ（歴史的記憶の再生プロジェクト）報告書は、ＳＯＡ卒業生たちが、そうしたテロ戦術や戦略を実行する中心的な役割をグアテマラで果たしたことについて証言している。たとえば、非常に評判の悪い民間パトロール隊の創設者は、ＳＯＡ卒業生であり、米国に援助を受けた独裁者のルカス・ガルシア将軍である。

グアテマラ軍は、一九八一年の暮れに対ゲリラ戦戦略の一環として、民間の自衛パトロール隊（ＰＡＣ[S]）を組織した。ＰＡＣ[S]のおもな役目は、地域社会を軍の対ゲリラ攻撃に巻き込むことだった。ゲリラが一般市民の絶大な支援を受けていると実感した軍は、ゲリラが地域社会に入り込む可能性を封じ、すでに駐留を始めた地域からゲリラを追放するために民間パトロール隊の活用をもくろんだのである。パトロール隊は、ロメオ・ルカス・ガルシア将軍の統率のもとで活動を開始した。（原注10）

ルカス・ガルシアによる統治は、グアテマラの苦難に満ちた歴史の中で、最も抑圧が酷かった時代と重なる。ＲＥＭＨＩ報告書は、戦争中に行われた最悪の違法行為の中には、民間パトロール隊に責任があるものも少なくないと指摘している。民間パトロール隊が関与したのは、虐殺、拷問、そのほかの残虐な扱い、強制失踪、不法拘留、脅迫である。同報告書によると、「民間パトロール隊は、人里離れた地域に避難した人々を、軍将校らとともに迫害する中で起きた殺害のうち、二割に関与している」という。「民間パトロール隊は、五件のうちほぼ一件の割合で大虐殺に関与したとされる……総合すると、政府が組織したこれらの不法集団は、四件のうち一件の割合で、集団殺害に関わっていた(原注11)」。「民間パトロール隊は、自分たちの地域社会に暮らしている人々を多数虐殺した」。「殺害は無差別で、だれであろうと疑わしいとみなされればいとも簡単に標的になった。完全に無防備の犠牲者には不釣り合いな暴力を使うのがこれらの事件の特徴で、犠牲者はたいていの場合、家族の目の前で殺された(原注12)」。「多くの地域社会で、民間パトロール隊が常駐しているだけで子どもたちに影響が及んだ。攻撃や死に対する恐怖から生活様式としての暴力の日常化にいたるまで、子どもたちは軍事化した環境において、戦争に適した社会化パターンに影響を受けていた(原注13)」と、REMHI報告書は言及している。

SOAと、同校の卒業生たちによって行われた拷問やテロとの関連は、ルカス・ガルシアの独裁や、彼が創設した抑圧的な民間パトロール隊にとどまらず、実に広域に及んでいる。グアテマラの諜報局が担った身の毛もよだつ役割について、『グアテマラ：ネヴァー・アゲイン！』は、次のように記録している。

グアテマラの諜報局は、対ゲリラ戦政策の発展において重要な役割を果たした。(工作員、情報提供者などを通して)社会構造に浸透した軍と警察隊の複雑なネットワークで構成され、独自の階級組織を保ち、つねに完全な自主行動を謳歌していた。軍の諜報部は、軍事作戦、虐殺、法的に正当と認められない処刑、強制失踪や拷問を指示する主要な役割を担ってきた。諜報部の将校らと諜報活動のスペシャリストたちは、武力紛争のあいだ、継続して組織的な人権蹂躙に深く関わっていたのである。（原注14）

REMHI（歴史的記憶の再生プロジェクト）報告書はまた、次のように言及している。

諜報工作員を訓練するカリキュラムには……秘密作戦や誘拐を実行するための、数々の技能が含まれていた。諜報工作員たちは、誘拐の後方支援、グループ内の様々なメンバーとの分業、秘密攻撃を素早く組織することを専門としていた。（原注15）

陸軍諜報総局、あるいはD―2やLa2と呼ばれる国防参謀部の部局は、なかでも最も悪名高い諜報部とされていた。（原注16）REMHI報告書には、「その部局の中心的な工作員たちは、軍司令官の地位に任命されて、独自の作戦を行うための広範な物的、技術的、人的資源の管理を軍の諜報部に与えていた」とある。（原注17）同報告書によると、

D―2［La2］は、極めて悪質な複数の暴力事件で突出した役割を担っており、その調書は失踪、虐殺、誘拐、拷問でびっしりと埋まっている。広範囲にわたるスパイ活動と、電話の盗聴に

加えて人々の写真と政治的・組織的所属先の情報ファイルが入った精密なコンピューター・ネットワークを駆使した情報収集活動を行っていた。(原注18)

SOA卒業生たちが影響力のある地位に就いているのも、同校と人権蹂躙を関連づける一貫したパターンである。悍《おぞ》ましいD－2のトップ指導者三名に加えて、高官の多くがSOA卒業生だ。報告書で取り上げられた同校卒業生たちの中には、D－2の指導者三名――フランシスコ・オルテア・メナルド、セサール・アウグスト・カブレラ・メヒア、マニュエル・カジェハス・イ・カジェハス――が含まれている。以下は、そのほか指導的立場にあったSOA卒業生たちの一部である。――フェデリコ・ソバルバロ・メサ、セサール・キンテロス・アルバラド、ルイス・フェリペ・カバジェロス・メサ、ハリー・ポンセ、フランシスコ・エドガル・ドミンゲス・ロペス、エドゥアルド・オチョア・バリオス、ドミンゴ・ベラスケス・アクスプアック、ホセ・マニュエル・リバス・リオス――。

エルサルバドルの場合がそうであったように、グアテマラで大きな注目を集めた数々の残虐行為の中心には、必ずSOA卒業生たちがいた。一九九一年、国際的に尊敬されるグアテマラの文化人類学者、ミルナ・マックが殺された。報告書で名前が挙がっているマック殺害の立案者三名のうち、二名はSOA卒業生である。SOA卒業生のマルコ・トゥリオ・エスピノサには、あるゲリラ指導者の失踪に責任があったため、グアテマラ和平プロセスをあやうく失敗させるところだった。一九九〇年に米国籍のホテル経営者であるマイケル・デヴァインがグアテマラ軍に暗殺された後、セラノ大統領はこの件に責任を負う者たちを告訴するよう要求した。やがて軍とD—2による意図的な引き延ばし戦術に失望した大統領は、証拠記録を提出せず捜査を妨害しているとして、SOA卒業生のセサール・アウグスト・カブレラ・メヒアを非難した。デヴァインの殺害に関わったウーゴ・コントレラス大尉は、SOA卒業生のルイス・ミランダ・トレホが軍事基地に設けた厳重警備地区から〝逃亡した〟。

一九九二年に起きた、ジェニファー・ハーバリー（米国市民）の夫であるエフライン・バマカの拷問と虐殺もまた、注目を集めたケースである（訳注2）。報告書にある証言によると、イスマエル・セグラ・アブラルカチとルアノ・デル・シド大佐は、いずれもSOAの卒業生で、当時捕虜として捕えられていたバマカにゲリラ側の武器の隠し場所を探す軍のパトロールを先導するように強制した特殊部隊を指揮していたという。

SOA卒業生であり、CIAから資金援助を受けていた情報提供者、フリオ・ロベルト・アルピレス大佐は、拷問が行われている現場に立ち会い、バマカとマイケル・デヴァインの殺害にも関与していた。一九八九年、アルピレス大佐は、CIAから給与を受けながらアメリカ陸軍米州学校（SOA）で過ごし、一九九〇年にグアテマラに帰国してからも引き続きCIAのもとで働いている。同校に通うラテンアメリカの将校たちの中からCIAの情報提供者を募ることは、SOAとSOA／WHINSECの重要な目的のひとつである可能性が高い。SOA卒業生であり、長年CIAのスパイだったパナマの独裁者、マニュエル・ノリエガ（訳注3）もまた、その格好の例だろう。アルピレスの話に戻れば、「我々のグアテマラの男」と題する『ワシントンポスト』の社説が、彼のＣＩＡとのつながりを、次のようにまとめている。

残虐行為（デヴァインとバマカの殺害）を知ったＣＩＡは、表向きには「情報源と方法に関する秘密」を保護するとして、関連情報を封じ込めて隠ぺいした。国務省と国家安全保障会議（ＮＳＣ）の高官たちは、（バマカの）米国人妻からの情報をふせていたのだが、ロバート・トリチェリ下院議員の暴露で、ついに明らかになった。米国の中央アメリカへの関与は、この期におよんでもなおＣＩＡが殺し屋を雇うようなまねをいまだにやってのけることで、グアテマラ軍を同地域で最も残虐な軍隊にしているとは、簡単に信じることはできないかもしれない。情報提供者を雇うのはそれとして、二度の殺害に関与してもなお、裁判にかけるそぶりすら見せずにアルピレスの犯罪行為を容赦するのは、極めて重大なレベルで米国からグアテマラ軍の常習犯罪に公的認可を与えるようなものである。（原注19）

社説はまた、米国人二名の虐殺は、「一九五四年に当選した左翼リーダーの追放を共謀することで、

訳注２　『勇気の架け橋　グァテマラ内戦とマヤ先住民族・ゲリラの戦いの記録』（ジェニファー・ハーバリー著、中川聡子ほか訳、解放出版社、一九九九年刊）を参照。
訳注３　ノリエガは後に米国政府の意向に反する政策をとったため、一九八九年の米パナマ侵攻で逮捕され、米国の刑務所に収監された。この侵攻に伴い数千人のパナマ民間人が「誤爆」などで殺された。

米国が強力に援助した卑劣な戦争の最中に（殺された）一五万人、あるいはそれを上回る（犠牲者）のうちの二人である」（原注20）と述べている。

この社説は、特に次の三つの理由から興味深い。第一に、卑劣で破壊的な戦争に米国が積極的に関与したことと、それが長期にわたって続いたことを認めている。第二に、米高官は虐殺の暴露を封じ込めて隠ぺいするというパターンを明確に示している。この力学は、SOAが関与する数々の虐待の証拠資料に対するペンタゴンやホワイトハウス、さらにはSOA高官の反応につねにみられるものである。第三に、アルピレスのような〝殺し屋を雇うこと〟は、冷戦期における任務の一環としては結構だが、今日ではそのような戦術はもはや必要ないと、この社説ははっきりと述べているのだ。こうした認識とSOA／WHINSECの過去と現在の任務との関連性については、後の章で探ることにする。

元グアテマラ国防相でSOA卒業生のエクトル・グラマホ将軍は、アルピレス大佐の品性と行為を擁護し、彼について「何よりも兵士である。自分の指揮下に置きたくなるような将校だ」（原注21）と述べた。グラマホは、米国際開発庁（USAID）から奨学金を得てハーバード大学ケネディ行政大学院で学んでいた頃、シスター・ダイアナ・オルティスと大虐殺の生き残りである先住民の一団から、外国人民事訴訟法のもとで訴えられている。（訳注4）これは、米国市民や米国在住のそのほかの人々が、米国内にいる人権蹂躙者を人権侵害で告訴することを認める法律である。彼は、みずからの正当性を主張するために法廷に出頭することすら怠ったために、法廷出頭義務の不履行で有罪が確定し、米法廷より四七五〇万ドルの賠償金の支払いを命じられた（彼がこの支払いを強制されたことは、いまだにない）。一九八二年〜八三年のグアテマラ山岳地方における大虐殺計画を作成したのがグラマホであり、計画が実行に移されるよう監督した責任を負っている。ダイアナ・オルティスのケースは、次のとおりである。一九八九年十一月二日に誘拐された米国籍の修道女が、明らかに米国人顧問の指示のもとでグアテマラ治安部隊に強姦され、拷問を受けた。マヤ民族の子どもたちに読み書きや、民族の伝統の中で聖書について考えることを教えたのが、シスター・オルティスの〝犯罪〟だった。

シスター・オルティスは、長期にわたるハンガーストライキを含めて、なんとしても米国政府が彼女のケースについて知っていることを明かすよう、根気強く働きかけた。その過程で彼女が身をもって知ったのは、策略と秘密主義、そして隠ぺいというパターンだった。グアテマラの米国大使館は、「彼女の誘拐の報告を受けた直後から、オルティスに対する誹謗中傷キャンペーンを開始した」(原注22)。一九九〇年三月十九日付の資料には、「大使館は本件を機密事項とする」として、「オルティスという名前の北米人問題周辺を閉鎖する」必要性を明記している。その後に、完全に黒塗りされた二ページが続く(原注23)。国防相で軍の最高司令官だったグラマホ将軍は、一〇〇ヵ所以上におよぶオルティスの火傷の跡を、うまくいかなかったレズビアン情事のせいだとした。人権蹂躙に関与し、正当化するグラマホの役割

訳注4『グアテマラとアメリカ合衆国』（「戦争と女性への暴力」日本ネットワーク［ＶＡＷＷ　ＮＥＴジャパン］サイト）http://home.att.ne.jp/star/tribunal/guatemala&united%20states-j.htm を参照。

は、ＳＯＡの冷戦期における任務構成と合致しているようである。(原注24) グラマホがシスター・ダイアナ・オルティスの誘拐、拷問、強姦の隠ぺいに関わった二年後、アメリカ陸軍米州学校（ＳＯＡ）は、同校の司令・参謀幕僚大学将校卒業生の卒業式演説にグラマホを招待することで、強力な反人権の意思を発信した。フォート・ベニング公認の新聞、『バイオネット（銃剣）』は、次のように伝えている。

祈りの後、講演ゲストとしてグアテマラのエクトル・グラマホ退役将軍が、聴衆である将校卒業生に向けて演説した。グラマホは、米州における共産主義と麻薬取引に対する継続的な警戒について懸念を語った。彼は現在の共産主義の状態を一匹の龍にたとえて、ベルリンの壁の崩壊は龍の首をはねた合図となったが、尾の方は今もなお、ラテンアメリカの国々に壊滅的な一撃を加えようとかまえていると述べた。(原注25)

一九九八年四月、グアテマラのフアン・ゲラルディ司教は、本章で広く引用させてもらったＲＥＭＨＩ（歴史的記憶の再生プロジェクト）報告書を公表してから二日後に、虐殺された。ＳＯＡ卒業生のバイロン・リマ・エストラダは、ゲラルディ司教の殺害で二〇〇一年六月八日に有罪を宣告された四人の軍将校のうちのひとりである。ゲラルディ司教は、報告書の発表に際して、預言的に次のように補足した。「私たちは、今とは違う国の建設に貢献したいと思います。この道は、過去も現在も危険に満ちているけれども、神の王国の建設には危険がともなうものです。そうした危険に立ち向かう強さのある人たちだけが、建設者になれるのです(原注26)」。おびただしい数の残虐行為について、ＳＯＡと米国の外交政策立案者たちが果たした役割に対する責任を問うべき米国市民にとって、彼の言葉は実に的を射ている。

真実を受け入れて、個人的に、あるいは集団として現実と向き合うことは、受け入れられるか、拒絶できるかといった選択肢ではないのです。これらは人間らしくなろうと模索し、自由になろうとする、すべての人々と社会にとって欠くことのできない必要条件であって、私たちが神の息子と娘であり、父なる神の自由にあずかるよう呼びかけられているという、私たちの最も本質的な境遇と向き合わせてくれるものです。長年にわたる恐怖と死によって、グアテマラ人の大多数が悲しみに暮れ、恐怖と沈黙におちいりました。真実こそ何よりも大切な言葉であり、真剣かつ慎み深い行動は、私たちが死と暴力の悪循環を打ち砕いて、皆にとって希望と光に満ちた未来を、私たち自身が受け入れられるようにしてくれるのです。(原注27)

第五章

さらなる証拠と重要な疑問点

More Evidence and Key Questions

米国の外交政策とアメリカ陸軍米州学校（SOA／WHINSEC）とその卒業生たち、そして抑圧と恐怖の不穏なつながりは、エルサルバドルとグアテマラだけにとどまらない。このことを立証する四つの例を、新たに示したいと思う。SOA卒業生が関わった人権蹂躙に関する国別の膨大なリストを提供するのではなく、むしろ米国の外交政策におけるSOAの重要性をはっきりさせる方法として、いくつかの国々で果たしてきた同校の役割に焦点を当てることにする。これらを束ねあわせた重みは、SOA／WHINSECの擁護者たちが宣伝している作り話――ごく一部の卒業生による嘆かわしい行動のためにSOAが非難されるべきではないという「腐ったリンゴ説」、SOAを批判する人々は、遠い過去に起きた（人権）蹂躙だけを引き合いに出すという非難や、SOAの主要な任務は民主主義と人権擁護であるという広報部局の主張――を覆すのに充分だろう。

暗殺部隊と隠蔽

一九八〇年代の米国の外交政策において、ホンジュラスは重要な役割を担っていた。CIA長官のウィリアム・ケーシーは、ニカラグアを〝消耗させる〟作戦の中で、民衆を、創設から武装、資金援助、訓練にいたるまですべて米国からの援助を受けていたコントラ［右翼ゲリラ］による攻撃にさらしたが、ホンジュラスはその中心に位置していた。CIAの訓練マニュアルとアルゼンチン人将官らによる指導に基づいて、最大規模のコントラ部隊がニカラグアの民衆にテロ戦争をしかけるには、ホンジュラスの領土は格好の拠点だった。米国がホンジュラスを軍事化したのは、ニカラグアを不安定化させる作戦の一環だったのだ。

米国はそうすることによって、軍部に牛耳られた一連の残虐な政権と、SOA卒業生らが数々の重要な役割をこなしているCIAを援助し、暗殺部隊を含む抑圧的な「中米独裁国家の」国内のメカニズムを築いていったのである。

米国がホンジュラスの暗殺部隊や拷問担当者らと密接につながっていたという主張は、『ボルチモア・サン』のゲーリー・コーンとジンジャー・トンプソンの綿密な調査によって確証された。ふたりの記事によると、「CIAは第三一六大隊の訓練と装備を援助していた」という。第三一六大隊とは、ホンジュラス暗殺部隊の本拠地だった極秘部隊である。

> 第三一六大隊として知られる諜報部隊は、尋問の際、ショックを与えて窒息させる装置を使用していた。囚人たちはたいてい素っ裸のまま収容されて、役に立たなくなると殺され、なんの表示もない墓に埋められた。新たに機密種別からはずされた記録文書や他の資料は、CIAと米国大使館が、虐殺や拷問を含むおびただしい数の犯罪を知りながらも第三一六大隊を援助し、その指導者たちと協力し続けていたことを示している。(原注1)

暗殺部隊第三一六大隊とつながりのあるホンジュラス人高級将校のうち、少なくとも一九名はSOA卒業生である。その中には、大隊を創設したルイ・アロンソ・ディスクア将軍も入っている。拷問担当者だと自認するSOA卒業生で第三一六大隊のメンバーである、ホセ・バジェは、ロバート・リクター［米国の著名なドキュメンタリー映像作家］に次のように語った。彼は、「アメリカ陸軍米州学校で諜報課程を」受け、そこで「ベトナムで行った各種の尋問や拷問を見せる数多くのビデオを」観たという。「多くの人たちはこのことについて認めようとしないが、これはすべて米国政府によって組織されたものだった(原注2)」とバジェは述べた。

米国の兵員が拷問の技術を監督したり教えたりしていたという憂慮すべき主張は、先に述べたグアテマラにおけるシスター・ダイアナ・オルティスの事件で明らかだった。拷問を受けている最中に米語なまりのスペイン語を話すアレハンドロと呼ばれる男がやって来て、拷問担当者たちに人違いだと伝えたところ、彼らはその指示に従ったと彼女は報告している。この主張にさらに説得力を与えているのが、ドキュメンタリー映画、『暗殺者学校の内幕（*Inside the School of Assasins*）』の一場面でインタヴューを受けたSOA卒業生の証言である。名前と顔を出さないという条件で、彼は次のように語った。

SOAはつねに、その他の特殊作戦、秘密作戦の最前線にありました。彼らは基地に（パナマ市街の）通りから人々を連行してきて、専門家たちが私たちに拷問を使って情報を入手する方法を訓練するのです。私たちは人々を拷問する訓練を受けました。そこにはひとりの医師がいました。米国人の医師で、とてもよく覚えています。グリーンの作業衣を着て、生徒たちに……身体の末梢神経について教えていました。どこを拷問するのか、どこは良くてどこはいけないのか、人を殺さずに拷問できる部位はどこなのかを見せていました(原注3)。

この見下げ果てた話のもうひとつのやっかいな特徴はというと、当時［レーガン政権時代］、在ホンジュラス米国大使だったジョン・ネグロポンテが、これらの残虐行為について熟知しながら援助し、なおかつ隠蔽しようとしていたことである。『ボルチモア・サン』の連載記事によると、「一九八一年から一九八五年までのホンジュラス在任中、ネグロポンテは、CIAに訓練されたホンジュラス軍の諜報部隊が、ストーキング［しつこくつけまわす］や誘拐、拷問、危険分子という疑いをかけられた人々の殺害を行っているという証拠を、繰り返し突きつけられていた(原注4)」という。同記事は、続けて次のように伝えている。

テグシガルパにある米国大使館で、当時新参の行政官だったリック・チディスターは……一九八二年度のホンジュラス軍による虐待行為について、かなりの証拠を集めていたが、国務省より連邦議会に送付するために準備された年次人権報告書から、その大部分を削除するよう命じられた。これらの報告書は、一貫して連邦議会と社会全体を欺くものであった。国務省は、一九八三年の人権報告書の中で、「ホンジュラスには政治囚は存在しない」と断言している。連邦議会向けの報告書は、ホンジュラス政府と軍は民主主義の理念に徹していると印象づけるために、巧みに工作されていたのである。重要なのは、軍が市民の自由を踏みにじり、反体制の人々を殺害しているという証拠を連邦議会に突き付けないようにすることだった。真実が明らかになっていれば、対外援助法のもとに連邦議会決議の引き金となっただろう。この法律は、「国際的に認められた人権に対する重大な侵害を行っている傾向が一貫して見られる」政府への軍事援助を、通常禁止し

ている。（原注5）

ネグロポンテが人権蹂躙に関する情報を抑えていたという主張は、一九九七年発表のCIA監察総監室報告で確証された。（原注6）この報告書の中で引用されている一点の資料がごまかし行為についてふれ、政治腐敗や虐殺、処刑に関する報告は、「ホンジュラスを否定的に映し出すため、米国の政策を実施する上で有益でない」（原注7）と説明している。SOAが最近になって改称した重大性について評価する際に、以上のことを覚えておく必要がある。また、ジョン・ネグロポンテが、ジョージ・W・ブッシュから米国連大使着任の指名を受けているのには、考えさせられてしまう。（訳注1）告白なし。良心の呵責なし。損害賠償なし。あるのは昇進だけだ。WHINSECに絡んで言えば――告白なし。良心の呵責なし。説明責任なし。損害賠償なし。同じ場所。似たようなカリキュラム。新しい名称である。

SOAの中心的な役割のひとつである人権蹂躙や、米国の高官らの関与、犯罪者たちへの報酬を含めて、チリについても似たような傾向が明らかになっている。クリストファー・ヒッチンスは、『ハーパーズ・マガジン』のヘンリー・キッシンジャーに関する二部構成の暴露記事（訳注2）（「戦犯の形成」と「人道に対する罪」）の中で、民主的に選ばれたチリの指導者を転覆し、残忍な軍事独裁を打ち立てた一九七三年のクーデターにおける米国の役割を、こと細かく紹介している。（訳注3）社会主義政治家であるサルバドール・アジェンデ（訳注4）が当選した後、キッシンジャーは、チリの民主主義に対する個人的な侮蔑の念を述べたという。ある国が、「国民の無責任（な選択）のために共産主義国になるのを（原注8）」許される理由はないというのである。

民主的に選ばれたチリのサルバドール・アジェンデ大統領を転覆するクーデターと、同国の憲法に敬意を表し、クーデターの実行を拒否したチリ陸軍総司令官、レネ・シュナイダーの殺害を、ニクソン大統領とキッシンジャーからの個人的な指導のもとに動いていたCIAが手配したことを、ヒッチンスは立証している。ヒッチンスによると、

基本的には、アジェンデの選挙での勝利から十一日以内に行われたワシントンでの一連の会議が、チリにおける民主主義の運命を決定づけた。ケンドール(ペプシ・コーラ社長)、チェース・マ

訳注1 ジョン・ネグロポンテ(一九三九年生まれ)のブッシュ政権における経歴は、国連大使(二〇〇一年)、イラク大使(二〇〇四年)、初代国家情報長官(二〇〇五年)、国務副長官(二〇〇七年)。

訳注2 キッシンジャー「博士」(一九二三年生まれ)はハーバード大学教授をつとめた政治学者としても知られる。

訳注3 「民主的な投票によって一九七〇年に社会主義政権が誕生すると、米中央情報局(CIA)がお膳立てして三年後の一九七三年九月十一日、軍部にクーデターを起こさせた。その過程で、民主主義を求める市民を弾圧するために使ったのがナチスの抵抗運動つぶしと拷問の技術だった」(『ゲバラの夢 熱き中南米』伊藤千尋(シネ・フロント社、二〇〇九年)二〇四頁参照。

訳注4 アジェンデ博士(一九〇八~七三年、大統領在任は一九七〇~七三年)はチリの医師・政治家。虐殺説の他に、反乱軍が執務室に迫るなかで自殺したという説もある。娘のイザベル・アジェンデも社会党政治家。娘と同姓同名の人気作家イザベル・アジェンデは従兄弟の娘で、『精霊たちの家』など邦訳多数。ちなみに、医師出身の政治家には、他にブルントラント博士(元ノルウェー首相)、マハティール博士(元マレーシア首相)などがいる。

ンハッタン［銀行］のデーヴィッド・ロックフェラー、リチャード・ヘルムズＣＩＡ長官との会合を終えると、キッシンジャーはヘルムズとともに大統領執務室に向かった。その席でヘルムズが取ったメモは、ニクソンが必要最低限の言葉で自身の要望を伝えたことを明らかにしている。アジェンデの就任を許さなかったのである。「心配すべきリスクなし。大使館の関与なし。一〇〇〇万ドルある。必要ならもっと。正規の仕事だ――我々の最良の人材で。……経済を絶叫させろ。計画実行は四十八時間以内だ。」

ヒッチンスは、次のように続けている。

機密種別からはずされた記録文書から、キッシンジャーは……上司に感銘を与える絶好のチャンスだと、これを真剣に受け止めていたことが窺われる。ヴァージニア州のラングレー（訳注5）では、チリにおいて〝二重路線〟政策を至急実行する目的で、あるグループが準備された。〝二重路線〟のうち一番目は、見せかけの外交的なもので、二番目は、軍事クーデターを引き起こすために立案された暗殺と誘拐、そして不安定化計画だった。しかしそこには長期的・短期的な障害があった。……長期的な障害とは、チリの軍部は政治への関与を慎むという伝統である。これは、周辺諸国とは異なるチリの伝統で、そのような文化は、一夜にして退化させられるものではなかった。短期的な障害とは、ある人物のことだった。レネ・シュナイダー将軍である。チリ陸軍総司令官として、彼は軍による選挙プロセスへの干渉がなんであれ、断固として拒否していた。したがって、

一九七〇年九月十八日の会合において、シュナイダー将軍を消し去る決定が下されたのだ。(原注9)

〝二重路線〟のうち〝二番目の路線〟(を実行する)グループは、アジェンデを大統領として確定する予定日から八日前に、サンディエゴからCIAの電報を受け取った。

アジェンデがクーデターによって転覆させられるのは、引き続き確固たる政策だ。十月二十四日以前に起きるのが特に望ましいが、この件に関する努力は同日以降も積極的に継続する。我々はこの目標に向かって、すべての適切な手段を駆使して最大限の圧力をかけ続けることになる。USG(米国政府)と米国人の協力が完全に隠蔽されるように、一切の行動が秘密裏に行われることが必須である。(原注10)

アジェンデ大統領とシュナイダー将軍は、成功裏に終わったクーデターの一環としていずれも虐殺されたが、それはアジェンデの就任後に起きた。クーデター以降、アウグスト・ピノチェト将軍(訳注6)が率いる抑圧的な新政権の工作員たちは、労働者や学生、進歩的な宗教家など数万人を殺害したり行方不明にしたりした。また、ピノチェト軍政は「コ

訳注5　CIA本部の所在地はバージニア州マクリーンだが、一九一〇年にマクリーンが町として創設される以前はCIA本部がある一帯はラングレーという地名で知られていたことから、現在でもバージニア州ラングレーといえばCAI本部の所在地として通用する。www.cia.gov を参照。

ンドル作戦」の一環として、ラテンアメリカ各地や米国に亡命したチリ市民を追跡し、暗殺した。ヒッチンスは、「コンドルは、チリのピノチェト、パラグアイのアルフレド・ストロエスネル、アルゼンチンのホルヘ・ラファエル・ビデラや、ほかの地域の指揮官らが操る秘密警察部隊のあいだで連携を組んだ、国境を越えた暗殺、拉致、拷問、脅迫（を実行する）組織である」としている。ヒッチンスは、この「暗殺部隊国際化の原理」が、おびただしい数の反体制派の虐殺をもたらしたという。ヒッチンスは、「米国政府の共犯性は、このネットワークのすべてのレベルにおいて、暴露されている（原注11）」と述べ、「暗殺部隊国際化の原理を認めたキッシンジャーは（原注12）」彼がチリで果たした役割のほかにも、ベトナム、東チモール、インドネシアなどで彼の指導のもとに行われた無数の残虐行為から、戦争犯罪者として裁かれるべきだと指摘している。しかし、米国は、ここでもまたネグロポンテのケースと同じように、戦争犯罪の可能性のある者たちと、彼らが尽くしてきた米国の外交政策の責任を問う代わりに、報酬を与えるのである。キッシンジャーの「助言は、財界人や学者、政策立案者といった聴衆から求められ、講演謝礼は一回につき三万ドルである（原注13）」。

ヒッチンスが詳細にわたって書いた、身の毛のよだつような話はどれも必読だが、ここですべてを列挙するわけにはいかない。しかし、ヒッチンスが語らなかった、もうひとつの話がある。ピノチェト将軍は、米国によるクーデターのおかげで権力の座についたばかりか、彼の抑圧的な政権には、おびただしい数のSOA卒業生を配置していたのである。一九九八年、ピノチェトは、スペイン人判事の命令で、人権を根拠に逮捕、起訴された。ピノチェトを告訴したスペイン人弁護団は、大量殺りく、テロリズム、拷問、そして行方不明につながった不法逮捕の罪で、ピノチェトのほかにも三〇名のチリ独裁政権高官らの起訴を請求した。そのうち一〇名は、アメリカ陸軍米州学校の卒業生である。ピノチェト自身はSOA卒業生ではないが、チリの独裁者は同校で大いに尊敬を集めている。一九九一年には、SOAを訪れる人々は、校長のオフィスに展示されたピノチェトからの手紙と、彼が寄贈した儀式用の剣を鑑賞できた。

もうひとつのエルサルバドル

コロンビアのボゴタにある壁に、最近見かけた落書きには、一本の花と、こんな言葉が描かれている。**"Plan Colombia, plan de muerte, no asesinaran la esperanza"** これは、「プラン・コロンビア、死のもくろみ、希望を殺さないで」という意味だ。過去五十五年間にわたって最も多くの学生（一万名を超える）をSOAに送り込んできたというういかがわしい特徴を持つコロンビアは、世界中で最も暴力と腐敗に満ちた国のひとつである。

米国には、麻薬との戦いという名目で正当化された、残忍な対ゲリラキャンペーンへの援助を含め

訳注6　ピノチェト（ピノチェとも読む。一九一五〜二〇〇六年。大統領在任は一九七四〜九〇年）はチリの軍人、政治家、独裁者。

て、コロンビアにおける暴力に関与してきた長い歴史がある。コロンビアにある人権擁護団体の事務局長であるハビエル・ジラルド（イエズス会）は、彼の著書、『コロンビア：ジェノサイド的デモクラシー』の中で、「コロンビアにおける暴力は、麻薬取引と連結しているという誤った結論」について書いている。彼によると、暴力のほとんどは、「軍隊や警察の援軍として作戦行動を行う準軍事組織と[原注14]」関係しているという。ノーム・チョムスキー[訳注7]は、同書の序文で、麻薬戦争に見せかけながら行われている実際の戦争について詳しく述べている。

一九八九年七月、米国務省は「麻薬撲滅のため」と称して、コロンビアに補助金つきで軍装備品を売却する計画を発表した。売却は、「コロンビア政府は民主的な形態をとっており、国際的に認められた人権に対する重大な侵害を一貫して行っている傾向は見られない」という事実によって〝正当化〟された。その数カ月前には、ジラルド神父が委員長を務める正義と平和委員会が、一九八八年の前半に起きた、三〇〇〇件を超える政治的動機による殺害と、二七三件の〝社会浄化〟キャンペーンによる殺害を含む数々の残虐行為を記録した報告書を出していた。政治的（動機による）殺害は、平均して一日八件あり、そのうち七名が自宅か、あるいは街頭で殺され、残る一名は「失踪した」。ラテンアメリカ・ワシントン事務所（the Washington Office on Latin America: 略称WOLA）は、この報告書を引用しながら、「近年失踪した人々の大多数は、草の根のオーガナイザー、農民、労働組合のリーダー、左翼政治家、人権擁護団体の活動家やそのほかの活動家たちであり」、米国務省がコロンビアの民主主義と人権尊重を賞賛していた頃、その数は一五〇〇名を超えていたと付け加えた。

一九八八年の選挙戦期間中に、唯一の独立政党だったＵＰ［愛国同盟］から八七名が市長に立候補したが、そのうち一九名が、同党の一〇〇名を超えるそのほかの立候補者とともに暗殺された。一九八六年に結成された労働組合連合である労働者中央組織は、その頃までに二三〇名の組合員を失い、そのほとんどが激しく拷問された後、死体で見つかった。しかし、「民主的な形態をとる政府」は無傷のまま、人権に対する「重大な侵害を行っている一貫した傾向」もなく、誕生したのである。(原注15)

この傾向は今も続いている。最悪の人権記録を持つ国のひとつであり、現在もコロンビア軍と準軍事組織が共同で、おぞましい暴力と密接に関わっている状況にありながら、二〇〇〇年には、米連邦議会は一三億ドルの一括援助（〝プラン・コロンビア〟）を承認したのである。

以前の一括援助のように、麻薬戦争を戦うという口実のもとにプラン・コロンビアを推し進めているのはペンタゴンである。しかし、おもな犠牲者は今もなお、貧困や土地所有権や石油問題に根ざした残忍な対ゲリラ戦で標的にされた人たちだ。プラン・コロンビアからの資金の大半は、ヒューイやブラ

訳注７　チョムスキー（一九二八年生まれ）は米国の言語学者、政治学者。邦訳多数。

ックホーク・ヘリコプターを売却するユナイテッド・テクノロジーズやシコルスキーといった米国の兵器会社、また空中散布に使用する除草剤のグリホサート(訳注8)を生産するモンサントに流れている。除草剤の散布は、コカ作物(コカインの原料)を狙ったものと米国政府は説明しているが、数万エイカーもの食用作物(農地)や熱帯雨林が破壊されている。

正規軍との共同で行動する準軍事組織によって行われてきた数々の大虐殺と人権蹂躙は、数十年ものあいだ、コロンビアにおける戦争の最大の特徴である。ジラルドは、次のように述べている。

　準軍事組織のプロジェクトが地方で進行するようになると、農村地域社会には、三つの選択肢があると告げられた。準軍事組織に参加するか、その地域から出て行くか、死ぬかである。まもなくして、準軍事組織のプロジェクトは、政府の最上層部からの支援を受けていることが明らかになった。準軍事組織の基地は(正規)軍の隣に建設されて、カンペシノ(零細農民)との会議は兵士たちによって招集され、準軍事組織が取り仕切るか、その逆の場合もあった。

　国勢調査や軍によって念入りに仕上げられたカンペシノの家族と……(財産)所有者のリストが準軍事組織の所有物として見つかったり、正規軍の兵士たちに拘束された人物が、準軍事組織に引き渡されたりした。(原注16)

準軍事組織を使った戦略が極めて有利な点は、それが抑圧的な政府と政府が代表する政治的、経済的利益の隠れ蓑となるからである。「政府は〝汚い仕事〟の大部分を、軍や警察との密かな連携のもとで行動するようになった民間武装グループにゆだねて数々の犯罪に絡んだ政府の役割を完璧に隠すことで犯罪責任から逃れられたのだ」(原注17)とジラルドは述べている。アムネスティー・インターナショナルのアンドリュー・ミラーによると、「過去数年間というもの、コロンビア軍が直接この汚い戦争を戦うとはなくなった。同時に、準軍事組織の規模と残忍性は比例的に拡大している。もし独立した資金供給源があるとしても、準軍事組織が政府軍と緊密に協力し合って行動していることを示す充分な証拠がある」(原注18)という。

コロンビア軍と共同しながら動く準軍事組織が犯した大虐殺と人権蹂躙は、一九九八年から二倍に増えている。ヒューマン・ライツ・ウォッチの報告書である『結ばれた絆――コロンビアと国軍―準軍事組織の連係』によると、

ヒューマン・ライツ・ウォッチが入手した証拠は、コロンビア軍司令部が準軍事組織とのつな

訳注8　グリホサートは、除草剤ラウンドアップ(商品名)の有効成分。石田博士「コカ撲滅除草剤　被害飛散　コロンビア散布、エクアドルSOS」『朝日新聞』二〇〇七年二月四日付の「時時刻刻」によると、この農薬は国境を越えてエクアドルにも飛散し、少なくとも四人の児童が空中散布の後に肺炎などで死亡、また住民に頭痛や吐き気、皮膚の白変などが見られたという。ラウンドアップは日米などでベストセラーの除草剤。また、モンサント社の遺伝子組み換え作物の主役はラウンドアップ耐性大豆(雑草だけ枯れて組み換え作物は枯れない)などである。モンサントは、ベトナム枯葉作戦への除草剤二、四、五、T納入(ダウケミカルなどともに)、PCB乱売、遺伝子組み換え作物乱売、データ隠し、政府との癒着、学者いじめなど、不祥事の多い会社である。『遺伝子組み換え企業の脅威　モンサント・ファイル』『エコロジスト』誌編集部、日本消費者連盟訳(緑風出版、一九九九年)、『モンサントの世界戦略(仮題)』マリー・モニク・ロバン(作品社、近刊)などを参照。

がりを決定的に断ち切るどころか、その目的を達成するための手段をなんら講じていないことを明確に示している。コロンビア陸軍の旅団は、首都ボゴタを含む、国内の三大都市での軍事行動に関与しているという情報もある。コロンビアの指導者たちが、これらの部隊から準軍事組織グループへの援助を停止できず、あるいはそうする意思がないとすれば、米国の安全保障援助を受けている部隊による人権蹂躙を止めさせるという政府の決意は、実に疑わしいものである。……全体として、コロンビア軍のうち、一八の旅団レベルの部隊（陸軍士官学校は除外して）の半数が、準軍事組織と連携を取りながら活動していることを、これまでにヒューマン・ライツ・ウォッチが収集した数々の証拠が示している。これらの部隊は、コロンビア軍の五個師団すべてにおいて軍事行動を遂行している。言い換えれば、正規軍による準軍事組織の活動への支援は、米国から軍事援助を受けている部隊や、これから援助を受ける予定の部隊が軍事行動を展開している地域を含む全国規模で、今も展開中なのである。（原注19）

ＳＯＡ卒業生たちは、コロンビアにおける大虐殺と麻薬戦争の双方で、中心的な役割を果たしている。以下に挙げる例は、コロンビアにおける数々の残虐行為と、ＳＯＡ卒業生たちを関連づける証拠である。（原注20）

・準軍事組織による暴力との関わりを繰り返しているマリオ・モントヤ・ウリベ将軍は、ＳＯＡ卒業生であり、同校の教官も務めていた。彼は、悪名高い第二四旅団を含む「南部共同作戦部隊」を指揮している。第二四旅団は、準軍事組織による暴力に加担していることから、米国の軍事援助を受ける法的資格がない。コロンビアの有力紙は、モントヤ将軍を「プラン・コロンビアに責任のある軍高官」とみている。(原注21) 彼は、プラン・コロンビアの焦点となっている、プトマヨ地方における全軍事行動の責任者である。プトマヨが重要なのは、コロンビア、ベネズエラ、エクアドル各国と国境を接しているためである。フスタ・パスの事務局長でコロンビア人のリカルド・エスキバは、平和のための証人(Witness for Peace)の代表団に、こう語っている。「プトマヨでの戦闘が激しいのはそのためです。誰であれ、プトマヨ地方を支配する者が南米を支配するのです」。(原注22)

・一九九三年の国際人権法廷で戦争犯罪者として出頭命令を受けた二四六名のコロンビア人将校のうち、一〇〇名以上がSOA卒業生である。

・第三旅団の司令官であるSOA卒業生、ハイメ・エルネスト・カナル・アルバン将軍は、おびただしい数の大虐殺に関与している。二〇〇〇年二月に公表された前述の報告書『むすばれた絆……』は、準軍事組織グループに関与した、少なくとも七名のSOA卒業生の名前を挙げている。カナルは、〝カリマ・フロント〟として知られる準軍事組織グループの創設に手を貸した。カナルの旅団はカリマ・フロントに武器と情報を供給し、共同軍事作戦を行っていた。一九九九年には、カリマ・フロントは、地域社会のリーダーだったノラルバ・ガビリア・ピエドライタを襲い、処刑した。その翌月、当局はトゥル近郊で、身体が変形するほど損傷を受け、手足をばらばらにされた七人の男性の遺体を発見したが、彼らもカリマ・フロントのメンバーによって虐殺されたのである。

カリマ・フロントは一九九九年以来、二〇〇〇名の強制失踪と、少なくとも四〇名の処刑に責任がある。カナルは、カリマ・フロントへの関与に加えて、一九九八年には、十五歳の子どもの誕生会の最中に民家に押し入り、五名の一般市民を殺害した兵士たちを指揮していた。

・ヒューマン・ライツ・ウォッチの報告書は、SOA卒業生で元第四旅団の指揮官のカルロス・オスピナ・オバジェ将軍と、一九九九年を通して人権蹂躙に関与していた準軍事組織グループとの「完璧に行き届いた連携を示す広範な証拠」に言及している。オスピナが第四旅団の指揮官だった当時、軍隊は、エル・アロで少なくとも七名を虐殺し、四七軒の民家を焼き尽くした。準軍事組織勢力は、エル・アロに戻ると、アウレリオ・アレイサを誘拐した。彼らはアレイサを殺す前に、彼の目玉をえぐり出し、舌と睾丸を切り取った。オスピナは、米国から計上される〝安全保障援助〟の管理を担当している。

・ヒューマン・ライツ・ウォッチはまた、一九九九年に、いずれもSOA卒業生のアルバロ・コルテス・モリジョ少佐とヘスス・マリア・クラビホ少佐が、携帯電話とポケットベルを使った準軍事組織への情報伝達や、軍事基地での定期会合を頻繁に行っていたことを挙げている。

・SOA卒業生で、コロンビア軍、第一三旅団の元諜報部長のホルヘ・プラサス・アセベド大佐は、一九九八年に起きたユダヤ人財界指導者のベンハミン・コウダリの誘拐と殺害で、コロンビアの検察長官により裁判にかけられた。

・国務省が発表した二〇〇〇年度版のコロンビアに関する人権報告書によると、SOA卒業生のダビド・エルナンデス・ロハス少佐とディエゴ・フィノ・ロドリゲス陸軍大尉は、一九九九年二月のアンティオキア和平委員のアレクス・ロペラほか二名の殺害の罪で、文民法廷に起訴された。二人は、準軍事組織グループと広範なつながりがあることで知られるコロンビア軍の第四旅団の隊員である。

・二〇〇一年二月、SOA卒業生のエルナン・オロスコは、マリパンでの準軍事組織グループによる拷問と、三〇人の農民の殺害に加担したために、軍事法廷より刑務所に送られた。

プラン・コロンビアを批判する人々は、コロンビアが次のベトナムになるのではないかと恐れている。これは妥当な懸念だが、むしろコロンビアは新たなエルサルバドルといった方がより正確だろう。国際政策センターのアダム・アイザックソンは以下の比較リストをまとめている。

・エルサルバドルはマサチューセッツ州程度の大きさで、一九八〇年代の人口は、五〇〇〇万人以下だった。コロンビアはエルサルバドルの五十三倍の広さ（テキサス州、ニューメキシコ州、オクラホマ州を併せた広さ）で、人口は四〇〇〇万人である。

・エルサルバドルの政治・経済は、土地を所有する少数のエリート層に支配されている。コロンビアの政治・経済もまた、ごくわずかなエリート層に支配されている。毎年、最も裕福な一〇パーセントが、最も貧しい一〇パーセントの四十七倍の収入を得ている（この数字は米国が十六倍、カナダが八倍、西欧のほとんどが七倍以下である）。一・三パーセントの土地所有者が、五〇パーセントの土地を支配している。

・エルサルバドル軍は、一九三〇年代から一九八〇年代にかけて国を直接支配し、一九八〇年代には数万件の人権蹂躙を犯した。コロンビア軍が国を支配したのは、一九五〇年代の内わずか三年間だけである。しかし、軍隊に対する文民指導者の影響力は無きに等しい。一九九〇年代、コロンビア軍は数万件の人権蹂躙を犯したが、一九九〇年代後半に入ると軍が直接蹂躙する割合は激減した。この減少は、準軍事組織の右翼グループによる人権蹂躙の激増と密接に関係している。

・裕福なエリート層や軍とつながっていたエルサルバドルの暗殺部隊は、秘密作戦行動を行って、おびただしい数の人権蹂躙を犯した。裕福なエリート層や軍とのつながりのあるコロンビアの準軍事組織グループは、ゲリラ軍のように公然と軍事行動を遂行している。彼らは、現在コロンビア紛争と関わりのある殺害のうち、八五パーセントに責任がある。

・レーガン政権は、エルサルバドル紛争の原因を緩和するための経済援助を提供する代わりに、エルサルバドル軍を強化して共産主義と戦うことを選んだ。ブッシュ（父）とクリントン両政権は、コロンビアの農民たちがコカを栽培する理由に注意を向けて経済援助を提供する（同時に国内で求められる麻薬中毒治療に対応する）代わりに、コロンビア軍を強化して麻薬中毒と戦うことを選んだ。

・一九八四年の絶頂期には、米国の対エルサルバドル軍事援助は一日につき一〇〇万ドルに達した。二〇〇〇～二〇〇一会計年度の初頭では、コロンビアへの援助額は一日につき二〇〇万ドル弱となっている。

・エルサルバドルにおける米軍の駐留は、最大五五名の顧問に限られていて、兵士たちは戦闘状況についてアドバイスができた。コロンビアにおける米軍の駐留は、最大五〇〇名の軍人と三〇〇名のコントラクター（軍事請負業者）で、兵士たちは戦闘状況を回避しなくてはならず、米国は事故兵（死傷者）が出るリスクをなんとか避けようと慎重である。彼らはおもに訓練士や情報収集担当者として従事している。コントラクターは、米国を本拠地とする会社に雇われた民間人で、（除草剤を）散布する飛行機やヘリコプターのパイロット、兵站の人員、情報収集担当者として働くほか、様々な任務を請け負っている。

・一九八〇年代、エルサルバドルはアメリカ陸軍米州学校（ＳＯＡ）に最も多くの生徒を送り込む国だった。米国はベトナム時代のヘリコプターを多数エルサルバドルに供給していたことから、ヘリコプター関連のコースが大きな呼び物となった。現在、コロンビアは同校（現在は、Western Hemisphere Institute for Security Cooperation：西半球安全保障協力研究所と呼ばれている）に最も多く生徒を送り込む国である。しかし毎年、米国が訓練する四〇〇〇名以上のコロンビア兵士のうちほとんどは、コロンビア国内でコースを提供している米国の特殊部隊から教わっている。ここでもまた、米国は多数のベトナム時代のヘリコプターに加えて、一機につき一五〇〇万ドル相当の最新鋭のブラックホーク・ヘリコプターの一編隊をコロンビアに供給していることから、ヘリコプター関連のコースが訓練の大きな呼び物になっている。

・レーガン政権は、エルサルバドルの戦争を交渉で終結させようと努めたコンタドーラとアリアス（訳注9）の和平交渉に敵意を示していた。ブッシュ（父）とクリントン両政権は、コロンビア大統領のアンドレス・パストラナによる複数のゲリラ・グループとの和平交渉に向けた努力に対して、ほとんど熱意の感じられない支持しか表明してこなかった。中には和平交渉を公に批判する高官さえいる。

・レーガン政権は、エルサルバドル軍の人権記録は改善しているという、明らかに偽りの保証を連邦議会に提出した。クリントン政権は、同様の保証を出す代わりに、人権に関する条件を放棄した（連邦議会は、二〇〇〇年度の一括援助法に免責条項を設けた）（原注23）。

コロンビアにおいて、抑圧はつねに土地と資源の問題に連結してきた。コロンビアの人権運動家であるエクトル・モンドラゴンは、彼自身も、あるSOA卒業生から拷問を受けた犠牲者だ。最近になって彼は、「コロンビアで最大の土地所有者たちは、過去十五年のあいだに、三二パーセントの土地の所有から四五パーセントの所有に拡大している」と語った。今日のコロンビアにおける危機的状況の中で、土地の（一極）集中化は、生産高によるものというよりも、むしろ〝石油備蓄や油井〟、〝巨大プロジェクト〟や〝海外投資〟の近辺で起きている。たとえば、「最近起きた大虐殺の多くは……犠牲者たちが」複数の（石油）会社と「準軍事組織グループが緊密に連携している石油備蓄基地の近くに住んでいたことに関連している」。そうした地域で、「人々は、準軍事組織に虐殺されたのである」。「そこでは戦闘も交戦も起こらなかった。海軍と陸軍は、虐殺が行われているあいだ、その地方を包囲していたのだ。実に、ただひとつ海軍と陸軍がやったことといえば、大虐殺が起こるのを保証したことだ。そうなるように、彼らはその地域をがっちりと確保していた」。「米国がコロンビア国家を援助する時」、それは〝対麻薬戦争〟という〝口実〟のもとに、「このような大虐殺を援助しているのである」（原注24）。

麻薬戦争が〝口実〟であるという証拠は、一九九九年度の会計検査院（ＧＡＯ）報告書の中で明らかである。「二年間におよぶ広範な除草剤散布にも関わらず、米国の概算では……実際にはコカの純耕作量が五〇パーセントも上昇していることを示している」。(原注25)『ニューヨーク・タイムズ』の社説は、プラン・コロンビアが「コロンビアでの麻薬取引を抑えるために軍隊を利用する方向に傾いている。この対処法では、同国で長期化している内戦に米軍を巻き込む可能性がある一方で、麻薬の流入を食い止めるためにはほとんど何もしていないことになる」と指摘している。同社説によると、「麻薬戦争を戦うために充てられる一九二億ドルの連邦政府の年度予算のうち大部分が、いまだに武力による麻薬密売阻止と取締りに費やされている。それでもコカインの常習者の数は、過去十年間変化がない……」。(原注26)

麻薬戦争が失敗しているのなら、なぜその戦争を激化させようというのだろう。驚くまでもない話だが、武器や石油に関連する米国の企業集団が、プラン・コロンビアから利益を得ているからである。『過去の過ちを繰り返す：コロンビアにおける対ゲリラ戦援助』と題する記事の中で、ウィニフレッド・テイトは次のように述べている。

訳注9　「コンタドーラ・グループ」（メキシコ、パナマ、コロンビア、ベネズエラの四カ国で構成）とオスカル・アリアス・サンチェス大統領の中米和平交渉については、日本唯一のフリーランス・コスタリカ研究家である足立力也著『丸腰国家～軍隊を放棄したコスタリカ　六〇年の平和戦略～』（扶桑社、二〇〇九年）六七～七〇頁を参照。

企業資金による締め付けは、コロンビアに関する論争の中でも、特にヘリコプター会社や石油会社のケースにおいて明確である。ブラックホークなどのヘリコプターに関して言えば、四億ドルにせまる契約に関わる問題である。同時に、石油会社はゲリラによる妨害行為で数億ドルの損失を被ったと主張するばかりか、武力衝突が起こっている複数の地域での新たな石油のボーリングに関心を示している。オクシデンタル石油のローレンス・メリアージュ副社長は、連邦議会下院で行われたコロンビアに関する聴聞会に出向き、議会の前で証言を行った数少ない非政府系の証言者のひとりであった。コロンビアに事業利権のある米国の企業を代表する目的で一九九六年に設立された、米―コロンビア・ビジネス・パートナーシップ（U.S.-Columbia Business Partnership）のリーダーとして、メリアージュは財界関係者の先頭に立って、コロンビアに対する一括援助の支持を表明したのである。上院での討論の際に、大掛かりな軍事援助が賢明かどうかを検討するのに割かれた時間は、ごくわずかであった。（原注27）……。

コロンビアにおける米軍と諜報部の大規模な駐留について、マーク・クーパーは、次のように言及している。

大理石のフロアーと通路に照明が灯されたコロンビアの国家麻薬撲滅警察本部に入っていくと、（米国の）気前のよい援助と、ワシントンとコロンビアの軍事機構の密接な関係が、突如露わになる。グスタボ・ソチャ司令官の執務室のドアの前に置かれた三脚に立て掛けられているのは、当選を祝ってにやりと笑う、ジョージ・W・ブッシュの特大写真である。その隣にあるのは、プロモーション用の米国製ブラックホーク攻撃ヘリコプターのカラー写真だ。司令官の待合室で訪問者は、若い広報担当の軍人から対応を受ける。彼は、米陸軍が運営する最近名称が変わったばかりのアメリカ陸軍米州学校の洗練された卒業生である。待合室には、テキサス州のレイクランド空軍基地で諜報訓練課程を受けて帰って来たばかりの、こちらも同じく若い警備士官もいる。

米国の関与がどれ程のものか疑問があるなら、次の事で明らかだろう。ソチャ司令官からすぐそばの執務室を占拠しているのは……アメリカ陸軍米州学校のベテラン教官であり、元大佐だが、彼は現在、国務省の麻薬問題課（Narcotics Affairs Section）と連携して活動すると同時に、ソチャ司令官の常駐顧問として配置されている。

このほかにも数えきれないほどの連邦政府の麻薬取締官や諜報員がコロンビアで活動している。さらに、数百名かそれ以上の米軍顧問がコロンビア軍の新たなエリート部隊である三大隊を訓練している。数十機の米国製ヘリコプターも続々と到着している。〝スーパーヒューイ〟の一編隊は、そのほとんどがコロンビア軍用である。また、最新鋭のブラックホーク飛行中隊の大半は、ソチャの対麻薬部隊に割り当てられる。これらと同時にやって来るのは、人数ははっきりしないが、民間契約の米国人パイロットとヘリコプターの技術乗組員たちである。これとはまた別に民間契約した米国人たちが、コカが生い茂る地方の上空を飛んで有毒な除草剤を散布する農薬空中散布機を操縦するためにコロンビアに来ている。この軍事行動を支援するのは、エクアドル、アルバ、クラカオとエルサルバドルにある、米軍の四つの新たな諜報活動前哨地、いわゆる前方作

戦拠点（Forward Operating Locations：ＦＯＬ）である。[訳注10][原注28]

このように、コロンビアを垣間見るだけで、人権蹂躙とＳＯＡ卒業生の関連が過去の問題にとどまらず、現時点で起きている現実だということが分かる。一九八〇年代のエルサルバドルと現在のコロンビアで活用されている著しく似通った戦術は、ＳＯＡと米国の外交政策一般が今もなお、必要と判断されれば破壊的な対ゲリラ戦争という策略に出ることを示している。コロンビアの民衆は、米国の傲慢さと数々の目的のために、高い代償を払っているのである。在コロンビア米国大使館の高官は、こう書き留めている。「コロンビアと米国の優先事項は、それぞれ異なるものである。コロンビアの優先事項は平和で、こちらは麻薬だ[原注29]」。麻薬だけでなく、石油会社やヘリコプター生産会社、化学薬品会社、そして敵を探し求める軍の要求もまた、米国によるコロンビアの軍事化の目的を明らかにしている。

独裁者たちを選り好む

注意深い読者は、本章と前章でアメリカ陸軍米州学校に関連して独裁者という言葉が頻繁に出てきたことにお気づきだと思う。グアテマラの独裁者、ルカス・ガルシア将軍はＳＯＡ卒業生であり、おびただしい数の残虐行為や、そのほかの大虐殺に責任のある民間パトロール隊体制の創設者だ。元パナマの独裁者でＣＩＡの情報提供者であるマヌエル・ノリエガ将軍はＳＯＡ卒業生であり、アルゼンチンのレオポルド・ガルティエリも同様である。ガルティエリは、テロが横行した時期にアルゼンチン軍事政権のトップの座にあり、彼の将校たちはウィリアム・ケーシーCIA長官の命令を受けて、ニカラグアのコントラを訓練していた。ピノチェトは、SOA卒業生ではないが、彼の取巻きをSOA卒業生たちで固め、SOA校長に崇められていた。ボリビアの独裁者であるウーゴ・バンゼルもまたSOA卒業生で、次の章で示すように、進歩的な宗教関係者を追跡して脅迫し、必要な場合は殺害するための「コンドル作戦」のような組織をCIAとともに設置した人物である。

ジョセフ・ケネディ元下院議員は、「アメリカ陸軍米州学校……は、世界史上、ほかのどの学校よりも多くの独裁者を支えてきた」(原注30)と語っているが、まったくその通りである。SOAの擁護者たちはよく、数多くの軍出身の元首を輩出したことについて誇らしげに引き合いに出す。SOAは、同校の階段の吹き抜きに並んだ悪名高い〝栄誉の殿堂〟に掛かっている。SOAを正当化する最大の理由は、ラテンアメリカの軍の高官たちと関係を築くことによって米国は影響力を発揮し、極めて重要な安全保障上の権益を促進できるからである。ラテンアメリカの将校と米国の同僚とのあいだで軍と軍のきずなが実を結んだことを確認する材料として、SOAの卒業生たちが続々と国家元首になる

訳注10　米南方軍のウェブサイトには、「米軍はラテンアメリカとカリブ地域に三つのFOLを有している。FOLは戦略的で費用効果的な施設で、エクアドルのマンタ、エルサルバドルのコマラパ、オランダ自治領アルバにあり、米国と同盟国の航空機が地域の多国籍対麻薬作戦を支援するために飛行場を使用することを可能にする。FOLは米国と同盟国の長期的協力協定の産物である」と解説されている。http://www.southcom.mil/appssc/factFiles.php?id=63。二〇〇九年九月、米軍はエクアドルのマンタにあったFOLから撤退。

のに勝るものはない。SOAとその卒業生たちに関する不愉快な事実が浮き彫りになったが、自己矛盾も出てきた。ジョセフ・ケネディは、下院での討論で、SOAを擁護する者たちの欠陥に満ちた論法について指摘した。

彼らは、ラテンアメリカ諸国の一〇名の元首がアメリカ陸軍米州学校の卒業生だったことを自慢するが、そのうちの誰一人として民主的な選挙で選ばれた者はいない。またほとんどの場合、彼らが権力の座につけたのは、文民政府を転覆したからである。(原注31)

SOAと同校の卒業生たちは、数十年間にわたって私たちの半球で起こったおびただしい数の人権蹂躙の中心にあった。そして今日、コロンビアにおいて彼らの役割や、似たような戦術が活用されている。これまでに示してきた証拠を考慮して、読者の皆さんは、次のような疑問をご自身に問いかけているかもしれない。――米国の外交政策はなぜ、ラテンアメリカ全域で残忍な軍隊や準軍事組織と共謀し、彼らを指導し、資金を援助し、訓練し、イデオロギー上の口実を与えてきたのだろうか。これは今も行われているのだろうか。SOAは変わり、本当に閉鎖されたのだろうか。西半球安全保障協力研究所(WHINSEC)は、SOAとは違うのだろうか。コロンビアにかかわる問題とは何なのだろう。冷戦の終結やそのほかの地政学的状況の変化は、戦略と戦術に関して米国の外交政策にどのような影響を与えているのだろうか。それはSOA/WHINSECにとって、どのような意味を持つのだろうか。以上の質問に、これからお答えしたいと思う。

第六章

地政学と SOA/WHINSEC

外交政策の第一段階

Geopolitics and the SOA/WHINSEC

Foreign Policy Stage 1

アメリカ陸軍米州学校（ＳＯＡ）が一九四六年に創設されて以来、米国の外交政策は、軍事政策を含めて目まぐるしく変化してきた。ＳＯＡ／ＷＨＩＮＳＥＣは、米国の対ラテンアメリカ外交政策に臨機応変に対応する手段であり、進化しつづける機構として理解するのが一番適切だろう。過去から現在にいたるまでの同校の役割を把握するには、米国の外交政策を四段階に分けて見るのが最も分かりやすい。いずれの段階も、強大な力を持つ複数の企業の影響を受けており、そうした企業の権益を反映しているると同時に、多くのいわゆる第三世界と呼ばれる国々において、貧しい人々に極度の苦難と損害を与えてきた。

ＳＯＡの役割は、それぞれの段階で、変化しつづける地政学的な必要性と（権益確保の）好機の推移を反映している。

第一段階（およそ一九四六年から一九七九年まで）は、軍事化と独裁政権の時代だった。軍隊の暴力を通して安定した投資ができる環境がつくられ、また維持された時期である。

第二段階（およそ一九八〇年から一九九〇年まで）では、米国は必要に応じて（中央アメリカなどで）弾圧を強化し、別の状況では、可能な限り（いわゆる第三世界のいたるところで）経済上のレバレッジ（目的を達成するための影響力）や、強力な財界の要望に各国を強制的に従わせるための外交政策の手段として、国際通貨基金（ＩＭＦ）や世界銀行といった経済機関を活用する二重路線戦略が特徴だった。

第三段階（およそ一九九一年から一九九七年まで）は、米外交政策にとって様々な形態の経済力とレバレッジが主要でより好ましい手段となったため、ラテンアメリカの軍隊の多くが規模を縮小した時期だった。一九八〇年代に、抑圧的な軍事化と構造調整政策を通して押しつけられた経済による支配が実を結び、北米自由貿易協定（NAFTA）などの自由貿易協定で制度化された。

第四段階（およそ一九九八年から現在まで）は、世界貿易機関（WTO）やそのほかの自由貿易協定のさらなる制度化と、再軍事化を基盤とする二重路線政策が特徴である。再軍事化は、コロンビアのような問題地域、企業主導の経済のグローバル化による不安定化、そして米国の軍産連邦議会複合体勢力の復活に応えたものである。

以上の四段階と、すべての段階に反映している地政学的状況の変化の枠組みの中で——独裁者たちをひいきにすること、進歩的な宗教家たちに対する戦争、一九六〇年代、七〇年代、八〇年代に中央アメリカで使用された抑圧的な戦術、軍政から制限された民主主義への移行、人権（擁護）をひけらかす美辞麗句、経済のグローバル化の時代における外交政策の手段として、軍隊よりもむしろ経済上の関与に依存する方法を好んで強化していること、今日コロンビアや世界各地で軍事化の復活の原因となっている体制の矛盾と重圧を含めて——、米国の外交政策とSOA／WHINSECの複雑な世界を把握することができる。第一段階が本章のテーマで、残る第二〜四段階は、第七章で論議する。

悪質な開発と軍事独裁

第二次世界大戦後、米国政府は日本とヨーロッパの発展と民主化を求める一方で、経済的・戦略的権益を守るために、いわゆる第三世界を軍事化していた。米国の石油会社であるスタンダード・オイルの会長は、SOAが開校した一九四六年に次のように警告している。米国の民間企業は、「世界中でその地位を守るために打って出るしかない。さもなければ、自分の企業の葬儀に立ち会うことになるだろう。……世界を代表するこの企業の多数派株主に対する責任を取らなければならないのだ」と。彼はつづけて、米国の外交政策の目的は、「我々の対外投資の安全と安定を(原注1)」確保することだと述べた。アメリカ陸軍米州学校の最初の任務は、軍事訓練を通して米国とラテンアメリカの軍部との関係を築きあげ、さらに強固なものにすることによって安定を確保することだった。

SOAの開校から二年後、第二次世界大戦が終結した当時、米国の外交政策立案者として最高権威だったジョージ・ケナン(訳注1)は、不平等極まりない世界で米国が特権的な地位を守りぬくつもりなら、その外交政策は鈍器のような手段でなくてはならないと言明した。

アメリカは世界の富の五〇%を手にしていながら、人口は世界の六・三%を占めるにすぎない。これではかならず羨望と反発の的になる。今後われわれにとって最大の課題は、このような格差を維持しつつ、それがアメリカの国益を損なうことのないような国際関係を築くことだろう。それにはあらゆる感傷や夢想を拭い去り、さしあたっての国益追求に専念しなければならない（『一極覇権主義とキリスト教の役割』西山俊彦、フリープレス、二〇〇三年、二一二頁の訳文を借用）。

この文書[訳注2]はとりわけアジアについて語ったものだったが、ラテンアメリカに関連して、ケナンは次のように付け加えた。

「博愛主義や世界に慈善をほどこすといった贅沢な概念は、われわれを欺くものだ。人権、生活水準の向上、民主化などのあいまいで非現実的な目標は論外である。遠からず、むき出しの力でことに当たらねばならないときがくる」（前掲、西山訳、二一二頁）。「理想主義者のスローガンに邪魔されるのはごめんだ[原注2]」。

訳注1　第二次世界大戦が終結した当時、ジョージ・ケナンは「国務省政策企画部長として沖縄問題・対日講話問題と取り組んでいた」。米国は、沖縄を軍事基地として占領下に置くことを強く望んでいたが、いくつかの障害があった。ケナンは「沖縄を米軍基地として半永久的に提供するという天皇のメッセージ」を巧みに利用して、それを実現させたことでも知られる。『物語　日本国憲法第九条　戦争と軍隊のない世界へ』伊藤成彦（影書房、二〇〇六年）一六八〜一八三頁参照。

訳注2　この政策文書は一九四八年（ソ連核実験の前年なので、当時は米国が唯一の核兵器保有国であった）に作成されたが、機密解除されたのは一九七四年であった。『環境正義と平和』戸田清（法律文化社、二〇〇九年）九九頁参照。

米国は、戦争で破壊されたヨーロッパと日本の復興に没頭していたが、飢えや貧困、不平等といった社会情勢が変革への強い願望をかきたてていた第三世界全域において、〝極めて重要な権益〟があった。学生、労働者や農民たちのあいだでは、運動が形成された。共産主義の思想や団体に影響を受けた人たちもいたが、大半は植民地支配のもとで受けた経験や、民衆がその中で生き、死んで行く資本主義、あるいはそれに近い体制の機能不全が根底にある目に余る不正義に立ち向かったのだった。このような状況の中で、米国は抑圧的な軍部の背後で［社会秩序の］安定や共産主義との戦いの名のもとに、相当額の財源と、イデオロギーやロジスティックスに関する援助を行っていたのである。しかし、一九四八年にケナンが率直に述べたように、抵抗は必然的に沸き起こった。

米国の外交政策が不平等を助長し、民主主義、自由、開発や人権を犠牲にして（企業活動の）安定を押しつけようとする体制の確立と防衛に着手したために、状況はますます悪くなっていった。

抑圧的な軍の対応をもたらした悪質な開発を強いる露骨な例のひとつが農業に関するものである。米国は、北米自由貿易協定（ＮＡＦＴＡ）が施行される数十年前から、第三世界の国々に対して米国からの［農産物］輸入を優先し、自国の農業生産やそのほかの開発目標をないがしろにするよう、容赦ない圧力をかけ続けていた。第二次世界大戦後の十年間というもの、米国は国内の莫大な量の余剰穀物を世界中にダンピングしていた。（訳注３）一九五七年には、国務省の高官が連邦議会上院で、こう警告するにいたった。

（食糧援助）計画の中には依存関係をつくってしまったものもあり、これは重大な問題である。米国への依存が急速に進めば、長期的には我々が、ある国とその経済を弱体化させることにつながらないだろうか。

これに対して、ヒューバート・ハンフリー上院議員は次のように答えた。

今朝、（他国の）人々が食糧で米国に依存するようになるかもしれないというのを聞いた。良いニュースとして受け止めるべきではないことは分かっているが、私にしてみれば、それは歓迎すべきニュースだ。だって人々は何をするにしても、まず食わなきゃならん。それで、人々の協力を得るためにどうすれば頼りにされ、依存してくるようになるか探っているのなら、食糧依存は最高じゃないか。(原注3)

力の行使の手段としての食糧依存(訳注4)に対するハンフリーの熱烈な支持は、CIAの思惑と一致していた。CIAは、一九七四年に起きた世界的な食糧危機の最中、世界の食糧不足が米国に「おびただしい数の貧困者の運命を左右する、事実上、生死をわける権力」を与えるだろうと言明している。さらに続けて、「北米がおもに西欧に輸出していた二十年前、他の地域のほとんどは基本的に自給自足できてい

訳注3　戦後日本については、『アメリカ小麦戦略　日本侵攻』高嶋光雪（家の光協会、一九七九年）、『「アメリカ小麦戦略」と日本人の食生活』鈴木猛夫（藤原書店、二〇〇三年）を参照。

た。今や世界全体が北米の穀物に頼っている。……」(原注4)

土着の在来農業を徐々に衰退させる政策と、軍による抑圧の関係の劇的な例が見られるのがコロンビアである。

第一段階において、米国の食糧援助計画は、同国のマーケター(市場で売買する人)に対して、コロンビアの国内生産をより幅広く排除するのに充分な低価格で小麦を売るように奨励していた。一九五五年から一九七一年にかけて、コロンビアは一一四万トンの小麦を輸入した。同じ時期に、コロンビアの農民たちが受け取った価格は急落していった。一九五四年には、コロンビアは国内需要のために一六万トン以上を生産し、わずか五万トンを輸入していたが、一九七一年には五万トン以下の生産に落ち込み、コロンビアの国内需要の約九〇パーセントを占める四〇万トンを輸入するまでになっていた。(原注5)

予想どおりの結果を招いた前段階における食糧援助のダンピング戦略の上に築かれた、第三・四段階の自由貿易協定によって、現地の農業生産は次々と崩壊し、地元市場に向けて生産していた零細農家や小規模農場セクターは、とりわけ大打撃を受けた。このことが社会不安に油を注ぎ、国家の後ろ盾を受けたテロ活動に直面することになった。コロンビアでの人権擁護活動のリーダーであるエクトル・モンドラゴンによると、「コロンビアの発展には、カンペシノ(零細農民)の排除が不可欠だ」というのがコロンビアの歴代政権と、その同盟者である米国の多国籍企業が取ってきたお決まりの政策だという。「米国が、何かコロンビアのためになることをしたいというのであれば、まずやるべきことは、コロンビアとの貿易政策を変えることだ。コロンビアの農業セクターが壊滅状態に陥る状況をつくり出してきたのは、おもに自由貿易協定と世界貿易機関（ＷＴＯ）なのだから。コロンビアで起きている本当の〝作物代替〟は、ケシをコーヒーの代わりにしたことで、（訳注5）これはＷＴＯの過ちだ」と指摘している。彼は次のように述べている。

カンペシノ（零細農民）はほかに生きるすべがない。ほかの合法的な作物は、自由貿易のせいでもはやなんの儲けにもならない。輸入作物は、合法的な作物を生産しようとする人たちを破滅に追い込んできた。カンペシノの作物が処分されたり台なしにされたりしてしまえば、大規模な土地所有者に土地を売ってしまうほかに道がない。奇妙なことに、こうした土地は通常、お金のある麻薬ディーラーの手に渡る。そうしてカンペシノはジャングルのさらに奥深くに分け入って、非合法の作物を植えるのだ。この農民は、以前は二、三エーカー分のコカでやってきたが、今度は四、五エーカー分を植えなくてはやっていけない。ジャングルの奥へ行けば行くほど、生産が高

訳注4　『武器としての食糧』ジェラール・ガロワ、黒木寿時訳（ＴＢＳブリタニカ、一九八一年）、『武器としての食糧戦略』戸田修一（黎明書房、一九九一年）を参照。

訳注5　本来、ケシ（アヘン、ヘロインの原料）は旧大陸の麻薬作物であり、コカ（コカインの原料）が新大陸の麻薬作物であるが、コロンビアでもコカに加えてケシが栽培されるらしい。ジェフリー・セント・クレアが『ＺＮｅｔ』に寄せた論文（二〇〇二年）を益岡賢氏が「コロンビアのバイオ・テロ：アンデス地域へのエージェント・グリーン」と題して邦訳紹介しているので参照されたい。http://www.jca.apc.org/~kmasuoka/places/colgreen.html
なお、日本帝国主義と麻薬の関係も有名で、『日中アヘン戦争』江口圭一（岩波新書、一九八八年）などを参照。「満州国」でアヘン政策に関与した岸信介は戦後Ａ級戦犯容疑者を経て首相となり、核武装合憲論を閣議了解した。

くつくからだ。それでこの零細農民は、生き延びるためにさらにジャングルを伐採してもっとたくさんのコカを植えるのである。コカを枯らすために除草剤を空中散布しても、実際にはコカ栽培地の面積が減るのではなく拡大しているのはこのためだ。ほんとうにばかげた政策だ。そこで、その目的が不法作物をなくすためのものではないはずだと気づかなくては。目的は戦争や暴力と同じで、カンペシノを追放すること、彼らの地域社会と組織を潰すことである。（原注6）

アメリカ陸軍米州学校の公式の擁護者であり歴史家といった趣で登場したのが、ジョセフ・C・ルーアーだ。彼の矛盾に満ちたSOA擁護論のひとつに、『アメリカ陸軍米州学校と米国の外交政策がラテンアメリカで成し遂げてきたこと』と題する情報提供論文がある。この中で、ルーアーは「軍と軍の関係を通して安定を確立するフォーラムとしてのSOAの役割」について語っている。この告白は、同校で訓練を受けたラテンアメリカの将校たちが、米国の外交政策の手段であることを明白にしている。強制的に退去させられ、不満を抱えたカンペシノたちなどの数々の問題の処理にあたり、また〝軍と軍の関係〟を通して米国の政財界の指導者たちに高く評価される〝安定〟を強いるために、彼らは必要な資力と訓練を受けたのである。

米国は、民主主義、自由、開発や人権が欠如したところに安定を打ち立てようとしていたわけで、案の定、その外交政策の第一段階では残忍な軍隊と威嚇に頼ることになった。経済と戦略上の権益を守るために将軍たちを利用することを考えながら、彼らによる支配統治が行われていた頃、飢えと貧困と社会的不平等が一段と深刻化する中で、米国の外交政策立案者たちは、安定を維持するために必要な抑圧的な技術をSOA卒業生たちに身につけさせていたのである。「国際人権擁護団体から出された人権蹂躙に関する報告のせいだと考えられるが、米国の国民は、時に独裁的な政権に対して行われてきた米国政府の過去の援助について、なかなか理解できずにいる。しかし、寡頭政治を行うラテンアメリカの諸政府に対する米国政府の過去の援助は必要だとして受け入れられた……」（原注8）。ルーアーはある時点で、そうした援助は「二極に分裂した競争の激しい世界において、参加型の民主的な政治構造への移行を奨励するために」（原注9）必要だったと主張している。

ルーアーは、より端的に語ることもある。第二次世界大戦以降、「対外援助計画の中でもとりわけ一九五一年の相互安全保障法は、対外開発援助を直接軍事援助と反マルクス主義への忠誠に結びつけ始めた。当時軍隊は、革命的思想家たちが政権に参入するのを阻止するという米国の目標を達成する、唯一の安定した勢力とみられていた」（原注10）という。ルーアーが、あからさまな矛盾を無視して米国の政策の核心にあるものとして挙げたのが次の通りである。

米国のアナリストたちは、ラテンアメリカにおいて共産主義の拡大を許す要因は、大きく三つあるとしている。

(1) 米国がラテンアメリカ諸国に介入することに対する各国民衆の憤り。
(2) 米国に本拠をおく巨大な多国籍企業が、ラテンアメリカの各国政府に押しつける数々の新古典主義的［市場中心的］な開発計画。

(3) 米国のラテンアメリカのエリート層への援助が、抑圧的な軍事組織と米国に直結していること。(原注11)

一九四六年に「軍と軍の関係を通して安定の確立」を推進するために創設されたアメリカ陸軍米州学校が、〝クーデター学校〟、〝暗殺者学校〟、〝独裁者学校〟などといった別称で知られるようになったのは、少しも不思議ではない。ＳＯＡの閉鎖を力説する『アトランタ・コンスティトゥーション』の社説は次のように述べている。

アメリカ陸軍米州学校は、長年にわたって安定とは正反対の評判を培ってきた。同校の授業に出席した者たちの実に多くが、パナマ、エクアドル、ボリビア、ペルーやアルゼンチンで政権を転覆するのに主導的な役割を果たしたことから、彼らの母校は、〝la escula de golpas〟(「クーデターのための学校」)として知られるようになった。パナマが十年前に同校との関係を深めていた頃、ＳＯＡは、あるパナマの新聞から〝暗殺者学校〟という、さらに不吉なあだ名をもらっている。このレッテルは、同校の卒業生たちが、中央アメリカ全域で暗殺部隊の将校と目される人物になっているという悲惨な傾向に注意を促がすためのものであった。(原注12)

米国は、第一段階でラテンアメリカ全域に安全保障(優先)国家(national security states)を創設した。米国連邦議会が国家安全保障法(一九四七年)を可決したのは、パナマにアメリカ陸軍米州学校を開設してから一年後のことだった。

中央情報局（ＣＩＡ）と国家安全保障会議（ＮＳＣ）を創設したのは、この法令である。常習的な騙しや不安定化やテロ行為に関与するこれらの政府機関の倫理上の根拠は、米国は極めて重要な権益を守るために、必要ならばいかなる手段であっても構わずに使うべきであるという信念にあった。ハーバート・フーヴァー元米国大統領(訳注6)が主導する政府の極秘委員会が一九五四年に発行した報告書は、外交政策を実施するにあたって抑圧的な戦術を採用する必要性を訴えている。

我々は今、世界支配を公言する執念深い敵と直面しているのは明らかだ。……このような試合にルールなど存在しない。これまで人間の行為として受け入れられてきた基準は通用しないのだ。……米国が生き残るために、フェアプレーというずっと昔からある米国の概念を考え直すべき時

訳注6　フーヴァー（一八七四〜一九六四）は第三一代大統領（任期一九二九〜三三）。ウィキペディアの「ハーバート・フーヴァー」には「シカゴのギャング・アル・カポネの逮捕については、精力的であったものの、一方で、退役軍人の恩給支払い要求デモの鎮圧を、陸軍参謀総長・ダグラス・マッカーサーに指示したが、越権され強力な弾圧を加えてしまい、大統領の管理能力を問われた。結局フーヴァーは、世界恐慌に対して有効な政策が取れないまま、一九三二年の大統領選挙に挑み対立候補の民主党ルーズベルトに四〇州以上で敗北する歴史的大敗を喫した。一九三三年の任期満了をもって大統領職を退き、政界から引退した。」などの記述がある。なお、フーヴァーが着工してローズヴェルト「ルーズベルト」が完成させた「フーヴァー・ダム」では、ダムの建設作業にあたり一一二人が熱射病で死亡したという（ウィキペディア「フーバーダム」）。

がきた。……我々に対して使われるものよりもはるかに賢く、洗練された、効果的な方法で敵を打倒し、妨害し、破壊するすべを学ぶ必要がある。（原注13）

同年、アイゼンハワー大統領は、ラテンアメリカの二人の独裁者——ベネズエラのペレス・ヒメネスには、〝友情と協力の精神〟を賞して、ペルーのマヌエル・オドリアには、〝適切な対外投資政策〟を賞して——（米陸軍）勲功章を授与している。同じく一九五四年は、CIAがグアテマラで、ユナイテッド・フルーツやそのほかの米国企業を労働組合と土地改革から守るために、悪名高いクーデターを実行し、以後四十年にわたってテロがほぼ常時作動可能な状態に仕立て上げた年である。元ユナイテッド・フルーツ社の副社長であるトーマス・マッキャンは、同社がグアテマラに魅せられた理由と、何がうまくいかなくなったのかについて語っている。

ユナイテッド・フルーツ社の初期の開発事業の場にグアテマラが選ばれたのは、国土のほどよい部分がバナナの栽培に最適だったのと、もうひとつは、我々が中央アメリカに進出した頃、この地域で最も弱く、汚職にまみれ、なおかつ従順だったのがグアテマラ政府だったからだ。端的に言えば、同国は〝理想的な投資環境〟を提供していたわけで、ユナイテッド・フルーツ社は五十年ものあいだ、莫大な利益を収めていたのだ。そこへきて、何かがうまくいかなくなった。ハコボ・アルベンスという名の男が大統領になったのだ。（原注14）

米国の政財界の指導者たちの観点からすると、グアテマラで支障をきたした何かとは、民主主義のことだった。民主的に選ばれた指導者は、労働組合を合法化するとともに社会保障制度を創設し、土地改革計画を実施した。ルーアーの言葉を借りれば、〝革命的思想家〟がグアテマラの選挙で当選して大統領になったのである。これが許されるはずもなく、彼の大統領生命は長くは続かなかった。ユナイテッド・フルーツ社やそのほかの米国企業には、政界の上層部に仲間がいたのだ。CIAによるクーデターが起きた時、ユナイテッド・フルーツ社の長年の法律顧問だったジョン・フォスター・ダレスは、米国務長官を務めていた。彼の弟のアレン・ダレスはCIA長官だった。(訳注7) ユナイテッド・フルーツ社の大株主で、同社の役員会の一員であるヘンリー・キャボット・ロッジは米国連大使だった。大株主のジョン・ムーアズ・キャボットは、米州問題（Inter-American Affairs）担当の国務次官補を務めていた。さらに、CIA長官としてアレン・ダレスの前任者だったウォルター・ベデル・スミスは、アルベンス政権が転覆された後、ユナイテッド・フルーツ社の社長に就任していた。

フーヴァー委員会の報告書と〝必要ならば手段を選ばない〟外交政策の枠内で、CIAとその情報提供者、連絡員やスパイからなる広範なネットワークは、国家安全保障の名において、企業の権益を守るために送り込まれる大統領御用達の殺人部隊らしきものになっていった。その任務は、「我々の敵を打倒し、妨害し、破壊する」ことであった。そのために使われた手段は、SOAに不利な証拠が明確に示

訳注7　ジョン・フォスター・ダレス（一八八八〜一九五九）とアレン・ダレス（一八九三〜一九六九）については、ウィキペディアの「ジョン・フォスター・ダレス」「アレン・ウェルシュ・ダレス」などを参照。

すように「これまで人間の行為として受け入れられてきた基準」を踏み外しただけでなく、法律や連邦議会の意思、また人々の良心や鋭敏な道徳意識を無視した。見下げ果てた目標と手段は、秘密主義と慈善の心に満ちたスーパー・パワーという神話によって、おおい隠されたのである。

『イラン・コントラ・コネクション』の中で、ピーター・デール・スコット(訳注8)、ジョナサン・マーシャルとジェーン・ハンターは、米国の機密作戦能力の由来について次のように述べている。

CIAの作戦行動開始から今日にいたるまで、その多くが秘密裏に行われてきた。CIAの戦略は、外国の市民を欺くだけでなく、少なくとも部分的には米国の法令と連邦政府の意思に反するように立案されたからである。その適切な例が、一九四七年に〔国家安全保障会議(NSC)の指令第四項〕によって権限を与えられた、いわゆる〝亡命指令〟である(指令第四項は、現在も全面非公開のままである)。この計画は、連邦議会が明確に禁じているにもかかわらず、米国の機密作戦能力を開発する目的でナチス(訳注9)の諜報工作員を、指名手配されている戦犯も含めてこの国に連れてくるよう立案されたものである。(原注15)

教会と安全保障(優先)国家

米国は、いったん独自の諜報と機密作戦能力を確立させると、今度は米州各地の友好的な軍事政権に、同種の機構を創設する援助をはじめた。その結果、ホセ・コンブリンが『教会と安全保障（優先）国家』の中で言及しているように、ラテンアメリカ全域では、軍部の指導者たちや制度を使って国家権力がふるわれるようになった。コンブリンは、軍部に支配された国々を安全保障（優先）国家（national security states）と呼んだ。そうした国々は、憲法上の権限に対して法律上あるいは職務上の制限を設けて、国の諜報工作員らによる人権その他に関わる侵害を、より次元の高い価値観や国家そのものの防衛を訴えることで正当化したとコンブリンは指摘している。また、国家の結束については、通常、共産主義者として定義された内外の敵に対する攻撃を拠り所にして、国家権力を軍部の手中に収めた。[原注16]

さらに、安全保障（優先）国家は、教会が財政やイデオロギーや神学思想上の力量を動員して国家に奉仕するよう期待し、要求もした。征服者とともに到来した伝統的な［キリスト教］神学思想は、概して抑圧を正当化し、有力者の権益のために尽くす特権と権力の制度として教会の立場を定めてきた。[訳注10] 貧困は神の御意思であり、富は神の恩寵である、宗教的・政治的権力への服従は必要条件であるとして

訳注8　スコット（一九二九年生まれのカナダ人）はカナダ外交官、カリフォルニア大学教授（英文学）などを歴任、詩人としても有名。麻薬問題を含む米国の国家犯罪にも詳しく、最近はデヴィッド・グリフィン教授らとともに「九・一一事件の謎」の解明にも尽力。ウィキペディアの英語版と独語版には「ピーター・デール・スコット」の項目がある。『テロリストは誰？』きくちゆみ、日本語字幕（グローバルピースキャンペーン、二〇〇四年）にも若き日のデール博士の映像がある。

訳注9　『ゲバラの夢　熱き中南米』伊藤千尋（シネ・フロント社、二〇〇九年）二〇二～二一五頁参照。

天の報いである平和の約束（pacifying promise）を説いた。(訳注11) 救済は個人の問題で、不正義に対する数々の社会的な原因は、神学思想、教会の関心事、あるいは宗教活動の枠外に置かれたままだった。

カトリック教会における様々な変化は、確立した秩序の基盤を揺るがせた。教会は全世界において慈愛に満ちた神の存在の生きる証しであれ、と呼びかけた第二ヴァチカン公会議（一九六二〜六五）を足場に、ラテンアメリカの司教たちは（一九六八年、コロンビアでメデジン司教会議が行われた）貧困と苦難に満ちた世界に応えて、解放の神学を支持したのである。解放の神学は、伝統的な神学思想と激しくぶつかりあった。

解放の神学は、貧困は神の御意思などではなく、不公平な［社会的］体制を反映していると強調して、人間の尊厳を肯定し、政治・経済・社会構造に神の御意思を反映させるためには、尊厳ある生活を送ることができるようにするための組織づくりをしなければならないと述べた。また、社会的な罪と制度的暴力の例として、一極集中型の土地所有や、富裕層と貧困層を隔てる極端な格差をはじめとする構造的な問題を挙げた。貧困層に対する圧制が反乱を誘発し、今度は抑圧的な暴力にさらされるという暴力の悪循環についても語り、教会が抑圧を終わらせるように働きかけ、抑圧的な社会秩序を支配する強力な軍部や政財界の勢力とのなれあい関係を断ち切るなら、この悪循環に歯止めがかけられるとした。解放の神学は、イエス・キリストを単なる信仰の対象から深い信仰に基づいた生き方のたとえに変えるとともに、受け身の犠牲者を、今日の信仰深いキリスト教徒のように、抑圧的な集団と体制に闘いを挑んで処刑された危険分子に変えた。イエス・キリストは、命を賭して正義と解放に尽くし、殺された。復活は彼の命と信仰の神の証であり、キリスト教徒と教会は、その例えを示すよう求められたのである。

軍部は解放の神学をことさら嫌い、この新しい神学思想を実践する人々は、暴力の波にさらされた。ペニー・ラーヌーは、教会の新たなあり方が定着するにつれて、進歩的な宗教家に対する組織化された攻撃が、ラテンアメリカ全域でいかにエスカレートしていったかを解説している。SOA卒業生で「栄誉の殿堂」のメンバーのひとりであるウーゴ・バンゼルは、対宗教家迫害戦略の中心的な人物だった。

アルフォンソ・ロペス・トルヒーヨ大司教は……〝一致団結して教会に敵対するキャンペーン〟を非難した。ラテンアメリカでは、一九七〇年代初頭から国民教会（national church）と政府のあいだで小さな小競り合いはいくらでもあったが、教会の敷地内に共産主義思想の宣伝用の印刷物を置いたり、外国籍の司祭や司教たちを〝「政権」転覆〟などといったでっちあげの容疑で逮捕したりという反教会キャンペーンで際立った類似性がみられるようになったのは、一九七五年にな

訳注10　初期の例外としては、解放の神学の思想的先駆者として知られるスペインのラス・カサス神父（一四八四～一五六六）が有名である。『インディアスの破壊についての簡潔な報告』ラス・カサス、染田秀藤訳（岩波文庫、一九七六年）。

訳注11　他動詞 pacify には「平和にする、なだめる、静める」の他に「制圧する、鎮圧する」の意味もあり、両義的である。

ってからである。これは偶然ではなかった。少なくとも一一カ国が「国家安全保障政策」という同じ地政学上の計画に従っていたため、〝対共産主義戦争〟において似通った戦略を共有していたのである。

この共通の戦略に貢献した政策の典型的な例として、ボリビアの右翼軍事独裁者であるウーゴ・バンゼルの名前にちなんだ〝バンゼル計画〟が挙げられる。この計画は当初は文章化されていなかったが、一九七五年の初頭にボリビアの国務省で企てられた。ボリビアの教会がスズ鉱山労働者の大虐殺を公然と非難して政府を困らせるようになると、CIAの統制下にあることを公然と認める内務省で詳細な議論が繰り広げられた。ボリビアの教会内の反体制的な司祭や司教を誹謗中傷、逮捕、[国外などへの]追放、もしくは殺害するという政府の意向に恐れをなした、ある内務省の役人によって、この計画はボリビアのイエズス会にリークされたのだ。CIAが一九六〇年代にラテンアメリカで活用した典型的な〝汚いやり方〟の多くを（取り入れたことを）自慢する〝バンゼル計画〟の確実性は、その後、文字通りすべての戦術が原形のまま実行されるようになってから、政府みずからの手で立証された。……このキャンペーンの三大目標は、教会内部の分裂を激化させること、ボリビアの進歩的な教会指導者たちに対して誹謗中傷や嫌がらせをすること、そしてボリビアの聖職者のうち八五パーセントを占める外国籍の司祭や修道女を逮捕、もしくは[国外]追放することであった。[原注17]

ヨン・ソブリノ司祭[訳注12]は、エルサルバドルでイエズス会の同僚を虐殺されたことを思い起こしながら、安全保障（優先）国家が定めた境界線を踏み越えた宗教家たちの払った高い代償について記している。

エルサルバドル、スペイン、米国から来た男女の命が失われてきた。それぞれ異なる宗派、信仰、場所から集まった人々が、魂で結ばれている。というのも私たちは皆、エルサルバドルで悲劇と殉教者の希望と誓いを目の当たりにしているからである。あの人たちがなぜ十字架の中で息絶えたのか、なぜ殺されたのか、私たちは皆分かっている。〝死の偶像に物申す〟勇気があったからだ。……エルサルバドルのロメロ大司教の定義では、偶像とは、富の蓄積と国家安全保障政策のことである。これらの偶像にあえて触れる人々は、殺されてしまうのだ。（原注18）

ラテンアメリカでは、一九五九年のキューバ革命後に反共産主義というヒステリックな反応が出てくるまでは、十分に発達した複数の安全保障（優先）国家と、それらの機能と形成に導いたイデオロギーが全面的に姿を現すことはなかった。安全保障（優先）国家の種は、米国の政策によってかなり早い時期から蒔かれ、水を与えられていた。フーヴァー委員会の内容と勧告、独裁者たちへの勲功章の授与、CIA主導のグアテマラにおける民主的に選ばれた政権の転覆、米国は博愛心を抱くゆとりなどなく、人権、民主化、民衆のための開発などは論外とするケナンの指図、諜報作戦行動を確立する手助け

訳注12　ソブリノ（一九三八年生まれ）は解放の神学に貢献したバスク出身の神学者で、邦訳に『エルサルバドルの殉教者　ラテン・アメリカ変革の解放の神学』山田経三訳（柘植書房、一九九二年）がある。

としてナチス戦犯を米国に連れて来る〝亡命指令〟、弾圧的な戦術を正当化する目的でなされた同種の（諜報活動）組織と安全保障（優先）国家イデオロギーの輸出、軍事独裁君主たちとの同盟関係、さらにアメリカ陸軍米州学校で兵士たちに受けさせる抑圧的な戦術の訓練。以上はすべて、慈善の心に富んだスーパー・パワーという安心感を与えてくれる神話に深く慣れ親しんでいる、圧倒的多数の米国市民が知らない隠された歴史の断片である。

キューバ革命の余波で、こうした弾圧的な推進力のすべてと、それらを実際に行動で示すメカニズムは一段と深化していった。米国の後ろ盾をうけたフルヘンシオ・バティスタ政権の転覆にみまわれた米国は、「進歩のための同盟」[訳注13]という、対立して相容れない推進力と構成要素を備えた計画で対応した。「進歩のための同盟」の扇動者たちは、一方では貧困が社会不安を生む土壌となっていることを認めていたことから、経済援助は微増し、改革の美辞麗句が広く出まわった。他方では、この同盟はラテンアメリカの軍部に対する支援を劇的に強化して、援助と訓練の焦点は、国内の敵に向けた対ゲリラ戦の方向へと、さらに転換していった。

「進歩のための同盟」によって経済改革や生活水準の向上がもたらされるという期待は、早々と打ち砕かれた。念頭にあるのは安定や企業の権益を守ることと国内の敵に対する恐怖ばかりで、これが米国の抑圧的な軍部への援助拡大に変わっていったのだ。エドワード・ケネディ上院議員は、「進歩のための同盟」がもたらした悲惨な結果について次のようにまとめている。

［ラテンアメリカの国々］の一人あたりの経済成長は、「進歩のための同盟」が始まる前よりも少なくなっている。過去八年間で米国企業は八三億ドルの利潤を本国に送金したが、これは新規投資総額の三倍を上回っている。土地はひとにぎりの者たちが支配したままである。地方の労働力人口の三分の一が失業しており、「進歩のための同盟」が開始されてから一三の立憲政体が転覆された。（原注19）

米国の外交政策の第一段階では、抑圧的な軍部と治安組織が権力の頂点に立っていた。彼らはエリート層の経済上の権益を守り、民主主義を政権転覆と同一視した。さらに、内外の危険な敵との戦いの名のもとに抑圧を正当化し、学生、農民、労働組合員や進歩的な宗教家たちについては、国際共産主義の陰謀による地元の代弁者とみなした。人権、民主主義、民衆のための開発とは無縁の安定した投資環境を追求したことから、アメリカ陸軍米州学校は、暴力、迫害、テロを特徴とする外交政策に奉仕するために、必然的に抑圧的な戦術に没頭したのである。一九八〇年代にはテロはいたるところで激化するのだが、そうした抑圧と並行して、三つ揃えのスーツを着た銀行家たちが、同様に悲惨な結果を生む米国の外交政策を実行するのを目にするようになった。

訳注13　ケネディ大統領が一九六一年に提唱したキューバ封じ込めとラテンアメリカ共産化阻止のための計画。『新自由主義経済下のラテンアメリカ（五）』（山本三郎著。『かけはし』二二一号、一九九九年六月）参照。http://www.jrcl.net/p03america.html

第七章

地政学と SOA/WHINSEC

外交政策の第二段階から第四段階

Geopolitics and the SOA/WHINSEC

Foreign Policy Stage 2-4

一九八〇年代の米国は、最富裕層のための大型減税と所得増加、空前の不平等、軍事費の激増、膨張した国家負債を特徴とする、レーガノミックス（レーガンの経済政策）[訳注1]の十年間だった。これらの政策によって、必然的かつ意図的な結果として急増した赤字予算は、社会福祉の削減や強制的な経済構造改革、政府の役割の削減を正当化するのに利用された。

米国の外交政策の第二段階（およそ一九八〇年から一九九〇年まで）では、レーガノミックスの様々な価値観と優先事項を、国際情勢に拡大した。一九八〇年代以降、国内と外交政策の目標がひとつにまとまったことから、国内政策を自己利益のために整備した有力な経済集団は、彼らのヴィジョンと権益を外交問題に広げたのである。米国の政策によって富の一極集中化が進み、軍事予算と軍事力は増強された。

さらに、米国内とラテンアメリカ全域では、政財界の要求に沿った成果をもたらすために、債務が活用された。

米国は、〝第三世界〟で必要と思われるところにはどこへでも、反共というイデオロギー上の口実を与えて軍隊と準軍事組織に対する巨額の財源を確保し、訓練、抑圧の強化を正当化したため、貧しい国のエリート層は繁栄し、圧倒的多数の貧困層は苦しむはめになった。それと同時に、もしくは別の状況下では、社会福祉の削減、民営化、輸出の増加と労働統制を含めて、海外［先進国］の投資家に有利な条件を押しつける〝構造調整プログラム（ＳＡＰｓ）〟を第三世界の国々に強制的に施行させるために、債務が活用された。

二重路線

米国の外交政策の第二段階は、二重路線で実施された。一番目の路線は、一九八〇年代の中央アメリカ全域ではっきりと示されたように、第一段階で中心的な特徴だった抑圧的な暴力がさらに深刻化した。米国は、コントラの創設と訓練と財政的な援助を行った。コントラは米国の指導のもとに、ニカラグアの革命的な政府を不安定化する活動の中で、テロと拷問の戦術に没頭したのである。米国の指導者たちは、ニカラグアをソヴィエトの足がかりだと非難していたが、同国の最たる〝罪〟は、そんなことではなかった。ニカラグアが、抑圧的な米国型資本主義、あるいは抑圧的なソヴィエト型社会主義(訳注2)のいずれの型からも脱却して、第三世界の一国として実行可能な別のあり方を模索していたからである。

エルサルバドルでは、米国の後押しを受けた歴代の抑圧的な政府が暗殺部隊を支援した。教会の進歩的な要素を含めて、民衆の支持を集める活動分野に対する残酷な戦争を画策したのである。エルサルバドルの米国大使館で、私はある行政官から米国が戦争を指導する際に、なぜテロ戦術を奨励したのか説明を受けた。「いいか」。激怒した彼は切り出した。声を張り上げる彼の頬は真っ赤になった。「何が

訳注1　良心的な保守派からの厳しいレーガノミックス批判として、『富と貧困の政治学　共和党政権はアメリカをどう変えたか』ケヴィン・フィリップス、吉田利子訳（草思社、一九九二年）が有名である。

一番問題だというのかね。数年前の大がかりな弾圧が嫌だったんだろう。あの頃は毎日、通りに数十体の死体があったな。大規模なテロが嫌だったというなら、これは覚えておけよ。我々には、ほかに選択肢がなかったんだ」。どの言葉もゆっくり、はっきりと、大きく、まるで親が言うことを聞かない子どもを叱るように語られた。「ニカラグアはすでに陥落して、絶大な人気を誇る革命がエルサルバドルで権力を握ろうとしていた。我々には、ほかに選択肢がなかった」。彼はここで止めて、落ち着きを取り戻した。平静を失って真実を語る瞬間が去ったのだ。彼の怒りは、呼ばれもしない悪魔が汚らわしい秘密を明かすように、大使館の部屋をかき乱した。

第二段階の一番目の路線は、〝必要ならば手段を選ばない〟外交政策の、不気味でむかつくような事件を反映していた。米国の低強度戦争の戦術と、特定の政治状況にあわせてテロを管理する要素については別の著書で述べた[原注1]が、ここではエルサルバドルのロメロ大司教、米国籍の女性教会関係者四名とイエズス会司祭の虐殺を含めて、アメリカ陸軍米州学校とその卒業生たちが関わった最もおぞましい虐待の多くが、第二段階で行われたことを記しておきたい。

モークレー下院議員や国連・真相究明委員会、ＳＯＡウォッチの研究と立証でこれらの虐待のうち数件が明らかになると、同校の閉鎖を求める社説の波が押し寄せた。

『サン・アントニオ・エクスプレス』はＳＯＡを「人権蹂躙を犯す者たちを生み出す土壌」と呼んだ[原注2]。『デモイン・レジスター』は、ＳＯＡが「殺人者の教育を促進」するのに奉仕していると述べた[原注3]。『アトランタ・コンスティトゥーション』は、「米国内でも凶悪犯だけをかき集めて収容する刑務所がかろうじて匹敵するような、極めて冷酷な殺人者たちの優等生を続々と輩出する」ＳＯＡを閉鎖する決断は「簡単に下せるはずだ(原注4)」という。『クリーヴランド・プレイン・ディーラー』は、社説で「ＳＯＡの最も名の知れた製品は、独裁者や暗殺部隊の指導者、もしくはその一員として現れる可能性が高いという悲惨な共通点がある。彼らは圧制の工作員だ(原注5)」と述べた。『ニューヨーク・タイムズ』は、社説の中で、アメリカ陸軍米州学校の閉鎖が「将来、米国との関係を乱用して悪事を犯す者たちは、保護される代わりに摘発されることを明確に示し、米国はラテンアメリカの殺し屋を訓練することも、奨励することもないことを宣言する(原注6)」ことになると論じた。

以上の社説がまったく正直に書かなかったことがある。それは、「殺し屋」や「人権蹂躙を犯す者たち」、「独裁者」、「暗殺部隊の指導者、もしくはその一員」は、「米国との関係を」乱用して「悪事を犯す

訳注2　ニカラグア革命については、『たたかうニカラグア』岡部広治（新日本出版社、一九八六年）、『サンディーノのこどもたち　私の見たニカラグア』吉田ルイ子（大月書店、一九八五年）、『ニカラグア　サンディニスタ革命』V・ヌィスキー、M・ベルヤット、山上晴夫訳（ありえす書房、一九八五年）、『燃える中南米』伊藤千尋（岩波新書、一九八八年）、『ゲリラのまなざし　ニカラグア革命外史』ディーター・マズール：画文、南部戦線ゲリラ兵士：文、小田実：序文（現代企画室、一九八九年）、『ニカラグア　自由か死か』鈴木頌（北海道アジアアフリカラテンアメリカ連帯委員会、一九八六年）、『リウスのニカラグア問題入門』エドワルド・デル・リウス、小林致広・井上亜木訳（第三書館、一九八八年）、『革命のニカラグア　過渡期社会とサンディニスタの挑戦』A・ヒーリー、S・ラミレス、原田金一郎、LA研究センター編訳（柘植書房、一九八〇年）などを参照。チョムスキーが強調するように、国際司法裁判所で小国ニカラグアが米国に勝訴した（一九八六年六月二十七日）功績は大きい。

者たち」ではなかったことである。彼らは米国の外交政策を実行する、貴重な熟練工だったのだ。

二番目の路線：他の手段の活用

第二段階の一番目の路線が、米国の外交政策が奨励したテロと抑圧の度合いを示したとすれば、第二段階の二番目の路線が示したのは、柔軟性と創造性である。第二段階の米国の外交政策は、低強度紛争（LIC）の枠組みの中で役割を果たしていた。LICは、軍、心理、外交、経済という戦争の側面を包括的なパッケージの中で統合するものだが、第二段階の二番目の路線は、戦争の経済面、特にレバレッジとしての債務の活用を、前例のないレベルにまで高めた。これは、一九八〇年代には国際通貨基金（IMF）や世界銀行（WB）が重要となり、多くの場合、弱い立場にある人々に構造調整プログラム（SAP[s]）を押しつける際に、米国の外交政策の主要な手段となったことを意味した。「経済正義のためのキリスト者連合」（The Ecumenical Coalition for Economic Justice）は、構造調整プログラム（SAP[s]）が第三世界諸国に及ぼした影響について、次のように述べている。

人間として最低限必要なものを満たすために、彼女ら・彼ら独自の資源を開発する代わりに、第三世界における経済の多くが、文字通り〝徐々に搾り取られている〟（sapped）。債権者が押しつけてくる条件を通して、彼女ら・彼らの富が次第に使い尽くされるのである。この新植民地主義の目標は、部分的には、以前の植民地主義のそれと同じである。SAP[s]のお陰で、多国籍企業は格安の資源、格安の労働力と海外市場へのアクセスを、従来よりも一層広範に享受している。だが……現代の再植民地化には、債務の利子払いという形で年度ごとの税金の徴収もある。この利子を完済する日は永遠に来ないのだが……。ＳＡＰｓの〝成功〟によって債務奴隷としての境遇は、永遠のものになった（原注７）。

ＩＭＦの構造調整プログラムの一般的な特徴として、通貨切り下げ、より高い利子、財源の厳重な管理、政府支出の削減、通商と為替管理の撤廃、財貨、サービス、労働力の価格設定における市場の実勢相場の活用、公共部門の民営化、輸出の促進が挙げられる。ＩＭＦの理論によると、以上の手段によって、低インフレーション、輸出の増加、消費および輸入の削減、効率アップ、国際競争力、債務返済をまかなう充分な外貨収入がもたらされるという。

第一世界のエリート層にとって、ＳＡＰｓの実践はめざましい成功だが、第三世界の貧困層にしてみれば致命的な失敗でしかない。第二段階において、ＩＭＦは米国の外交政策の手段として極めて重要で意図的な役割を割り当てられていた。その結果、債務を負った国々は、米国が決めた基準と目標に見合うような経済改革を強いられた。ＩＭＦが主導する外交政策は、米国企業のために、以下に挙げる三つの目標を達成したのである。

まず、ＩＭＦの政策は、第三世界の債務の利子払いを通して、富が継続して豊かな国々に移転されるのを確実にした。たとえば、一九八二年から一九八九年にかけて、開発途上国から先進国への利払いの正味の流出額、つまり新規の借款を上まわって輸出された資本額は、二四〇〇億ドルに等しい。(原注8) 貧困国から金銭的に豊かな国々へ巨額の富が移転されたのだが、世界銀行は、一九八二年以降の五年間に償還期限を延ばした国で、その国民総生産における債務の割合を実際に減らしたところはなかったと報告している。(原注9)

ＩＭＦの構造調整プログラム（ＳＡＰ[S]）を通して達成された二番目の目標は、故意に押しつけた条件で、第三世界の国々の経済を米国に有利な国際システムに統合させることだった。最後の目標は、二番目の目標から来る必然的な結果なのだが、ＩＭＦの政策は、海外から第三世界の資源と経済へ、より広範な進出と支配を促している。以下に挙げるように、ＳＡＰ[S]は、少なくとも七通りの手段で最貧国を苦しめている。

・輸出品の生産を重視するよう求められることから、零細セクターの弱体化と、外国人が支配するセクターの強化を招いている。
・輸出要求がおびただしい数の国々に同時になされると、過剰生産や、貿易のさらなる衰退を招く可能性がある。
・信用貸しは、富裕層や強力な経済関係者に限られるため、ＩＭＦから命じられる高い利子率は、多くの場合、投機を奨励し、インフレに油を注ぎ、階級間の対立を悪化させる。
・貿易と輸出管理の撤廃は、輸入品への依存を助長し、外国企業による国内企業の支配を増進させ、資本の逃避を助長する。
・ＩＭＦが要求する民営化は、さらなる富の一極集中化と、経済上の主権の喪失という結果を招く恐れがある。
・通貨切り下げ要求は、労働者の購買力を減退させ、輸出加工区で運営する外国企業の利益になる。
・最後に、ＩＭＦと海外の債権者（の要求）を満たすには、第三世界の政府は徹底的に政府支出の削減を行わなければならない。

第二段階の二番目の路線で判ったことは、ＳＯＡで訓練された兵士たちの派遣部隊のように、ＩＭＦは様々な状況下で米国の外交政策の効果的な手段となり得るということと、大多数を占める貧困層にとって、これらの政策は、銃弾のように致命的で、拷問者の手口のように痛みを伴うということである。国連児童基金（ＵＮＩＣＥＦ：ユニセフ）によると、世界で最も貧しい三七カ国は、一九八〇年代に保健医療予算を五〇パーセント削減し、教育予算については二五パーセント削減したという。ユニセフは、貧困層に押しつけられた構造調整プログラムの結果、一九八〇年代には一〇〇万人を超えるアフリカの子どもたちが死亡したと概算している。また、構造調整プログラムが引き起こした緊縮財政によって、一九八八年だけでも五〇万人もの発展途上国の子どもたちが死亡したという。ユニセフのＳＡＰｓに対する否定的な評価は、率直で驚くべきものである。

極めて重要なのは、経済専門用語の微妙な部分（の仮面）をはぎ取ってしまうことだ。……発展途上世界がどう債務にはめ込まれ、どう〝調整された〟にしろ、債務は、人類の大多数に対する暴力的侵害以外のなにものでもない。(原注10)

SAPsは貧困層に損害を与えるだけでなく、公式目標さえ達成していない。しかし、米国の外交政策の目標からすれば、SAPsは驚異的な成功を収めているのである。SAPsは経済政策上の選択肢に制約を設けて政治的な議論や見解や行動を制限する。以下に述べるように、これらの反民主的な傾向は、米国の外交政策の第三段階と第四段階において、企業主導の経済のグローバル化がより一層制度化されるにつれて、ますます深刻化してきている。今日では、安定を保証して投資に有利な環境を確立するにあたって、以前は独裁者や抑圧的な軍隊に与えられていた任務が、できる限り銀行家たち(訳注3)の手にゆだねられるようになっている。

米国の外交政策の第二段階では、IMFや世界銀行が経済上の警察の役割を果たし、財界のエリート顧客たちに代わって全世界で非常に効率よく成果を上げていた。経済正義のためのキリスト者連合は、SAPsの費用と便益について次のようにまとめている。

SAPsは公式目標を達成しておらず、非常に深刻な飢えや苦難をもたらして、低開発を助長しているという証拠があるにもかかわらず、民間の銀行家たちやIMF、世銀、保守的な政府がSAPsの厳密な適用を強く要求するのはなぜだろう。……多国籍企業の投資家の視点に立てば、SAPsは理にかなっている。SAPsは、(世界システムの)周辺部諸国［発展途上国］が多国籍企業に安価な原料と低賃金労働と企業の製品の販売市場を提供することを保障してくれる。多国籍企業が生産過程と技術と資金供給の管理を維持して現地のエリートたちと強奪品を分け合うことができるのもＳＡＰｓのお陰である。さらに、ＳＡＰｓは支払い不可能なはずの債務を返済するための外貨を獲得する輸出を促進するからだ。（原注11）

米国の外交政策の第一段階と第二段階の一番目の路線では、エリート企業の権益のために安定を保障し、有利な投資環境を確保する抑圧的な軍隊が必要とされた。第二段階の一番目の路線では、抑圧的な暴力が新たな高まりをみせ、テロと拷問の戦術は、過去から現在にいたるまで米国の外交政策を導いてきた〝必要ならば手段を選ばない〟哲学を反映していた。残酷な抑圧を実行するにあたって極めて重要な役割を果たしたのが、アメリカ陸軍米州学校である。

第二段階の二番目の路線は、異なる戦術と手段に傾倒した。二番目の路線は、独裁者や軍事独裁は安定の守り手というよりもむしろ不安定化を招き、〝必要ならば手段を選ばない〟というのは、必ずしもあからさまな暴力の増強を意味するものではないという認識に基づいていた。外交の究極的な目的は、みずからが望んでいることを、他者にやらせることである。あらゆる方法と策略を駆使する米国の外交

訳注３　銀行家のほかに、経済・経営コンサルタントの役割も大きいことについては、『エコノミック・ヒットマン　途上国を食い物にするアメリカ』ジョン・パーキンス、古草秀子訳（東洋経済新報社、二〇〇七年）が必読である。

政策はつねに、強力な財界人たちが国家権力という力を使って、他の国々が、米国の権益に見合った経済上の規則や条件を定めるのを保証する手段となってきた。

第二段階の一番目の路線は、抑圧的な暴力に徹したものであった。エルサルバドルやニカラグアなどでは、残虐な暴力が必要かつ唯一効果的に目的を達成する手段と見られていたのである。二番目の路線は、債務が第三世界諸国を弱体化させ、米国に絶大な力を与えたという認識に基づいていた。言い換えれば、米国は、場合によっては抑圧的な軍隊よりも銀行家たちを送り込むことで、経済や戦略上の目標をより効果的に達成することができるのだ。軍事化と抑圧が必要な時もあるが、この観点からすれば、二次的な選択肢と捉えるのがベストといえる。米国が二番目の路線でＩＭＦと世銀の構造調整プログラムを押しつけたのは、西側の銀行への支払いを保証するためであり、独裁政権から制限つきの民主化への移行、さらには国際的な経済競争のために確固たる規則を設けるためだった。第三世界の国々は、以前から国際競争への参加を促され、場合によっては強制的に組み込まれてきた。しかし、これらの国々に与えられた選択肢は、参加するか、破壊されるかのどちらかだ。

第三世界の政府のほとんどが、エリート層の権益を代表している。構造調整の負担を貧困層に負わせて、国際競争に参加するのである。彼らはＩＭＦの勢力に加担して、社会福祉のための支出を削減する。経済を民営化して利益と資本が自由に流出するのを認め、低労働コストと労組の弱体化を維持し、国内消費と環境を犠牲にして輸出量を増やすのだ。第三世界諸国が従順なのは、現実的な選択肢が限られているからであり、なおかつ彼らの権力は外国の経済権益に結びつけられているからである。中央アメリカでIMFの経営幹部を務めたホルへ・ソルは次のように述べている。「借金する第三世界のエリート層は、金を貸し付けてIMFで管理する側と同じ階級の出身である。彼らは同じ学校に通い、同じクラブの所属だった。彼ら全員が債務から莫大な利益を得ているのだ」(原注12)。トーマス・フリードマンは満足げにこう述べている。「ある国が、グローバル化システムに一歩足を踏み入れたとする。するとその国のエリートたちは、全体を統合した大きな視野でものごとを眺めることを学び、絶えずグローバルな脈絡に自分たちを位置づけようとする」(原注13)(『レクサスとオリーブの木』上、トーマス・フリードマン、東江一紀・服部清美訳、草思社、二〇〇〇年、三〇頁の訳文を借用)。

第三段階と第四段階：経済的手段の優位

第二段階の二番目の路線では、経済上のレバレッジと経済力を外交政策の手段に格上げした。一九九〇年代には多くの場合、これが米国とラテンアメリカの軍部の役割の縮小につながった。SOA／WHINSECの現在の役割を判断する際に、重要な要素となる点である(第九章参照)。

米国の外交政策の第三段階では(およそ一九九一年から一九九七年まで)、ふたつの重要な力学が特徴となっている。まず第三段階と第四段階は、いずれも新たな地政学上の現実を反映しているという点である。冷戦は一九九〇年代の初頭に終結してソヴィエト連邦が崩壊し、〝第二世界〟は消滅した。

ニカラグアは米国の〝低強度紛争〟戦略の一環として事実上破壊されてエルサルバドルは完全に疲弊した。一九八〇年代には、米国の外交政策立案者たちが地上で最も重要な場所としたニカラグアとエルサルバドルというごく小さな国々は、大海の取るに足らない水滴としての元の地位に戻った。戦争に疲れ果てた民衆のほとんどは見捨てられ、溺れ死んで行くのを放置されたのだ。今や一極構造の世界となった。米国は唯一のスーパー・パワー〔超大国〕であり、時代遅れの反共産主義をグローバル化のレトリックに置き換えて、影響力と力を拡大しようと構えていた。トーマス・フリードマンが述べるように、「グローバル化システムにおいては、今やアメリカが唯一絶対の超大国であり、ほかの国はすべて、程度の差こそあれ、それに従属している」(原注14)（前掲、東江・服部訳、三四頁）。

企業主導の経済のグローバル化という一極構造の世界では、すべての国々、とりわけ第三世界の国々は、頼るところがどこにもなく、最強国以外の国々にはグローバル経済の既存の規則に従って行動するか、一切なにもしないという選択肢しかないのである。フリードマンは、次のように述べている。

……政治の面では、政権を握る者の政治経済面の政策の選択幅を、ぎりぎりにまで縮める。だから、最近、〝黄金の拘束服〟（企業主導の経済のグローバル化の時代に各国が従う以外にない政治経済上の規則を衣類にたとえている）を着た国では、与党と野党に実質的な相違を見いだすのがむずかしくなってきた。(訳注4) いったん〝黄金の拘束服〟を身につけると、政策上の選択は、せいぜいペプシかコカコーラかという程度に狭まる。つまり、微妙な味の差異、言い換えれば政策の微妙な差異、その国の伝統にのっとったデザインの差異があって、拘束服をゆるめる箇所が、ある国では胸に、別の国では肩にというふうに違っていても、中心にある黄金律から大きくずれることはけっしてない(原注15)（前掲、東江・服部訳、一四三頁）。

〝黄金の拘束服〟は、豊かな国々と貧しい国々で着用されなくてはならない。フリードマンは、「今日の先進国で、政治討論の場にのぼる議題といえばたいてい、急進的な変革ではなく、〝黄金の拘束服〟を自分の身に合わせて仕立て直す際に必要な、軽い修正に関する問題になってきたが、それも驚くにあたらない」と述べている(原注16)（前掲、東江・服部訳、一四三〜一四四頁）。フリードマンによれば、企業主導の経済のグローバル化においては〝黄金の拘束服〟や〝電脳投資家集団〟や〝超大市場〟だけが繁栄をもたらすことができるのだから、民主主義を徐々に弱体化するのは必要であると同時に価値のある取引だという。

米国の外交政策における第二段階の二番目の路線では、債務をレバレッジとして活用し、貧しい国々に対して構造調整を押しつけた。第三・四段階の基礎を築いた二番目の路線は、時に一番目の路線でふるわれた残虐な暴力の後に、その枠内で国家と政府が政治的・経済的諸問題について決定を下すことができる［下すことを強いられる］ようにするための限定的な条件を設定した。神学者のジョン・カブ(訳注5)は、彼が〝ワシントン・コンセンサス(訳注6)〟と呼んでいるものが要求した政策と優先事項について次のように説明している。

訳注4　日本にもあてはまる。企業献金疑惑、日米軍事同盟、国会議席比例区削減提案、被害者切り捨て・チッソ救済の水俣病特措法などを見ると、自民党と民主党の「実質的な相違を見いだすのがむずかしくなってきた」。

ワシントン・コンセンサスの中心には、開発は、政府や政府間レベルの助成金や貸付金によって行われるよりも、企業投資を通してなされるべきだという考えがある。企業投資を促進するために国家間の境界線を低くすることによって、商品や資本が世界中で自由に流通できる。理想としては、ひとつのグローバル市場が過去数十年の国際経済に取って代わることである。どの国もすべての生産的資産を民営化して、国際資本による購入を可能にすべきで、国の事業を国際競争から保護するのをやめて、比較優位な生産にのみ集中するのだ。(訳注7) 国は、多国籍投資にとって魅力ある政府の政策を採用すべきだ。ワシントン・コンセンサスは注目に値するレベルで、一九八〇年代の初頭からグローバル経済政策を左右してきた。そして一九九〇年代には、統合されたグローバル市場という目標に近づいてきている。(原注17)

〝ワシントン・コンセンサス〟、〝黄金の拘束服〟、〝電脳投資家集団〟や〝超大市場〟の政策と実践は、自由を拘束する。たとえば教育支出を増やしたい政府があるとする。それは許されない。基本的な食費に補助金を出したい。申し訳ないが、IMFの構造調整プログラムがそれを許さない。食糧安全保障を確保する手段を講じて、都市のスラム街への流入を断念させるために、零細農家や地元の農家を援助する農業政策［零細農民への補助金や所得保障など］を施行したい。(訳注8) そんな政策は、北米自由貿易協定（NAFTA）や世界貿易機関（WTO）が設けた規定に反するからダメだ。環境を守りたい［鉱山や森林の乱開発の防止など］。外国の投資家の関心を引き寄せて、輸出を拡大しなくてはならないし、あなたの国の資源はもうあなたの国の資源ではないのだから、それも諦めてもらおう。

どの国の人間であれ、資本を持つ者が利用する原料の入った巨大な貯水槽の一部としての資源なのだ。利用を妨げるものがまったくない野放し状態に制限を設けようとして法律を制定すれば、自由貿易違反と判断されてWTOの執行者から覆されることになる。

訳注5　カタカナ表記にカブとコッブがあるが、キリスト教関係者はカブと表記している。カブ博士（一九二五年生まれ）は「プロセス神学」の大御所であり、エコロジーへの関心などを示してきたが、最近は門下のデヴィッド・グリフィン博士とともに「九・一一事件の謎」にも取り組み、アメリカ帝国問題への関心を深めている。カブの邦訳に『プロセス神学の展望』グリフィンと共著、延原時行訳（新教出版社、一九七八年）、『生命の解放』上、下、バーチと共著、長野敬ほか訳（紀伊国屋書店、一九八三〜八四年）、『今からではもう遅すぎるか？　環境問題とキリスト教』郷義孝訳（ヨルダン社、一九九九年）などがある。ウィキペディア英語版・仏語版の「John B. Cobb」などを参照。

訳注6　ワシントン・コンセンサスにもとづく米国政府の対日要求は「年次改革要望書」などに示されており、郵政民営化などがすすめられてきた。関岡英之『拒否できない日本　アメリカの日本改造が進んでいる』（文春新書、二〇〇四年）などを参照。

訳注7　もともとは英国の経済学者デヴィッド・リカード（一七七二〜一八二三）が自由貿易を擁護するために主張した「比較生産費説」による。たとえば日本は比較優位な工業（特に先端部門）に特化し、北米や豪州に比べてコスト的に比較劣位の農業（日本は耕地面積あたりの人口扶養力が世界有数の高さであるし、農地の環境保全機能も重要なのに）は切り捨てよという考え方。

訳注8　輸出補助金付きの人為的に価格を下げた農産物が欧米から入ってくると、第三世界の零細農民の農産物も買いたたかれ、食い詰めた農民は離農して都市のスラムに流入する。

米国の外交政策の第一段階と第二段階の一番目の路線では、民主主義に対する最大の障害は、抑圧的な軍部だった。第二段階が終わって、第三・四段階に入ると、一極に集中した経済力とそれに付随する財界のエリート層の手にゆだねられた決定権の強化が、（訳注9）国内と海外における民主主義の最たる障害になっている。トーマス・フリードマンによると、全世界の指導者たちの〝おもな役目〟は、「電脳投資家集団と超大市場に取り入り、自分の州［あるいは国］に投資をさせて、なりふりかまわずどんなことでもして、絶えず、彼らが去っていくのではないかとおののきながら、彼らを自分の州［あるいは国］に引きとめておくこと（原注18）」だという（前掲、東江・服部訳、一八五頁に一部追加）。

〝電脳投資家集団〟と〝超大市場〟は、急速に、今日の世界でも指折りの脅威的で威圧的で押しつけがましい二大勢力になりつつある。このふたつのせいで、多くの人々が、次のような感情を抱く。自国の民主主義がどんな民主主義であろうとも、地方選挙や国政選挙でなんらかの選択をしたつもりでいても、社会を運営する人物として誰かを選んだつもりでいても、それはすべて幻想にすぎない、と。なぜなら、彼らの政治生活を決定づけるのは、実際は、もっと大きく、遠方にあって、顔が見えない市場や投資家集団だからだ。

グローバル化のパラドックスとは、ある日、投資家集団がローンレンジャーよろしく町へ乗り込んできて、銃をぶっ放し、法の支配を要求したかと思うと、翌日にはその彼らが、キングコングよろしくどすんどすんと音をたてて、行く手の人々すべてを押しつぶしながら町を出ていくことだ（原注19）（前掲、東江・服部訳、二二〇頁）。

一九八〇年代に、ＩＭＦ／世銀が押しつけた政策は、第三世界全域で経済上の決定を狭い範囲の許容し得る選択肢に制限して、政府の〝適切な役割〟を限定した。

国内的には、レーガノミックスがそれに近いことをした。フリードマンが認めるように、イギリスのマーガレット・サッチャーとロナルド・レーガンは、「ふたりがかりで、国家や、偉大な社会（訳注10）の提唱者や、伝統的なケインズ経済学から、経済面での意思決定権をごっそり剝ぎ取って、それを自由市場に譲り渡した」のである（原注20）（前掲、東江・服部訳、一四二頁）。

クリントン大統領は、企業主導の経済のグローバル化が引き起こす社会問題について真剣に取り組むために、より活動家的な政府を望んでいた。しかし、彼は企業側にとって重要な政策の強力な擁護者であり（訳注11）、外交政策の第三段階において、北米自由貿易協定（ＮＡＦＴＡ）を彼の最重要外交政策問題と

訳注9　日本でいえば、臨時行政調査会（臨調）や、経済財政諮問会議の民間委員などで活躍する経団連ほか財界関係者を思い浮かべればよい。

訳注10　「偉大な社会」計画はジョンソン大統領が一九六四年に国内政策として提唱したもので、貧困根絶と人種差別克服をめざし、教育、医療、都市問題、交通などの分野で福祉国家政策をすすめるものであった。一九六八年の大統領選挙では、「偉大な社会」計画を批判したニクソンが当選したが、大統領となったニクソンは福祉政策を大きく後退させたとはいえない。福祉政策の大きな後退や金持ち減税は後のレーガンによる。ウィキペディア英語版「Great Society」http://en.wikipedia.org/wiki/Great_Society 参照。

位置づけていた。第二・四段階の米国の外交政策では、企業主導のグローバル経済秩序を制度化する努力が一気に進められたのが特徴だが、これは前段階におけるＩＭＦの構造調整プログラムと軍隊による抑圧を通じて基礎が確立されたのだった。ＩＭＦをはじめとする機関、ＮＡＦＴＡや米州自由貿易圏（ＦＴＡＡ）といった貿易協定、規定を策定するＷＴＯなどの超企業的な組織を通じて、今日、企業は米国の外交政策の主要な手段であり、受益者である。「国際連合、世界銀行、ＩＭＦ」などのグローバル機関は、「アメリカがほかのどの国よりも恩恵を受けている国際システムを安定化させるのに決定的に重要である」（原注21）とフリードマンは述べている（『レクサスとオリーブの木』下、東江・服部訳、二二四頁を一部改変）。

さらに、「大きくて重要な場所もあれば、小さくてどうでもいいような場所もある。外交とは、このふたつの違いを知ることであり、アメリカが単独で行けなかったり行くべきでないような場所では、ほかの国を行動させる手段を会得することでもある」（訳注12）という。「私たちが国際連合、ＩＭＦ、世界銀行、世界のさまざまな開発銀行などを支援しなければならない理由は、それらの機関が、アメリカ人の命や財産を危険にさらすことなく、つねに、いたるところで、アメリカの利益を促進してくれる可能性があるからだ」（原注22）（前掲、東江・服部訳、二六一―二六二頁）。ＳＯＡ／ＷＨＩＮＳＥＣを擁護する際にも、似たようなことが言えるのではないだろうか。

『ニューヨーク・タイムズ』でのフリードマンの立場そのものが、米国の外交政策における第三・四段階では、目的を達成する手段が軍事力から経済力へ転換したことを反映している。彼の新たな職は、一九九四年に「外交政策と国際金融の領域が交差する、それまでにない新しい分野」を報道するために設けられたのである(原注23)(『レクサスとオリーブの木』上、東江・服部訳、四三頁)。経済政策立案者たちがいかに今日の外交政策を支配しているかについて、彼は次のように解説している。

この戦略の策定を、ふだん大戦略とは結びつかない人々が行っていることです。その人々の名前は、グリーンスパン[連邦準備制度理事会・議長]、ルービン[財務省長官]、サマーズ[世界銀行副総裁]です。けれども、国務長官や国防長官ではなく、彼らが戦略を策定しているからといって、グローバルな視点が必要ないとか、国家間の関係の基礎を作り、願わくばそれを安定させるような、グローバルな構造を生み出していないとか、考えてはいけません。これが大戦略でないなら、じゃあ、いったいなんだと言うのでしょう。これが外交でないなら、いったいなんだと言うのでしょう(原注24)(『レクサスとオリーブの木』下、東江・服部訳、三九頁に一部追加)。

米国の外交政策の第三・四段階で創設された経済組織構造と、その時期に交渉された自由貿易協定は、企業の力を制度化して、企業にとって重要な政策を世界中に強いるのを可能にした。それは以前、

訳注11 クリントンが従来の民主党大統領よりも新自由主義的だったのは、トニー・ブレアが従来の労働党首相より新自由主義的だったのと同様である。環境派を自称するアル・ゴア副大統領も、医薬品の知的財産権問題などで財界擁護に努めた。

訳注12 世界銀行の総裁を米国政府が一〇〇%指名するのと同様に、アジア開発銀行の総裁は日本政府が一〇〇%指名し、日米財界の権益確保に貢献している。

米軍とその同盟軍に最も集中して課された職務だった。

第三段階：軍事部門の役割縮小

米国の外交政策の第三段階における二番目の重要な力学は、ソヴィエト連邦の崩壊に加えて、米国の外交政策の中で決定的な要因となった経済上のレバレッジが成功したことから、ラテンアメリカの軍隊と米国の軍産連邦議会複合体が、危うい立場に置かれたことである。アメリカ陸軍米州学校の副校長であるパトリシオ・アロ・アジェルベ大佐は、同校の改称を目前にして、次のように書いている。

> アメリカ陸軍米州学校が創設された環境は、幾年ものあいだに徐々に変化してきた。冷戦後の時代と一極構造が、まったく別のシナリオを生み出したからである。これが結果として、なぜ世界各国が安全保障問題について再定義し(訳注13)、新たな方向づけを余儀なくされてきたのかを説明している。したがって、国家と住民の安全保障体制に対する異質で新たな脅威の出現は、これらの新しい概念に対処するために、米州の軍隊や警察の訓練を必要とするのである(原注25)。

米国の外交政策における第二段階の一番目の路線では、必要であればどこであろうと軍隊による暴力をエスカレートさせていた。しかし第二段階の二番目の路線では、経済上のレバレッジを通して常習的で効果的な力の行使を導入した。第三・四段階は、これらの成功を土台に築かれたものである。ここでは米国の外交政策の決定要因として、経済力の役割を格上げし、過去に行った抑圧と、成功を収めたIMF／世銀の構造調整から得たものを制度化するのである。IMFが要求する規則と条件は、NAFTAやWTOとつながりのある組織的な構造と規則と協定を通じて拘束力のある法的な地位を確立してきた。

第二段階で外交政策の手段として経済上のレバレッジが出現し、第三・四段階では経済力が優勢となり制度化したことから、米軍と第三世界の同盟軍は、任務を失う問題に陥った。それは二重の問題だった。膨れあがった〝防衛〟予算を正当化する主要な存在だったソヴィエト連邦は崩壊した。さらに、企業が操るグローバル化の単極構造の世界で制度化され、なおかつ効果的である経済力は、米軍と米軍が援助してきた抑圧的な軍隊の必要性を弱めて、非生産的なものにしたのである。第九章で述べるように、この力学は、SOA／WHINSECの任務や目的に多大な影響を与えてきた。フリードマンが言うように、経済のグローバル化は、「戦車、戦闘機、ミサイルといった従来の軍事的ものさしを超えた新しい勢力源を生み出したし、国々の組織のありかたを変えさせる新しい圧力源を生み出した。つまり、これまでのような一国による他国への軍事侵略ではなく、超大市場によるもっと目につかない侵略がもたらす圧力源である」(原注26)（前掲、東江・服部訳、二六頁を一部改変）。

縮小された軍隊に、情けは無用である。米国の軍産連邦議会複合体の力は絶大で立ち直りが早く、現在拡張の真っただ中にある。ラテンアメリカの同盟軍もまた、グローバル化した地政学的環境における

訳注13　一九九六年以降の日米安保再定義（極東安保からグローバル安保へ）を想起されたい。

居場所を見い出しつつあるのだ。「低迷するラテンアメリカの軍隊、だが消滅はしていない」と題する『ニューヨーク・タイムズ』の記事で、ラリー・ローターは、こう述べている。「ラテンアメリカの多くの国々では、文民の防衛大臣は、将官たちに指図はしない。その代わり、彼らに相談をもちかけて、交渉するのである。」つまり、ラテンアメリカの軍部は今も恐るべき権力なのだ。中央アメリカでは、弾丸や死者数は減少したが、経済上、軍部独自の主張を通せる地位に身を据えているとローターは伝えている。

中央アメリカの軍部は、質的には異なるものの、迷惑度に関しては大して変わらないお手本を示している。もはや戦闘相手も殺害の対象だったゲリラも存在しなくなった今、彼らは民間企業が競争できないように脅しをかける経済上の複合企業へと変貌してきた。(訳注14) アルノルド・ブレネスとケヴィン・カサスによる『企業家としての兵士たち』と題する研究は、中央アメリカの軍部がいかにして年金基金を通じて銀行、ホテル、葬儀院、ラジオ局、広告代理店、スーパーマーケットや数々の店を接収していったかを記録している。(原注27)

第四段階：経済力の強化と再軍事化

経済力のさらなる強化と、外交政策の再軍事化が米国の外交政策の第四段階（一九九八年から現在まで）の特徴である。この段階で、役割を担っている力学には三通りある。第一に、グローバル交渉の新ラウンドでは、大企業の経済上の決定権をさらに強化しようと目論んでいる。国際通貨基金（IMF）が押しつける構造調整から、北米自由貿易協定（NAFTA）、世界貿易機関（WTO）の創設と強化、米州自由貿易圏（FTAA）を通じてNAFTAを米州全域に拡張する試みにいたるまで、米国の外交政策のそれぞれの段階を経る過程で見てきたのは、経済上の規則の制度化と整理統合、そして強制力の高まりである。

第二に、企業主導の経済のグローバル化に対する抵抗は、米国内ばかりか世界中いたるところで沸き起こっている。企業主導の経済のグローバル化は、政治、文化、経済、環境の面で世界を破壊しているため（第八章参照）抵抗は激化しつつあり、これが米国の指導者たちを軍事費や武器輸出の増加（訳注15）へと駆り立てているのだ。最も重大なのは、米国による軍隊の訓練を世界規模で拡大している点である。フリードマンにとって「きのうと同じ生活を維持し、同時にきのうより進歩し、繁栄し、近代化したいという要求が、今日のグローバル化システムのなかで具体化されたもの」（『レクサスとオリーブの木』上、東江・服部訳、五九頁）のシンボルがレクサス（米国で売られているトヨタの高級車の商標）で、「わたしたちをこの世界に根づかせ、錨を下ろさせ、アイデンティティを与え、居場所を確保してくれるもの

訳注14　インドネシアではスハルト時代に軍部が経済的にも大きなプレゼンスを確保したので、ラテンアメリカの軍部もたぶん参考にしているだろう。『軍が支配する国インドネシア　市民の力で変えるために』シルビア・ティウォンほか編、福家洋介・岡本幸江・風間純子訳（コモンズ、二〇〇二年）参照。

訳注15　軍事費や武器輸出にとどまらず、さまざまな分野で世界に占める米国のシェアについては、『環境正義と平和』戸田清（法律文化社、二〇〇九年）一〇三頁の表四―一を参照。

すべて」（前掲、東江・服部訳、五八頁）のシンボルが、オリーブの木であるという。彼は次のように書いている。

今日、オリーブの木に対する脅威のうちで最大のものは、おそらく、レクサスが――言い換えれば、名もなく、国境もなく、均質化され、標準化されつつあって、今日のグローバル化経済システムを構成している、すべての市場と技術が――もたらすものだろう。このグローバル化経済システムには、目前のオリーブの木をことごとくなぎ倒して壊滅させるような強烈な勢いを、レクサスに与えるという一面がある。そのせいで、非常に激しい反動が生じることもある（原注28）（前掲、東江・服部訳、六二頁）。

著書の終わりの方で、彼はこう警告している。

持続可能なグローバル化には安定した権力構造が必要だし、これに関して、アメリカほど不可欠な国はない。シリコンバレーが世界じゅうのデジタル音声やビデオ、データを伝えるために設計しているインターネットその他すべての技術、技術革新を通じて活性化されるすべての取引や金融統合、そしてそれが生み出すすべての富、こういったものは、ワシントンDCに首都を置く温和な超大国のおかげで安定している世界で起こっている。マクドナルドを有する任意の二国は、それぞれにマクドナルドができて以来、互いに戦争をしたことがないという事実は、ある程度は経済統合のおかげだが、アメリカの勢力と、その力をグローバル化システムの脅威となる国（イラクから北朝鮮まで）に対して用いようというアメリカの意思のおかげでもある。市場の見えざる手は、見えざる拳なしには機能しない。マクドナルドは、アメリカ空軍戦闘機F15の設計者、マクダネル・ダグラス抜きでは繁栄しえない。また、シリコンバレーの技術を繁栄させるために世界の安全を守りつづける見えざる拳は、アメリカ陸軍、空軍、海軍、および海兵隊と呼ばれるものだ。そして、これらの軍隊や組織は、アメリカの納税者のドルによって賄われている（原注29）（『レクサスとオリーブの木』下、東江・服部訳、二五九〜二六〇頁）。

米国の武器輸出は、全世界の約四五パーセントを占める。また、合同軍事訓練（JCET）を通じたプログラムだけでも、少なくとも一一〇カ国で兵士たちを訓練している。さらに、米国の外交政策が第一段階と第二段階の一番目の路線においてエルサルバドルで活用した抑圧的な戦術をすべての点で踏襲しているコロンビアでは特に、米国の軍事化と石油が直結した関係が継続中である。過去数年間にSOA/WHINSECで訓練を受けた兵士たちの中で最も多いのが、同校の卒業生たちと人権蹂躙の圧倒的な結びつきが見受けられるコロンビアの出身者だが、これは驚くに値しない。

最後に、第四段階の三番目の力学とは、米外交政策の再軍事化が、軍産連邦議会複合体そのもののニーズと力に動かされていることである。米国の軍事費と政策が、信憑性のある脅威、あるいは安全保障上の極めて重要なニーズから同国史上類を見ないほど切り離されてきたのが第三・四段階である。米国に支配された一極構造の世界では、経済上のメカニズムによって目的を果たすことができるため、莫大な軍事予算の必要性は劇的に低下している。自己利益を追求する集団の不当な影響力によるものでなければ、積極的な軍事化のための努力は切り捨てられるところだろう。米国のパナマ侵攻［一九八九年］、湾岸戦争［一九九一年］、NATOの拡大、武器輸出の促進、エスカレートする麻薬戦争、ミサイル防衛システムはどれも、軍産連邦議会複合体が、膨張した予算と無駄な軍事生産の拠り所となる敵を、死にもの狂いで求めているという状況の中で見る必要がある。(訳注16)

冷戦終結後に出された防衛産業の定期刊行物や軍事関連の報告書には、あからさまな懸念どころか、パニック感さえ漂っている。冷戦の雪解けによって、数千億ドル（もの予算）を、軍事費から別の用途へ転換する可能性があり、相当額の平和の配当が見込まれそうな気配だった。その結果、軍のあらゆる部局や武器メーカーは捨て鉢になって、予期せず変化した世界での制度上の正当性と役割の続行を求めたのである。

この点を明らかにしてくれるいくつかの例がある。一九九〇年五月発行の『マリンコー・ガゼット』の「継続する海兵隊の役割」と題する欄には、次のように書かれている。

世界は「地球規模の安全保障環境において、歴史的で展望に満ちた変容の最中にあり」、第二次世界大戦の勃発以来、かつてないほど大きく変化している。……冷戦が終わって全面紛争の脅威は著しく減少しているという見方が趨勢を占めている。〝平和の配当〟への希望が執拗に語られ、防衛予算の大幅な削減は避けられないと考えられている。

このような規模の変化の中で生まれつつあるのが、〝厳しい再検討〟の時代である。米国は、明らかに防衛のニーズを再検討する新たな時代に入ろうとしている。政策、戦略、軍隊の役割と機能、軍の構造、兵器システム、予算額はすべて深刻な再検討を受けることになるのだ。……本稿の目的は、能力が試されるこの時代について把握できるようにし、海兵隊の未来について考えるよう奨励して……あらゆる種目の軍事行動に対応する海兵隊の各部隊が持つ特殊な能力を詳しく説明し……厳しい予算の現実に直面する際に、海兵隊としてのアプローチをどのようにするか検討することである。(原注30)

それから数カ月後、コリン・パウエル将軍は、ベルリンの壁の崩壊に続く一九八九年のパナマ侵攻の前夜、米軍にはなお果たすべき重要な役割があるとの方向性を示した。米軍は世界に向かって脅しのメッセージを送る必要があったのだ。「ソヴィエト人たちが何をしようと、たとえ彼らが東欧全域から撤退しようと我々はドアの外に〝ここにはスーパー・パワーが住んでいる〟と書いた看板を置くべきだ」。(原注31)一九九一年の湾岸戦争でも似たような力学が働いたのを見抜いていた外交政策解説者のジェームス・ペトラスによると、あの戦争には、「第三世界を威嚇して服従させる」意味が込められていたという。(原注32)アンドリュー・コバーンとレスリー・コバーンは、共産主義の崩壊という状況下で可能となり、

訳注16　米国の「敵探し」の努力については、『冷戦後の米軍事戦略　新たな敵を求めて』マイケル・クレア、南雲和夫・中村雄二訳（かや書房、一九九八年）が必読。

軍産連邦議会複合体の権益にとって危険な平和の配当を妨害するために、湾岸戦争は、ペンタゴンの内部で綿密に考え抜かれた手段として奨励されたと指摘している。

国内の短期的な政治上の理由はさておき、湾岸での武力衝突に向けた猛烈な押しの背後には、非常に重大な制度上の必要性があった。……一九九〇年四月、（イラクのクウェート侵攻の数カ月前）ある経験豊かなペンタゴンの高官が、なにげない会話の中で、職場の雰囲気が悲惨だと嘆いていた。「どうしたらいいのか、誰にも分からないんだ」とため息をついて、「（ソヴィエトの）脅威が我々の頭上で溶けてしまったし、ほかに何がある？　このところ海軍は、インド洋のインド海軍の脅威について説得するために連邦議会に出かけている。コロンビアの麻薬カルテルの脅威を語る者もいる。しかし、そんなことに三〇〇〇億ドルの予算を赤字も出さずにやっていくのは無理だ。唯一脅威として成り立つところがある。イラクだ（訳注17）」。彼はイラクについて、こう説明した。遠く離れているから軍の空輸組織のための予算が正当化される。大規模な空軍があり、これは米国の空軍を喜ばせるだろう。サダムの陸軍が保有する膨大な戦車の数は、米軍の地上戦力の必要条件を満たすのに充分すぎるくらいだと（原注33）。

「砂漠の盾作戦」が大成功をおさめたことから、ペンタゴン内部では、「予算の盾」として知られていたと、コバーンは述べている（原注34）。

さらに、麻薬戦争は政治・社会・軍事的に完全な失敗でありながら、米軍とラテンアメリカの同盟軍を活気づけ、新たな武器と予算を与えてきたことを指摘しなければならない。「麻薬戦争政策は、あらゆる方向に拡大し、ふんだんな予算を与えられた五〇を超える連邦機関と組織からなる〝麻薬・法強制執行複合体〟を創り出した」と、コレッタ・ヤンガースは述べている。「不法な麻薬の生産・消費の阻止については一切成果を上げていないにもかかわらず、連邦議会は麻薬・法強制執行複合体に気前よく報酬を与え続けている」という。(原注35) ラリー・ローターは、ラテンアメリカにおける麻薬戦争の影響について、次のように述べている。

（ラテンアメリカの）文民政府にとって最大の懸念は、何もせずに時間を過ごしている軍隊に、どうすれば悪さをさせずに済むかということである。この地域のどの政府も災難の処方箋とみなしているワシントンの答えは、軍を強制的に対麻薬戦争に参加させるというものだ。これまでにラテンアメリカの軍部に関する本をいくつか書いてきたアルフレッド・ステパンは、こう述べている。「ラテンアメリカは大そうな時間を軍に費やしていると米国人は考えがちだから、せっかくならそこから何かを得よう、ということではないだろうか」。「だがそれは、危険な見方だ。対麻薬戦争に軍部が関わることになると、軍にはその準備ができていないばかりか、そうすることで不正

訳注17　九・一一事件の「おかげで」米軍事費は急増したが、レーガン時代以降の米軍事費の推移は『環境学と平和学』戸田清（新泉社、二〇〇三年）八七頁の図1を参照。二〇〇五年の米軍事費は四八〇〇億ドル（世界の四八％）であった（『環境正義と平和』戸田清、法律文化社、二〇〇九年、一〇七頁）。

が出てくるし、軍の役割の拡大にもつながるだろう（原注36）」。

ミサイル防衛システムもまた、軍産連邦議会複合体のニーズに突き動かされている。ミサイル防衛システムは、地球にとって世界史上最悪の惨事となり得るが、軍産連邦議会複合体にしてみれば富鉱帯を掘り当てたようなものといえるだろう。

新しいブッシュ政権は、リチャード・チェイニー副大統領、ドナルド・ラムズフェルド国防長官、イランーコントラ・スキャンダルの内部関係者であり、現在は西半球担当国務次官補のオットー・ライクを含めて、かつての冷戦主義者を配置している。政治解説者のセドリック・ムハンマドは、リチャード・チェイニー副大統領について、次のようにコメントしている。

米国の軍事費の制限ない増強と武器輸出に関して、リチャード・チェイニーほどの強力な支持者はほかにいなかった。彼は無言のパートナーにはほど遠く、中東に向けた大量の武器売却の拡散を提唱し、みずからそれに関わった。チェイニーは、湾岸戦争での反イラク連合を手早くでっちあげるために、〝武器輸出〟外交で利用した一軍を指揮したのである。サダム・フセインを片づけるのに協力する代償として、周辺国に武器を提供していたのだ（原注37）。

ラムズフェルド国防長官は、右翼系の〝シンクタンク〟やミサイル防衛システムの実行に打ち込んでいる兵器産業（コントラクター）と幅広いつながりがある（原注38）。ミサイル防衛システムは、うまくいきそうにないばかりか高くつく。世界政策研究所のウィリアム・ハートゥング(訳注18)によると、「一九八三年のレーガンの（スター・ウォーズに関する）演説以来、米国は七〇〇億ドル以上費やしてきたが、実績を示すものは何ひとつない」(原注39)という。ミサイル防衛の開発と配備は、新たに世界的な軍拡競争を引き起こすことになるし、実のところ、それが目的なのだろう。ハートゥングは、『ザ・ネーション』の中で次のように述べている。

冷戦後の世界により適合させるため、ブッシュ［ジュニア］政権は核政策の変更を装いながら巨大なミサイル防衛システムを配備し、新世代の核兵器を開発する野心的な計画を推し進めている(訳注19)。ブッシュの攻撃的な新政策が完全に実行されるとしたら、冷戦時代の米ソ間の競争がおとなしく見えるほどの多面的な核軍拡競争を引き起こす可能性がある。……大統領と「宇宙軍」の最高司令官であるドナルド・ラムズフェルド国防長官は、米軍の支配を継続するために、地上・海上・飛行機・宇宙にミサイル迎撃機能を備えつける意欲を示している(訳注20)。……しかし、米国は、ミサイ

訳注18　邦訳に『ブッシュの戦争株式会社　テロとの戦いでぼろ儲けする悪い奴ら』ウィリアム・D・ハートゥング、杉浦茂樹・池村千秋・小林由香利訳（阪急コミュニケーションズ、二〇〇四年）がある。
訳注19　ブッシュ核戦略については、『狂気の核武装大国アメリカ』ヘレン・カルディコット、岡野内正ほか訳（集英社新書、二〇〇八年）が必読。二〇〇九年四月五日のプラハ演説で「唯一の核兵器使用国の核廃絶への道義的責任」を明言したオバマ大統領の今後が注目される。
訳注20　宇宙軍拡については、『グローバリゼーションと戦争　宇宙と核の覇権めざすアメリカ』藤岡惇（大月書店、二〇〇四年）が必読。

ル防衛の幻想を追求するため、一九七二年に締結した弾道弾迎撃ミサイル［ABM］制限条約の完全破棄さえ選択肢に取り入れたラムズフェルドの提案に対して、ワシントンと最も親密な関係にある北大西洋条約機構（NATO）同盟国でさえ、今もなお受け入れることができずにいる。ブッシュのスター・ウォーズ計画に、今後二十年間で二四〇〇億ドルあまり費やされる見通しだが、これは問題全体から見れば些細なことである。昨年［二〇〇〇年］五月に報道機関にリークした、米国の機密扱いの諜報アセスメントに関する『ロサンゼルス・タイムス』の記事によると、米国によるNMD［新ミサイル防衛］システムの配備は、中国、インド、パキスタンによる戦略的中距離核ミサイルの急激な増強と中東における軍事技術のさらなる拡散を含めて、政治的・軍事的な一連の不安定な波紋を誘発する可能性が高いという（原注40）。

一九四六年から現在にいたるまでの米国の外交政策における四段階の検証が明確に示しているのは、外交政策はつねに流動的だということである。しかし、そこには〝必要ならば手段を選ばない〟とか、貧困層を犠牲にして企業の権益を守る、といった一定の要素とともに内在する一貫性がある。グローバル化は、ほぼすべての人々の利益になる、というのが企業主導の経済のグローバル化の神話である。第九章でグローバル化の時代におけるSOA／WHINSECの役割を検証する前に、経済のグローバル化が米国内外の大多数の人々に及ぼす多大な損害について、例を挙げてみようと思う。

第八章

経済のグローバル化と強欲

Globalization and Greed

一九四六年から現在にいたるまでの米国の外交政策を立案してきた者たちは、「特定の過激な信条の」狂信者である。拷問者の手口であれ、銀行家の規則であれ、〝必要ならば手段を選ばない〟外交政策は、その擁護者たちが利用する手段が公益を促進するとか、彼らが代表する特定の利権を守るためなど、正当化されると確信すれば可能なのだ。ジョージ・ケナンは（一時期極秘だった文書の中で）米国の外交政策はパワー・ポリティクス（権力政治）であり、不平等な体制を擁護するものであるとストレートに述べて、民主主義や民衆の暮らしに役立つ開発や人権を（実現）不可能な博愛主義の領域に追いやった。(訳注1)フーヴァー委員会も同様である。同委員会は、「我々に対して使われるものよりもはるかに賢く、洗練された効果的な方法で、我々の敵を打倒し、妨害し、破壊するすべを学ぶ必要がある」と米国「政府とひいては主権者」に訴えた。

そうした推進力を反映して、米国の指導者たちやラテンアメリカ全域の軍事同盟国のあいだで大々的に扱われていたのが安全保障［優先］国家イデオロギーである。このイデオロギーは、社会変革のために活動する人々は国際共産主義の工作員であり、有害であると見なして排除するのをを正当化した。こうした価値観や見解を顕著に示したのが、CIAとSOAの訓練マニュアルであり、司祭、修道女、司教、カンペシノ（零細農民）、労働組合のリーダーや学生たちを虐殺した、米国から訓練を受けたSOA卒業生たちやそのほかの軍隊と準軍事組織の行動だった。

米国の外交政策が〝必要ならば手段を選ばない〟哲学を喜んで受け入れるのは、政策を具体化し実行する人々が採用してきた戦術を必要としているからである。戦術を実行する者たちがクーデターをおこす反政府側の将官であろうと、のどを切り裂くコントラであろうと、司祭を殺したSOA卒業生らであろうと、構造調整プログラムを履行するＩＭＦの職員であろうと、これは事実である。〝必要ならば手段を選ばない〟外交政策が歓迎されているもうひとつの理由には、そうした戦術家の背後にまた別の戦略家や意思決定者――国務長官にチリの民主主義を守ろうとする将校たちを殺害する手配を促す大統領たち、ニカラグアを不安定化して壊滅させるためにアルゼンチンの将官らを雇うＣＩＡの指導者たち、低強度戦争戦略を教えるアメリカ陸軍米州学校の教官たち、エリート層の経済上の権益を追求して経済レバレッジを極限まで拡大する財務省長官やＩＭＦの指導者たちなど――の存在があるからだ。

表向きの説明や自己欺瞞、あるいはこのふたつを組み合わせた理由から、外交政策を実践する者たちのほとんどは、崇高な任務という光でみずからの政策と行動を照らし出すのを好むのである。ジャーナリストのエリック・ブラックは、一九八八年に出版された著書、『冷戦再考（*Rethinking the Cold War*）』の中で、人々は〝出来事に意味を与える〟ために、パラダイム（理論的枠組み）を必要としていると述べている。与えた意味がたとえ間違っていたとしても、である。

私たちのパラダイムは、テレビ番組、映画、演劇、さらには世界情勢を語る指導者たちや報道メディアが使用する語彙からさえも、つねに強化されている。米国には同盟国がある：ソヴィエト

訳注１　有名な一九四八年の政策文書（一九七四年に秘密解除）をさす。戸田清『環境正義と平和』（法律文化社二〇〇九年）九九～一〇一頁を参照。

連邦には傀儡政権がある。私たちの側は政府によって運営されている：向こうはレジーム（管理体制）によって。私たちには警察がある：彼らには秘密警察が。私たちは秘密行動をとる：彼らは破壊行為をする。私たちの政府は公式発表を出す：向こうのはプロパガンダだ……といった具合に。

　米国は、一九七〇年代と八〇年代に、力で支配し、みずからの憲法をあざけり、選挙を不正に操作し、自国の民衆を虐殺し、拷問し、抑圧するラテンアメリカやそのほか［東南アジア、アフリカなど］の地域の政府を援助していた。国務省は、これらの国々を〝新興民主主義国〟と呼んで、人権記録が向上していると褒めたたえた。……米国［政府］自身の説明によれば、スーパー・パワー［超大国］とは国際法を順守するものである。だが、国際法を無視して［ニカラグアの］港湾を爆破したが、国際司法裁判所（ＩＣＪ）の前ではそうした行為を擁護するのを拒んだのである。[訳注2] ＣＩＡは、ニカラグアの革命を転覆するためにコントラを創設し武装し訓練した。……私たちの理想と、世界各地での私たちの実際の行動は、ますます和解し難くなってきている。私たちのユーフェミズム[訳注3]と自己欺瞞は一層受け入れ難いものとなっている。にもかかわらず……パラダイムは健在なのだ。[原注1]

経済のグローバル化は有益とする新たな神話

　企業主導の経済のグローバル化という状況下で古い神話の上に築かれ、それに取って代わる新たな神話が出てきた。これは、以下に挙げる三点の重大性をはらんだ神話である。まず、経済のグローバル化は必然的であるというもので、トーマス・フリードマンによると、経済のグローバル化は、「冷戦システムに替わる国際情勢の有機的な枠組み」で、（『レクサスとオリーブの木』上、トーマス・フリードマン、東江一紀・服部清美訳、草思社、二〇〇〇年、二七頁の訳文を借用）「世界のほぼすべての国に自由市場資本主義経済が浸透することになる。グローバル化には一連の、独自の経済法則がある。経済の開放、規制緩和、民営化を中心に据えた法則だ」（前掲、東江・服部訳、二九頁）。「経済のグローバル化は、選択肢じゃない、現実」なのだ（原注2）（前掲、東江・服部訳、一五〇頁）。

新たな神話の二点目の重大性は、企業主導の経済のグローバル化は必然的であるばかりか、私たちのほとんどがその恩恵を受け、人類にとってベストであり繁栄する未来への唯一の希望であるというものだ。フリードマンの著書は、楽観主義的で白熱した主張に傾倒しており、経済のグローバル化がもたらす否定的な結果を挙げながらも退けるのである。空前の不平等におおわれた世界で、「誰もがニューヨーク証券取引所のヴァーチャル会員権を手にできる時代が、すぐにやってくる」とフリードマンは言う（原注3）（前掲、東江・服部訳、九九頁）。人を傷つけ、地質学上の景観を台なしにする都市のスラムがあらゆる国々に広がっている状況の中で、彼はこう書いている。「グローバル化にはまた、独自の人口動態学的パターンがある。田舎から都会に向かう人の流れは加速をつけ、人々のライフスタイルも農村のそ

訳注2　ＩＣＪで一九八六年六月二十七日に米国はニカラグア［サンディニスタ政権］に敗訴した。
訳注3　レトリックとして、露骨な表現をあえて曖昧な表現にする、婉曲表現

れから都会のそれへと加速度的に変化した。そして都会のライフスタイルは、ファッション、食べ物、市場、娯楽などの面で、世界のトレンドにいっそう直結するようになった」（前掲、東江・服部訳、三四頁）。構造調整プログラムや〝電脳投資家集団〟の欲求から貧困層の人々が生活を荒廃させられる世の中にあって、フリードマンは零細投資家の新たな役割について肯定的に語るのだ。「突然、あなたもわたしもベブおばさんも、メキシコ、ブラジル、アルゼンチンの債務の一部を、直接に、または年金や投資信託を通じて買えるようになった。そしてこれらの債権は、各国の変動に応じて価値を上げ下げしながら、連日取引されるようになった」と（前掲、東江・服部訳、八六〜八七頁）。そうして彼は、感謝の意を表しながらバンク・オブ・アメリカのブラジル支店長だったジョエル・コーンを引用している。

……融資をしたあと、銀行はそれを帳簿にただ記載しておく代わりに、融資した金額を細分化して米政府保証債券に変え、それを一般投資家に売ったのだ。こうして何千人という新たなプレイヤーがゲームに加わった。ラテンアメリカ諸国は、主要都市銀行二〇行の委員会を相手にする代わりに、突然、何千人という個人投資家と投資信託を相手にすることになった。このことが市場の拡大につながり、市場をますます流動的にしたが、ラテンアメリカ諸国にはまったく新しい種類のプレッシャーをかけた。毎日、投資家たちは、それぞれの国の景気動向をにらみながら、債券の売買をする。つまり、ラテンアメリカ諸国は毎日、景気の動向によって格付けされていることになる。そして、売買や格付けを行っている投資家の多くは、ブラジル、メキシコ、アルゼンチンの支配が届かない外国人なのだ（前掲、東江・服部訳、八七頁）。

フリードマンは、こう続けている。「もし投資先の国の景気動向が悪ければ、一般の債券保有者は気軽に債券を売り払ってその国におさらばし、景気動向のいい国の債権に買い替えるだけのことだ」(原注4)（前掲、東江・服部訳、八七～八八頁）。これに対して、『サタデー・ナイト・ライブ』(訳注4)の登場キャラクターは、「それって、いいじゃない」と言うかもしれない。そこまで皮肉ることはなくても、同様に痛烈なのは、神学者で環境保護活動家のジョン・カブによる世界規模の開発についての批評である。

第三世界における〝開発〟は、概して同様のコストをともなうものだ。何百万人という女性や子どもたちは売春を余儀なくされるか、そんな生活を唯一の選択肢として受け入れるのである。今やスラム街の住人となったラテンアメリカの貧しい農民たちは、かつて彼女ら・彼らの人生になにかしら意味を与えていた文化的・共同体的な支え合いを失ってしまった。世界中で、かつては土地を耕してなんとか生計を立てていた何千万人もの人々が、そのほとんどは女性だが、現在はわずかな賃金で働いている。家族や村での暮らしを断ち切って、労働者の寮で眠るのだ。世銀の統計によると彼女たちは成功者のうちに含まれている。今や一日一ドル以上稼ぐ。だが彼女たちにしてみれば、人的犠牲は甚大である。(訳注5)(原注5)

訳注4　どちらかといえばリベラル系のコメディー番組

慈善の心に満ちたスーパー・パワーという神話（冷戦時代に凶悪な残虐行為をおおい隠していたのがこの神話である）を、グローバル化の光のもとでリフォームしているのが、新たなパラダイムの重大性の三点目である。エリック・ブラックによると、かつての神話は、私たちが「ナンバー・ワンであり、全人類のための平和や繁栄や自由と民主主義だけを求めたことから、世界中が私たちを愛した（原注6）」というものだった。新たな神話は、米国は慈善の心からくる行動として、経済のグローバル化（決して企業主導の、と呼ばない）を促進しているというものである。フリードマンは、経済のグローバル化を「持続させるためにアメリカが不釣り合いな重荷を引き受けるのは、不公平なことのように思える。ただ乗りする者が大勢いる……（原注7）」（『レクサスとオリーブの木』下、東江・服部訳、二六一頁）。……「アメリカは、まさに究極の温和な覇権国で、力ずくを好まない国だ（原注8）」（前掲、東江・服部訳、二六三頁）と述べている。

神話から現実へ

新たなプロパガンダを耳にする際に、私たちが覚えておかなくてはならないのは、個人的なものであれ国家的なものであれ、自己欺瞞というものはつねに多くの犠牲をともなうということである。これは冷戦時代がそうだったように、今も同じだ。新たな神話に挑む反論には、三通りある。第一に、経済のグローバル化は現実であっても、企業主導の経済のグローバル化は必然的でもなく、望ましくもないということ。第二に、企業主導の経済のグローバル化は、私たちが知っている通り地上の生命を脅かし、破壊するものであり、ほとんどの人々に有益であるとか、将来の繁栄にとって人類の最大の希望などというものからはほど遠いということ。第三に、米国は慈善の心に富んだスーパー・パワーではないということだ。

米国は、特に国際的な緊急事態といった状況において、多くの国々と同様に同情心のある行動が可能であることを示してきた。しかし、国民総生産（GNP）に占める米国の海外援助の割合は、微々たるものでしかない。提供する援助のほとんどが開発ではなく軍事であり、それを受け取るのはイスラエル、エジプト、コロンビアといった戦略的同盟国なのだ。ブレッド・フォー・ザ・ワールド（訳注6）やジュビリー二〇〇〇などの連合体は、海外援助の質的な向上や、世界最貧国の債務の負担を若干軽減するのに、十分な世論の力を結集してきた。しかし、こうした重要な前進が、米国の外交政策の全般的な傾向を変えることはない。米国が慈善の心に富んだスーパー・パワー、あるいは〝慈悲深い覇権主義者〟だったことはいまだかつてない。エリート層の経済上の権益に奉仕する、米国の〝必要ならば手段を選ばない〟外交政策は、前章で論じたように、米国の外交政策の四段階を通してつねに貫徹されてきた。

経済のグローバル化の立案者たちは、安全保障［優先］国家の命令を強制していた将官たちのように、ゆるぎない信念と強力なイデオロギーを持ち、権力構造の操縦席から離れようとしない。前章では

訳注5　参考映像『女工哀歌《じょこうエレジー》――CHINA BLUE』（ミカ・X・ペレド監督、日本語字幕、石田泰子、株式会社新日本映画社提供、二〇〇五年）参照。また、『中国貧困絶望工場』アレクサンドラ・ハーニー、漆嶋稔訳（日経BP社、二〇〇八年）も参照。

訳注6　ドイツのNGO。キリスト教系の援助団体

っきりさせたように、彼らは目的を達成するための手段として、おびただしい数の選択肢を持ちあわせているのだ。フリードマンは次のように述べている。

ひとり勝ちの世界、つまり勝者がすべてをひとり占めする世界のなかで、アメリカは、少なくとも今のところは〝勝者が多くを占める〟システムを採用している。このことが、アメリカを唯一無二の超大国にしているのだ。伝統的に国力の源とされてきたいくつもの要素において、アメリカは、他の国々をはるかに凌駕している。巨大な常備軍を有し、航空母艦、最新鋭の戦闘機、輸送機、核兵器をどこよりも数多く装備しているため、世界のどの国よりも、はるかに強い力を示すことができる。アメリカが、B―2長距離ステルス爆撃機と近距離のF―22ステルス戦闘機(訳注7)の両方を持っていて、それらが配備されているという事実は、米空軍が、ほとんど気づかれることなく、ほかの国の防空区域へ侵入できることを意味する。同時に、前にも述べたように、アメリカはグローバル化時代の新しい尺度のすべてにおいて、他を凌いでいる(原注9)(前掲、東江・服部訳、一五九～一六〇頁を一部改変)。

弱体化される民主主義

グローバル化の時代における企業主導の外交政策は、〝究極の慈悲深い覇権主義者〟という新たな神話や、利益は広く行き渡るという公約とは裏腹に、貧困層にとっては軍による弾圧と同じように破壊的であるとともに、私たちすべてを脅かすものである。前章で示したように、その権力構造は、民主主義を卑劣な手段で攻撃している。ＩＭＦや〝黄金の拘束服〟、〝超大市場〟、〝電脳投資家集団〟が指図する経済生活の枠組みに押し込められた拘束的な民主主義政治は、第三世界の独裁政権よりも一歩上手といえるし、真の民主主義からもほど遠い。フリードマンは、「政治の面では、政権を握る者の政治経済面の政策の選択幅を、ぎりぎりにまで縮める」と、先進国と後進国双方について語っている（『レクサスとオリーブの木』上、東江・服部訳、一四三頁）。〝黄金の拘束服〟を身につけると、「経済の成長と政治の縮小というふたつの現象が起こる」（前掲、東江・服部訳、一四三頁を一部改変）。「政策上の選択は、せいぜいペプシかコカコーラかという……微妙な味の差異……程度に狭まる」（原注10）（前掲、東江・服部訳、一四三頁を一部改変）。「〝電脳投資家集団〟は毎日あらゆる国々で投票することができるが、そうした国々は、

訳注7　二〇〇九年七月十日付のワシントン・ポストによると、ペンタゴンの非公開テストにより、Ｆ―22が一時間飛行するのに三十時間以上もの整備が必要で、一時間当たりの飛行コストが四万四〇〇〇ドル（約四〇〇万円）以上にもなることがわかった。同機にはレーダー探知を避けるため、レーダー波を吸収する素材が使われているが、これが雨などの影響を受けやすく、整備上の主なトラブルになっている。オバマ政権は同機の調達中止の方針を打ち出し、輸出も認めていないが、連邦議会は日本への輸出を検討する法案を可決している（しんぶん赤旗二〇〇九年七月十三日）。
　米上院は、十二月十九日、アフガニスタンやイラクでの戦費を中心とする総額六三六〇億ドル（約五八兆円）の二〇一〇年度（〇九年十月～一〇年九月）国防歳出法案を可決した。すでに下院も可決しており、近く大統領署名を経て成立する。法案は、最新鋭ステレス戦闘機Ｆ―22の輸出禁止を規定しつつ、国防総省による輸出仕様の研究開発の余地を残した。ただ、ゲーツ国防長官は輸出仕様開発に消極的で、日本の次期主力戦闘機への導入は事実上不可能になった。（西日本新聞二〇〇九年十二月二十日朝刊、国際・アジア面）。

投資家集団の行為に対して投票することは許されないのである。……」(原注11)

米国ペンシルバニア大学、ウォートン・スクールのグローバル・ビジネス研究の第一人者であるスティーヴン・J・コーブリンは、「権力がこのような国家を超越した領域［WTOなど］へ移った場合、選挙もないし、票を投じるべき相手もいない」と述べている(原注12)（前掲、東江・服部訳、二四六頁を一部改変、追加）。

不平等

犠牲になっているのは民主主義だけではない。企業主導の経済のグローバル化は、貧困と不平等［格差］の問題を悪化させている。また、グローバル化が定義する人生の意味や将来のヴィジョンは、現存する危機や将来的に必要となるものの要件に比べてまったく不充分である。経済学者のザビエル・ゴロスティアーガ(訳注8)は、企業が操る経済のグローバル化は、〝ジャンペーングラス〟(訳注9)のような文明を創り出すという。最も裕福な二〇パーセントが富の八三パーセントを貯めこんでいるが、世界の六〇パーセントの人々は富の六パーセントで暮らし、死んで行くのである。膨大な数にのぼる人々が、生産にも消費にも必要とされていないために〝使い捨てできる〟とみなされている(原注13)。「一九六五年から一九八〇年にかけて収入が落ち込んだ人々の数は二億人だったが、一九八〇年から一九九三年のあいだでは、その数は一〇億人を超えた(原注14)」。

国連の『人間開発報告』は、単刀直入に次のように述べている。「収入と生活水準の世界的な格差は奇妙な比率に到達した。[原注15]」「世界で最も裕福な三名は、発展途上の最下位四八カ国の国内総生産［GDP］の合計を超える資産を所有している」。最も裕福な二二五名の合計収入は、人類の半数のそれよりも多く、三〇億人が一日二ドル以下で、どうにか生き延びているのである。

　状況は絶望的だが、強欲を抑えて、地上の豊かな恵みを分かち合う政治的な意思を高めることで、この状況は簡単に改善できるのだ。発展途上国において、「基本的な教育、基本的な保健医療、充分な食糧、安全な水と公衆衛生をすべての人々が受けられ、性と生殖に関する保健医療をすべての女性が受けられる」状態にして、それを維持するコストとして、一年につきさらに四〇〇億ドルが必要だが、「これは、世界で最も裕福な二二五名の合計資産の四パーセントに満たない[原注16]」という。

　圧倒的多数の米国市民にとって、懸念すべき理由がある。米国は、比較的少数の市民が国内外で破滅的な不平等を増大させている政策を決定してそこから利益を得ているため、企業主導の経済のグローバル化の影響が最も顕著に見られる国なのだ。全工業国の中で、最も格差が激しいのが米国である。[訳注10]生まれてくる子どものうち、四人に一人が貧困層に属する。国民のおよそ四七〇〇万人には健康保険がな

訳注8　マナグアにある中央アメリカ大学の学長ゴロスティアーガ博士は、映像『死を招く債務　IMF・世界銀行とニカラグア』（アジア太平洋資料センター、一九九八年）に出演している。

訳注9　国連開発計画（UNDP）の『人間開発報告一九九二』で有名になったシャンペーングラス［またはワイングラス］の図（世界社会の富裕層による富の独占を示す）については、その図と解説が『ゆがむ世界ゆらぐ地球』アースデイ日本編（学陽書房、一九九四年）八頁以下にある。

い。米国で最も裕福な一パーセントの世帯の富は、下層世帯九五パーセントの合計を超えている。一九九八年には、ビル・ゲイツの富は米国の下層世帯四五パーセントの合計を上まわり、彼の純資産は一時間につき二〇〇万ドル増加した。(原注17) 今日、米国では「最高収入を得る上位一パーセントの二七〇万人は、国民所得の五〇・四パーセントを受け取り、これは最も貧しい一億人分の所得を上まわっている」(原注18)。

先に述べたように、フリードマンはメキシコの債務の切れ端を買う零細投資家をバラ色に描いてみせると同時に、「誰もがニューヨーク証券取引所のヴァーチャル会員権を手にできる時代が、すぐにやってくる」などと空想的な見方をしている(前掲、東江・服部訳、九九頁)。そんな物思いにふけっていては、強大な力を持つ少数者が〝黄金の拘束服〟を取り決め、〝電脳投資家〟を任命し、〝超大市場〟を支配しているという事実から目をそらすことになる。たとえば、「一割の最富裕層が、九割近い米国の全商業資産と八八・五パーセントの債券と八九・三パーセントの株を所有している」(原注19)。一九九〇年代には、株式市場における収益増大の九割近くを上位一割の世帯が手にして、そのうち四二パーセントは最も裕福な一パーセントに流れた。(原注20)

余剰資本を持て余す、すべての国々の特権階級は、〝電脳投資家集団〟に加わり、〝黄金の拘束服〟を押しつけることで利益を得ている。しかし、米国や世界中の圧倒的多数の人々は、働いて得た賃金でどうにか分相応に暮らしているのである。米国における賃金の不平等は、富の格差のように衝撃的である。一九七五年には、米国企業の平均的な賃金労働者と最高額の収入を得る賃金労働者を隔てる格差は四一対一だった。一九九八年には、その格差は四一九対一となり、現在では四七五対一である。(訳注11) グリーン・ツリー・フィナンシャル社が資金を提供する家に住む最低賃金労働者が、同社の最高経営責任者〔CEO〕が一年間で稼ぐ収入を得るには、九千五百二十年間以上働かなくてはならない。[原注22]株価が急騰し、好景気が話題になっているが、〝賃金の不平等はかつてないほど拡大し〟多くの米国の労働者たちの経済的な地位は低下しつつある。公正な経済のための連帯（United for a Fair Economy）のチャック・コリンズとフェリス・イェスケルは、次のように述べている。

> 過去二十年のあいだに、米国の賃金労働者の四人に一人が経済的に不利になっている。これはどういうことかというと、実質的には人々の賃金はインフレに応じて増加してこなかったか、あるいは以前あった手当の一部を失っていることになる。[原注23]

拡大しつづける格差の決定的な要因が経済のグローバル化にあることは、フリードマンも認めている。一九八〇年代と九〇年代には、経済の「グローバル化が冷戦システムに取って代わるに従って、工業国内の持てる者と持たざる者の所得格差が……著しく広がった……」[原注24]（『レクサスとオリーブの木』下、東江・服部訳、八九頁）。フリードマンは、経済のグローバル化が「グローバルなひとり勝ち市場を生み

訳注10　日本も橋本構造改革、小泉構造改革により不平等〔格差〕を増大させてきたので、最近のOECD諸国の統計では、相対貧困率を指標にすると、格差が大きいのが米日であり、格差が小さいのは北欧である。『階級政治！』渡辺雅男（昭和堂、二〇〇九年）四頁の図を参照。

出すことによって、不平等の拡大に大きな役割を果たした」（原注25）（前掲、東江・服部訳、八九〜九〇頁）とする経済学者のロバート・フランクとフィリップ・クックによる解説を引用して、「フランクとクックが指摘するように、このグローバル市場では、勝者がけた違いに儲けられる一方で、ほんの少しばかり技術が劣っている者は、たいてい儲けがかなり少なくなり、技術がさほどないか、まったくない者は、ほとんど儲けられない。したがって、一位と二位の格差が広がり、一位と最下位の格差は目をむくほどになっている」（原注26）（前掲、東江・服部訳、九一〜九二頁）と述べて、一九八二年には一三名の一〇億ドル長者がいたが、一九九八年には一七〇名に達したことに言及している。（原注27）

フリードマンは、企業主導の経済のグローバル化は、底辺に向かう競争だとする評論家たちに熱烈な支持を寄せている。〝超大市場〟は、「シリアと、メキシコと、ブラジルと、タイを競わせる。うまくやってのけた国は、超大市場から褒美として投資資本をもらう。そうでない国は、グローバル投資ハイウェイに、轢死動物《ロードキル》として放っておかれる」（原注28）（前掲、東江・服部訳、四一頁）。外国の投資家を喜ばせたいという欲求があり、〝ロードキル〟になるのを避けたい政府は、国内の労働者と相争うことになる。「グローバルな現実と激突する労働の進展」と題する『ニューヨーク・タイムズ』の記事が、アビガイル・マルティネスのことを紹介している。六年前、彼女は『Gap』（訳注12）のために、換気のない工場で一日一八時間「コットンシャツやカーキパンツを縫って、一時間につき五五セント」稼いでいた。国際的な圧力がかかったために、現在その工場は換気されるようになり、鍵のかかっていないトイレもついて、一日の労働時間も短縮された。それでも、マルティネスは一時間に六〇セント稼いでいるにすぎない。レスリー・コフマンとディヴィッド・ゴンザレスは次のように述べている。「エルサルバドルで『Ga p』の経験から学んだことは、工場主、政府高官、米国人経営者、中産階級の消費者のあいだで利益の競合があり、誰もが可能な限り低い原価に注目していることである。――このため必要最小限の基準を達成するのは難しく、基準を維持しようとなるとさらに厳しい」。

コフマンとゴンザレスは次のように続けている。

エルサルバドルは、ホンジュラスやニカラグアなど、賃金がさらに低く、人々がより貧しくて、より熱心に仕事を欲しがっている隣国と競争しなければならない。政府高官や工場経営者たちは、エルサルバドルの現在の最低賃金では生活が成り立たないことを認めている。――四人家族の場合、基本的ニーズの半分もまかなえないという概算もある。しかし、政府は賃金引上げに慎重なのだ。［労働大臣］のニエト氏は、「賃金について満足はしていないが、経済上の現実を認めるしかない」（原注29）と語っている。

グローバル投資の高速道路に転がっている〝ロードキル〟になりたくなければ、〝ホームキル〟（訳注13）の（わ

訳注11　日本でも経営者の報酬と平社員の給与の格差は増大してきた。
訳注12　服飾大手。日本法人はギャップ・ジャパン　http://gap.co.jp/
訳注13　自分の敷地内で屠殺すること。つまり自国の労働者を犠牲にすること。

ずかな）賃金を支払うしかない。さらに環境や労働基準に関して、企業主導の経済のグローバル化は底辺に向かう競争であることを示すフリードマン［『レクサスとオリーブの木』］からの引用が他にもいくつかある。

ここでいう量産品とは、どこのどんな会社でも製造、提供することができ、競合会社のあいだに見られる相違が値段にしかないような製品、サービス、プロセスを指す（『レクサスとオリーブの木』上、東江・服部訳、一一二頁）。

世界市場は、開かれた単一のグローバル市場と、多国籍企業がなんでもどこでも販売でき、なんでもどこでも製造できるサイバースペースへ、いっそう収束し始めた。このため、多くの産業界で競争が激化し、利益幅は大きくしぼんだ。結果、大手の多国籍企業はみな、しぼんだ利益幅を取り戻すために、グローバルな市場に向けて販売しなければならなくなり、また、製造コストを下げて競争力を保つために、製造系統を細分化し、それぞれの部門を、最も安く最も効率的に作業のできる国へアウトソーシング（外注）して、グローバルに製造する努力をしなければならなくなった。こうして、より多くの多国籍企業が、壁の乱立する世界で生き残るためではなく、壁のない世界で生き残るために、よりコストの低い国外の生産施設に投資をするか、より安い国外の下請け業者と提携するようになった（前掲、東江・服部訳、一七六頁、原文中で強調）。

近年、ロングホーン種（訳注14）は、もはや対外投資の主力を、工場を建設することに置いていない。子会社や、下請け業者や、パートナーとするのにふさわしい世界各地の工場と、どんどん提携を結んでいる。こうした製造提携は、国から国へ、生産者から生産者へと次々に対象を替えることも可能であり、事実、最も有利な税制や、最も有能で安い労働力を求めて提携先を替える速度が、しだいに増している。ロングホーン種は、発展途上国同士を競わせて、漁夫の利を得ている。発展途上国はどこもみな、多国籍企業からの投資を手に入れようと躍起になっている。……ナイキは、アジアの生産施設をまず日本に設けた。だが、コストがかかりすぎるようになると、生産施設を韓国にさっさと移し、その後もタイ、中国、フィリピン、インドネシア、ベトナムと、アジア諸国を転々とさせた（前掲、東江・服部訳、一七八頁を一部改変）。

インドがすごい勢いで、世界のバック・オフィス（事務部門）になりつつある。スイス航空は、スイスよりインドのほうが、秘書、プログラマー、会計士にかかる人件費が安いという利点を生かし、スイスに置いていた経理部を、コンピューターも含めてそっくりインドに移転した。デジタル化とネットワーキングのおかげで」（前掲、東江・服部訳、八一頁）スイス航空は今日、ベルンで雇うように、気軽にボンベイで独自の簿記係を雇うことができるのだ。

世界中の低賃金労働者との競争に追い込まれた米国の労働者もまた〝グローバル投資ハイウェイに

訳注14　食肉用で角が長い牛の品種。ここでは、投資を日常あるいは一時間単位で出し入れしない投資家を指している。

放っておかれる轢死動物《ロードキル》〟である。公正な経済のための連合の研究員たちは、〝自由貿易〟を米国の労働者に向けた武器であると表現している。

北米自由貿易協定（NAFTA）によって、仕事がメキシコに行ってしまうのではないかという不安は、米国の労働者たちに仕事への危機感を蔓延させ、労働組合の交渉力を徐々に切り崩し、賃金引き上げ要求を弱体化させている。

米国で、工場閉鎖や工場閉鎖の脅威が労働者の組織する権利に及ぼす影響について、コーネル大学のケイト・ブロンフェンブレンナーが研究を行った結果、工場閉鎖の脅威は著しく浸透していて、雇用者側にとって反労組戦略の有効な要素となっていることが判った。

雇用者側は、すべての労働組合の票決活動のうち五〇パーセントで工場を閉鎖すると脅しをかけ、労組結成を断念させられたのは、全体の五二パーセントにのぼる。工場閉鎖の脅威は、組合側が勝つ割合にも重大な影響を及ぼしている。工場閉鎖の脅威があるところでは組合側は三三パーセントの要求しか勝ち取ることができないのに対して、脅威のないところでは、その割合は四七パーセントとなっている。（原注30）

NAFTAは、メキシコの労働者にも過酷である。『買いたたかれる半球：米州に蔓延する不公正な貿易』と題する緻密な研究では、次のような評価がなされている。

ある後進国(訳注15)と世界最大の経済のあいだで交わされた貿易協定の結果は、誰もが予測していた通りである。ＮＡＦＴＡが施行されてから七年後、米国企業の利益は急上昇している。実際に、国境のいずれの側でも経済エリート層が莫大な利益を得ているのに対して、大多数のメキシコ人は、購買力が低下し、賃金が停滞して行くのを目の当たりにしている。

ＮＡＦＴＡは、メキシコにとって先進国へ近づく道であると声高らかに宣伝された時期があった。しかし、メキシコに真の開発をもたらすようなことは、ほとんど何もしてこなかった。ＮＡＦＴＡの計画段階で助言を求められることも関与することもなかったメキシコ人の多くは、同協定の損害を被っている。ＮＡＦＴＡは、貧困を削減する約束を果たしていない。一九九四年以来、メキシコにおける貧困は六六パーセントから七〇パーセントに上昇した。現在、メキシコ国民の約半数の収入は、一日二ドル以下である。ＮＡＦＴＡがもたらした富は、一部少数者の手に圧倒的に集中している。メキシコには、ほかの後進国と比べて一〇億ドル長者の数が多い。その一方で、ほとんどの労働者の収入は、十八年前より一パーセント足らず上昇したにすぎないのだ(原注31)。

コロンビアに関する解説の中ですでに述べたように、自由貿易協定や企業主導の経済のグローバル

訳注15　メキシコは一九九四年にＯＥＣＤに加盟［韓国の加盟は一九九六年であるから、それより早い］したので名目上は先進国である。

化は、農業を荒廃させるものである。ここで述べているのは、化学肥料の使用と水質汚染、農薬の使用、遺伝子組み換え食品、食糧が市場に向けて数千マイルもの距離を輸送される際に無駄に消費されるエネルギーなどといった環境に与える影響だけでなく、農村の暮らしの崩壊、蝕まれる地域共同体や暮らしの損害にともなう経済・社会上の深刻な損失についてである。農業について、フリードマンは次のように語っている。

「大規模農家になって、スケール・メリットをうまく利用し、地球規模の農業市場を舞台に活躍するか、さもなくば力のある別の農場に呑み込まれるかの、どちらかひとつだった」(前掲、東江・服部訳、一二二頁)。フリードマンは、経済のグローバル化の時代に成果を収めた米国の農業経営者との対話を通して、「農場はますます大きく成長し、他の農場を呑み込むことはあっても、呑まれる心配のない……核になる戦略」について書いている(原注32)(前掲、東江・服部訳、一二四頁を一部改変)。

世界規模の農作物市場がもたらすはずだった利益は、米国と第三世界のごく一部の農業経営者だけが得ている。先進国も後進国も同じように(直面している)農村の危機に加えて、多くは特権的な生き残りの経営者たちに利益を奪われている。しかし、やがて彼らも穀物やそのほかの食糧品の巧妙なマーケッター[穀物メジャーのカーギルなど]によってむさぼられるのである。平和のための証人(Witness for Peace)(訳注16)は、NAFTAが、あるメキシコ人農場経営者に与えた影響について述べている。

十年前、ハビエル・ペレスは家族を養うことができた。彼はメキシコ南部の小さな土地で、妻と五人の子供たちに食べさせるのに充分なトウモロコシと豆を育てていた。余った収穫を売って得たお金で、靴や教科書などの必需品を買った。ハビエルは数年間のうちに、五人の子どもたちを小学校にやり、土間の質素な家を修理するのに充分なお金を稼いだ。

五年ほど前、ハビエルはトウモロコシと豆を売る市場を失った。一九九四年にメキシコがカナダや米国とともに北米自由貿易協定（NAFTA）に加盟したのを機に、米国からの［輸出補助金によって安価になった］輸入トウモロコシやそのほかの基礎食品がメキシコ市場に押し寄せたのだ。ハビエルが育てた穀物を売るところはもうどこにもなかった。同時に、政府が小規模農業経営者のための援助を削減したことから、ハビエルの生産コストは上昇した。

ハビエルは近年になって、パパイヤ、キャンタロップ・メロン、トマト、スイカを順番に植えてきた。だが、財源も技術も安定した市場もないため、彼の納屋は腐りかけた果物であふれかえり、銀行からの借金が増えるばかりである。大多数のメキシコ人のように、ハビエルは今や彼の両親よりも貧しい。彼の長男は、家族が経済的に赤字を出さずにやっていくためにいち早く出稼ぎ農場労働者の職を見つけて米国へ行った。家には定期的に仕送りをしてくる。もうひとりの息子と娘も移民しようと考えている。(原注33)

訳注16　平和のための証人は、一九八三年創設のNGO。http://www.witnessforpeace.org/

フリードマンやそのほかの提唱者たちは、企業主導の経済のグローバル化が不平等を助長することをはっきりと認識している。彼らは、彼らの解釈によるグローバル化が現実であり、私たちにはほかに選択肢はないという。それが本当だとすれば、私たちは消えてしまう運命にある。彼らが口にしないのは、企業主導の経済のグローバル化は、世界人口の恐らく二割程度に利益をもたらすばかりで、それ以外の大多数にとって失敗だということだ。シカゴ・アーバン・リーグ(訳注17)(Chicago Urban League:シカゴ都市同盟)の主任研究員のポール・ストリートは次のように述べている。

[経済のグローバル化の利点を褒めたたえる声」が合唱となって聞こえてくるその裏で、聴く耳のある者たちには、深刻化する人々の苦難と衝撃的な不平等の不協和音を、大衆メディアの中から聴きわけられる。……『ボストン・グローブ』のざっくばらんな論説に、「経済のグローバル化は世界人口の最も裕福な二割に急成長をもたらしたが、そのほかのほとんどすべての人にとって失敗だった」とある。……『シカゴ・トリビューン』のR・C・ロングワース特派員は、西暦二〇〇〇年の折り返し地点の世界で「急成長する経済は少数の人々を豊かにする」が、「その他全員を迂回している」と特徴づけている。……そのような幸運に恵まれた人たちは、まぎれもなく少数者である。この人たちにしてみれば、新しいグローバル時代は「平和と、巨額の富と、急成長する市場の黄金時代」だっただろう。「旅は気軽にできるし、情報伝達は瞬時になされて快適さはこの上ない。さらに、このすばらしい幸運を享受するのは当たり前で、永久につづくと思う無知と自信」。しかし、「世界村のはずれのスラム街に住んでいる」世界中の「大多数の人々にとって、事態

はまったく違う」とロングワースは述べている。彼は、裕福な少数者以外の「残りの人類」について言及した。「失業した何百万という中国の放浪者たち、コルカタの浮浪者たち、仕事にあぶれたヨーロッパの労働者たち、貧困レベルの賃金で働く二八パーセントの米国人、四つの言語で物乞いする幾分教育を受けたモロッコの青年たち、希望のかけらもないアフリカの貧しい人々、バングラデッシュの児童労働者たち、ポーランドの年金受給者たち、人生に何が起こったのか当惑するロシア人たち[原注34]」のことを。

レクサスを経済のグローバル化の好ましいシンボルとして扱い、それを乗り回すフリードマンを含めて、幸運に恵まれた二割の人々にとって不平等は悪いものではない。コリンズとイェスケルは、「レクサスの自動車販売業者かダイヤモンドの宝石商でない限り、私たちの経済にとって不平等は、より幅広い繁栄に対する脅威である[原注35]」と述べている。

環境

不平等のみならず、企業主導の経済のグローバル化に付随するそのほかの側面もまた環境を脅かしている。実業家のポール・ホーケンは次のように言及している。

訳注17　サイトは　http://www.thechicagourbanleague.org/chicagourbanleague/site/default.asp

端的に言えば、われわれのビジネスのやり方が地球を破壊しているのである。今のやり方のままでは、地球規模の市場経済を生き抜くことのできる野生動物や未開地や先住民の文化はひとつもない。われわれは地球上のあらゆる自然システムが崩壊しつつあることを知っている。大地、水、大気、そして海は生命維持システムからゴミの貯蔵所になってしまった。つまり、ビジネスが世界を破壊していると言わざるをえないのである。……われわれのビジネスのシステムが、自然の教えにことごとく反しているというのに、どうして未来を考えられるのだろうか。

……企業の成功がいかなる夢や栄光をもたらそうと、これまでのビジネスはもう終わりだということを認識すべき時が来た。なぜ終わりかというと、ビジネスはひとつの重要な点で思慮に欠けているからである。つまり、自らと地球の生命活動を結びつけるさまざまな生物を尊重しなかったからである(原注36)(『サステナビリティ革命――ビジネスが環境を救う』ポール・ホーケン、鶴田栄作訳、ジャパンタイムズ、一九九五年、二五、二七、二九頁の訳文を借用)。

開発に関する研究を専門とするデビッド・C・コーテンは、企業が推進する経済のグローバル化は企業主導の環境破壊をともなうと考えている。「国家や国際機関の政策目標は、次第に人間ではなく会社の利害を優先したものとなっている」とコーテンは指摘する(原注37)(『グローバル経済という怪物』デビッド・コーテン、西川潤監訳、桜井文訳、シュプリンガー東京、一九九七年、六八頁の訳文を借用)。政策研究所(the Institute for Policy Studies)のある研究によると、世界最大規模の一〇〇の経済活動体のうち、五一が企業で残りが四九の国々〔国民経済〕だという。[訳注18] トップ企業二〇〇社の合計は世界経済活動の二七・五パーセントに相当するが、その二〇〇社が雇っているのは、世界の労働人口のうち〇・七八パーセントにすぎない。[原注38] 私たちは「経済のグローバル化がどれほど高くつくかに気づきつつある。私たちは、人間の文明と種の存続を危うくしてまで、百万人ほどの人間の手に、必要もない多額の富を集中させている」[原注39]とコーテンは述べている（前掲、西川監訳・桜井訳、三三〇頁）。

ワールドウォッチ研究所は、独自の雑誌である『ワールドウォッチ』と年次報告書『地球白書』（**State of the World**）で重大な環境問題について解説しているが、文書全体を通じて切迫感がみなぎっている。[訳注19] 一九九一年度版の『地球白書』では、「もし持続性のある世界を築こうとするなら、向こう四十年以内に達成しなければならない……。それより遅ければ、環境の悪化と経済停滞があいまって、その悪循環のなかで社会は崩壊へ向かうと思われる」と指摘している[原注40]（『地球白書 一九九〇―一九九一』レスター・ブラウン編、松下和夫監訳、北濃秋子訳、ダイヤモンド社、一九九〇年、二八一頁の訳文を借用）。二〇〇一年三・四月号の『ワールドウォッチ』は、「環境破壊の速度は超光速に達した」[原注41]と警告している。『ワールドウォッチ』が警鐘を鳴らしつづけているいくつかの重大な環境問題を見れば、今日、世界と人類が直面している最も深刻な環境問題を悪化させて解決を妨害しているのは、企業が推進する経済のグロ

訳注18 大企業の売上げは小国のＧＤＰを上回るという意味。
訳注19 出版物の日本語版についてはワールドウォッチ・ジャパンを参照。http://www.worldwatch-japan.org/

ーバル化と企業主導の米国の外交政策であることが分かる。

まず、貧困をなくすことは環境の観点から不可欠である。現在、グローバル・コモンズ(訳注20)を圧倒的な割合で蝕んでいるのが富裕層であり、貧困層が生き延びるために環境を酷使せざるを得ない状況(訳注21)に追い込んでいるのも富裕層である。貧困国は多くの場合、IMFの条件や輸出量を増やし海外からの進出に門戸を開放するよう求める貿易協定に対応して、熱帯雨林を破壊し、そのほかの土地や水源を劣化させてきた。こうした協定によって利益を得る立場にある裕福な土地所有者たちは、土地のない農民を辺境の地に追いやり、彼らはそこで簡単に破壊が進むもろい土壌を使い果たし、森林を皆伐してしまうのである。アラン・ダーニング(訳注22)は、こう述べている。「最近は貧困問題がますます環境問題と絡み合うようになっている。貧しい人びとは単に裕福な人びとが引き起こした環境破壊から重大な影響を受けるだけでなく、人口増加と不適切な開発パターンによって限界生産地への移動を余儀なくされているため、彼ら自身が生態系破壊の主因になっている(原注42)」(前掲、松下監訳・北濃訳、二二〇―二二一頁)。

そうして引き起こされる環境の悪化は、富裕層も貧困層も同じように脅かしている(訳注23)。私たちが北米で吸っている空気の質は、アマゾンの熱帯雨林とつながっている。つまり、貧困をなくすことは、環境的、道徳的義務になってきているのである。ワールドウォッチのサンドラ・ポステルは、「貧困を軽減し、それによって環境衰退の促進要因を排除することに、富裕層と貧困層の双方の将来がかかっている(原注43)」と述べている(『地球白書 一九九四～一九九五』レスター・ブラウン編、澤村宏監訳、ダイヤモンド社、一九九四年、三二頁の訳文を借用、一部改変）。貧困の削減は同時に人口増加の削減にも欠かせない要因である。人口増加は、世界的に重大な問題だが、米国の指導者たちはほとんど関心を示していない。宗教的な保守層から圧力を受けて、国連人口局への充分な資金供給を拒んでいるのである。（原注44）これまでに述べてきたように、企業主導の経済のグローバル化は、富を一極に集中させ、不平等を助長する。必要ならば手段を選ばない外交政策は、貧困層に対する戦争で弾丸を使おうと、銀行家を利用しようと、大多数の人々を犠牲にしながら少数の特権階級に報酬を与える体制を一層強固なものにして、私たちすべてを環境崩壊寸前のところまで追い込んでいるのである。

環境に関して緊急になすべきことの第二点目は、化石燃料と原子力から再生可能なエネルギー資源への迅速な移行である。（訳注24）ワールドウォッチは、「太陽エネルギーを直接動力に変換することができれば、

訳注20　大気、森林、海洋、大地、文化的アイデンティティなど、人類共有の財産。
訳注21　貧困と環境破壊の悪循環については、『地球環境問題の政治経済学』寺西俊一（東洋経済新報社、一九九二年）がわかりやすい。
訳注22　ワシントン州にある環境保護団体、サイトライン研究所の創始者、著述家。
訳注23　環境悪化は、富裕層も貧困層も同じように脅かす面と、貧困層を特に傷つける面がある。『環境正義と平和』戸田清（法律文化社、二〇〇九年）などを参照。
訳注24　日本は化石燃料を大量消費するとともに、原発も多い「高炭素・高原発」の国である（しんぶん赤旗、二〇〇九年五月十四日記事の表現）。日本政府・財界は「低炭素」のかけ声のなかで「中炭素・高原発」をめざしているようだ。欧州には「高炭素・低原発」の国も多い。

持続可能な世界のエネルギー・システムへの第一歩となる」(原注45)(前掲、松下監訳・北濃訳、二八五頁)という。中には良い知らせもある。近年、風力発電が劇的に伸びてきているのだ。しかし、ジョージ・W・ブッシュ大統領は、原子力の再活性化と化石燃料生産の増加を米国のエネルギー政策のかなめにすると公約している。(訳注25)化石燃料の過剰消費と炭素排出は、持続不可能な商品とライフスタイルの結果である。いずれも食糧生産を徐々に衰えさせ、海面上昇によって、湿地帯や海岸線の森林や都市を危機におとしいれる脅威となっている。

国連と国際気象機関(WMO)によって設置された気候変動に関する政府間パネル(IPCC)は、二〇〇一年度の報告書の中で、一八六一年以来、「一九九〇年代は最も温暖な十年で、中でも一九九八年は最も温暖な年だった」と言及している。(訳注26)また、「北半球に関するデータは、二〇世紀の地上気温の上昇量は、過去一千年のどの世紀よりも大きかった可能性が高い」として、「過去五十年間に観測された温暖化の大部分が人間活動に起因することを示す最新の、より信憑性の高い証拠がある」という。つまり、地球温暖化の度合いと成り行きは以前考えられていた以上に悪化しているのである。人間が誘発した気候変動は、「今後何世紀にもわたって続くだろう(原注46)」。

炭素排出量を抑制する京都議定書からの米国の一方的な撤退、抑圧的な湾岸諸国に与える援助、手つかずのまま残されたアラスカの広大な自然保護区内で石油を掘削する計画、自然保護計画や代替エネルギー開発資金の削減、原子力産業を再び活性化する計画、中東で原油供給を確保するためのペンタゴンの数十億ドル規模の予算、石油が豊富なコロンビアでの対ゲリラ戦争などはすべて、グローバル体制と米国の外交政策の中心にある、大企業の重要な政治課題を反映している。これらの課題は、一連の環境カタストロフィー（大災害）を回避するための努力と激しく衝突するのである。

緊急な対策を必要とする環境問題の第三点目は、現在の生産・消費の形態を変えて、人生の意味を定義し直すことである。企業主導の経済のグローバル化がなぜ地球温暖化の一因になっているのかといえば、大量のガソリンを食うSUV車（スポーツ用多目的車）[訳注27]や、フリードマンが愛用するレクサスのような高級車に象徴される、持続不可能なライフスタイルをグローバル化しているからである。第二次世界大戦後、小売り業アナリストのビクター・ルボーは市場経済の基礎をなす価値観について次のように解説した。

きわめて生産性の高いわが国の経済を維持するために、われわれは消費を生活の基本にし、商品の購入と使用を習慣化し、精神や自我の満足を消費に求めなければならない。……物は消費され、燃やされ、すり減らされ、取り替えられ、どんどん棄てられねばならない[原注47]（『どれだけ消費すれば満足なのか』アラン・ダーニング、山藤泰訳、ダイヤモンド社、一九九六年、六頁の訳文を借用）。

訳注25　オバマ大統領も低原発・脱原発に向かう気配はまだない。
訳注26　ＩＰＣＣの最新報告は二〇〇七年。
訳注27　『ＳＵＶが世界を轢きつぶす　世界一危険なクルマが売れるわけ』キース・ブラッドシャー、片岡夏実訳（築地書館二〇〇四年）、『エコ社会主義とは何か』ジョエル・コヴェル、戸田清訳（緑風出版二〇〇九年）八四〜八五頁を参照。

企業主導の経済のグローバル化は、こうした価値観を地球上のすみずみにまで広げるのである。フリードマンは、こう書いている。「今日、事の善し悪しはともかくとして、グローバル化は、世界じゅうにアメリカというファンタジーを広げる手段となっている」(原注48)(『レクサスとオリーブの木』下、東江・服部訳、七二頁)。「文化的に見ればグローバル化は、すべてとは言えないまでもおおむね、ビッグマックからiマック、ミッキーマウスにいたるまでの、地球規模で進行しているアメリカ化を指す」(原注49)(『レクサスとオリーブの木』上、東江・服部訳、三〇頁)。〝同質化〟をはかる支配的文化の広がりが、潜在的に破壊を招くことになるのは、フリードマンも認めるところである。

グローバル化は――世界じゅうでいっときに同じ事業を行うか同じ製品を販売すれば得になるような、大規模経済によって――単一の市場を作り出しているので、世界じゅうの消費をいっせいに均質化しかねない。また、文化を均質化して環境を破壊する力としてのグローバル化が、とても急速に訪れているせいで、人間と生物の進化が何百万年もかけて生み出した生態的、文化的多様性が、ほんの二、三十年のうちに、すっかり消え去ってしまう恐れが本当にあるのだ(原注50)(『レクサスとオリーブの木』下、東江・服部訳、五〇頁)。

むだの多い米国式のライフスタイルそのものが、持続不可能である(訳注28)。そのライフスタイルを世界中に広げれば、おもな環境への重圧をすべて加速化させることになる。問題なのは、資源が枯渇することや環境汚染だけでなく、家族や文化、共同社会も同じように消滅してしまうことだ。「日々生きていくための助け合い……は、住む距離の近さでは説明できないほど強く人を結びつける。ところが、商業主義の大量消費市場がどんどん広がって、従来は家族がみずから行っていたことや地元の社会が取り仕切っていた領域に入り込むにつれて、このような緊密さは分断されてしまった」とアラン・ダーニングは言う（『どれだけ消費すれば満足なのか』、山藤訳、三三頁）。ダーニングは次のように続けている。

家族と同じように地域経済も、貨幣経済の見えない力のもとで、衰退したり、ときには分断されたりしている。ショッピングモール、高速道路、大商店街が、街角の商店、地元のレストラン、近所の映画館など、住人のあいだに共通のアイデンティティや同郷意識を醸成するものを駆逐してしまった。昔ながらのコミュニティがまったく姿を消してしまった国もある。……消費社会で伝統的なコミュニティが衰退したおもな理由は、小売業が変貌したことである[原注51]（前掲書、三六～三七頁）。

国境など関係なく、限られた人々に過剰な商品を届けることのできる企業主導のグローバル経済だが、すべての人々に生活必需品を届けることも、大多数の人々に意義や地域社会やアイデンティティや

訳注28　『浪費するアメリカ人』ジュリエット・ショア、森岡孝二監訳（岩波書店、二〇〇〇年）、『環境正義と平和』戸田清（法律文化社、二〇〇九年）などを参照。

目的といった感覚を提供することもできない。デビッド・C・コーテンは次のように述べている。

　黄金時代の到来を約束した指導者や諸機関は、その約束を果たしていない。飛行機の座席ごとにテレビがつく、情報ハイウェイができればビーチで日光浴をしながらファックスを送れる、などという輝かしい科学技術の進歩については常々聞かされても、私たちが本当に望んでいるもの――安定した収入、質素でも快適な住居、安全で健康な食品、子どものための教育と医療、清浄で生命力あふれる自然環境など――は、多くの人々にとって手の届かないものになりつつある。自分には経済的に安定した未来がある、という実感を持てる人が減った。かつては安全弁となった家族や地域社会も、崩壊しつつある。物質的ニーズを満たすために不可欠な自然環境も、疲弊する一方である[原注52]（『グローバル経済という怪物』、西川監訳・桜井訳、二二五頁）。

ジェームズ・スロウィッキー[訳注29]が言うように、企業主導の経済のグローバル化がもたらす急速な変化によって、この「システムは、イノヴェーション（技術革新）にとって格好の場となる一方で、人が生きるにはむずかしい場となっている。というのも、人はたいてい、絶えず不確定な現実にさらされて生きるより、ある程度将来を保証されているほうを好むからだ……[原注53]」（『レクサスとオリーブの木』上、東江・服部訳、三三二―三三三頁を一部改変）。

最後に、持続可能な世界への移行は、非軍事化や新たな安全保障の定義、戦争以外の道、資源や人間の才能を武器生産から平和と環境保全に向けた積極的な努力へと、大々的に転換することではじめて可能となる。一九九〇年度版の『地球白書』は、次のように述べている。「国民の関心の高まりにもかかわらず、軍事上の脅威に対処するための政府支出に比べ、環境の脅威から人間を守るための支出は依然としてあまりにも少ない。たとえば、アメリカは一九九〇年に軍事的脅威から国を守るために三〇三〇億ドルを支出することを計画しているが、環境的脅威から国を守るための予算はわずか一四〇億ドルにとどまっている。二二対一の比率である。」(原注54)(『地球白書 一九九〇―一九九一』、松下監訳・北濃訳、二四頁)それから十年経った今、この比率は広がる一方だ。(訳注30)

企業主導の経済のグローバル化を擁護する人たちの主張の中で、一番はっきりと現実から逸脱しているのが軍事化に関する見解である。大まかな傾向についてはすでに前章で述べたが、一時的に縮小している米国とラテンアメリカの軍事勢力の役割、第四段階における軍事化の復活、制限つきの民主主義という状況の中で交わされる人権論、コロンビアにおける現在進行中の抑圧などが挙げられる。フリードマンは、経済力が軍事力に完全に取って代わることができるという見方に対して、「経済のグローバル化で、地政学の役割が終わることはない」と、注意をうながす。彼は、マクドナルドがある国々は経済的な結びつきと米国の軍事力のお陰で戦争をすることはないと指摘した上で、こう警告している。「市場の見えざる手は、見えざる拳なしには機能しない。マクドナルドは、アメリカ空軍戦闘機F15の設計者、マクダネル・ダグラス抜きでは繁栄しえない」と(『レクサスとオリーブの木』下、東江・服部訳、

訳注29 米国のジャーナリスト。

二五九～二六〇頁）。肝心なのは、フリードマンも分かっているように、多くの国々のエリート層は、グローバル化した世界に共通の権益があるため、お互いに戦争を始める可能性は低いにしても、彼らはみずからの国の民衆と頻繁に戦うことになる、ということである。米国の外交政策の第三・四段階は、必然的に、第一・二段階での抑圧の方向に戻ることになるのだ。この点について、フリードマンは、次のように説明している。

> このグローバル化時代は、結局、国家間の戦争ではなく、大いなる内戦の時代になるかもしれない。これらの新しい内戦の戦線は、親アメリカ派と親ソ連派のあいだにはないし、従来の左翼と従来の右翼のあいだにもない。そうではなく、これらの内戦は、親グローバル化派と反グローバル化派のあいだ、各社会のグローバル主義者と各社会の地域主義者《ローカリスト》のあいだ、この新システムや変革から利益を得る人々と、それに取り残されたように感じる人々とのあいだに生じるだろう。……だから、お仕事はなんですかときかれると、わたしはときどき、こう答える。「ニューヨーク・タイムズの外交問題コラムニストをしていて、各国内での勝者と敗者のあいだの戦争を取材しています」（原注55）と（前掲、東江・服部訳、三八頁）。

こうした状況を念頭に置くことで、ＳＯＡ／ＷＨＩＮＳＥＣを含めた現在の米国の外交政策の役割について、把握できるだろう。

訳注30　近年の例として、イラクには莫大な税金を投入する一方で、米国南東部を襲ったハリケーン・カトリーナに対する政府の無責任な対応があげられる。ハリケーン・カトリーナ（最大風速七八m／秒）は二〇〇五年八月下旬に米国南東部に襲来、ルイジアナ州ニューオーリンズを中心に死者は一八〇〇人超、行方不明者は七〇〇人超となった。特にアフリカ系貧困層を直撃し、被災者は数万人。「昭和の三大台風」と比べてみよう。戦前の一九三四年九月の室戸台風（最大風速不明）は死者二七〇〇人超、行方不明三〇〇人超であった。一九四五年九月の枕崎台風（最大風速不明）は死者二四〇〇人超、行方不明一二〇〇人超であった。一九五九年九月の伊勢湾台風（最大風速は七五m／秒）では死者四六〇〇人超、行方不明四〇〇人超であった。伊勢湾台風は低地などの水没被害がひどかったので、カトリーナとの比較が有益かもしれない。なお、一九六一年九月の第二室戸台風（最大風速七五m／秒）は死者一九四人、行方不明八人であった。数十年前の日本を襲った大型台風と同じように多数が死亡する事態が、二一世紀の超大国を襲った大型ハリケーンで起こったことは、実に驚きである。背景要因は様々である。米国は先進国のなかで格差・貧困が最も深刻であり（「米国のブラジル化」とも言う）、アフリカ系やヒスパニック系は依然として貧困率が大きい。もともとハリケーンに際して洪水の起きやすい地域で防災工事は先送りされていた。州軍は連邦軍に編入されてイラクに送られており、災害救援出動の人手が足りなかった。連邦緊急事態庁の災害対応予算が削減されていた。地球温暖化に伴い台風やハリケーンの規模や頻度の拡大がすすむと見られるが、米国のエネルギー浪費構造は温暖化に大きく寄与している。さらに、コヴェル博士が指摘するように、被災地の再開発は土建資本の草刈り場となっている。他方、近隣の防災先進国キューバでは、大型ハリケーンの死者は僅少（数人）である。ハリケーン・カトリーナについては、『ルポ　貧困大国アメリカ』堤未果（岩波新書、二〇〇八年）第二章、『エコ社会主義とは何か』ジョエル・コヴェル、戸田清訳（緑風出版、二〇〇九年）第二章および訳者あとがきなどを参照。

第九章

薔薇は別の名前にしてみても（訳注1）

A Rose by Any Other Name

連続殺人犯のチャールズ・マンソン(訳注2)が、あなたの近所で、一切の［心療］治療も深い後悔の色もなく、名前を合法的にナイス・フェアチャイルド(訳注3)に変えて、以前住んでいた場所に帰るのを米国政府が支援したとしたら、あなたは怒るだろう。だとすれば、ペンタゴンがホワイトハウスの支援を受けて、アメリカ陸軍米州学校に関する膨大な人権蹂躙の記録をただ単に広報活動の問題として扱うことについても同じように怒るべきなのだ。アメリカ陸軍米州学校に関して、ペンタゴンが最近引き起こした大失敗は、同校の名称を西半球安全保障協力研究所（Western Hemisphere Institute for Security Cooperation、略してWHINSEC）に変えたことに絡んでいる。

改称の裏で

アメリカ陸軍米州学校（SOA）から西半球安全保障協力研究所（WHINSEC）に改称する原動力となったのは、SOAの閉鎖を求める運動の成功である。(原注1)一九九九年、米国連邦議会の下院は、海外事業資金をアメリカ陸軍米州学校（SOA）に使用することを禁じる法案の票決を行った。結果は、二三〇票対一九七票で可決された。この票決は、十年以上にわたる市民の抵抗運動や研究、市民教育、ロビー活動、市民的不服従が実を結んだことを意味していた。ラテンアメリカ全域で人権蹂躙に関わってきた暗殺者学校に対する嫌悪が、より広範な一般市民と多数の下院議員に浸透したのだ。その一方で、SOAへの資金を削減する票決は、連邦議会上院と調整する両院協議会で妨げられてしまった。SOAの擁護者であるジョセフ・C・ルーアーが、そこで何が起きたのかを語っている。

闘いは、上院と調整する両院協議会に持ち込まれた。職員の中心メンバーによると、両院協議会は耳ざわりな討論は下院に閉じ込めたままにしたいから、その問題の提出を避けたがっているようだという。陸軍長官の命令を受けたワイドナー大佐は、みずから両院協議会の主要メンバーを訪ねて、アメリカ陸軍米州学校の成果の大要を伝えた。その後、両院協議会は、二〇〇〇年度のアメリカ陸軍米州学校のための資金を削減する法案を、上院にあげるか否かの票決に際して、八対七で反対した。ささやかな勝利ではあるが、米国陸軍が我々のラテンアメリカの同盟者たちに専門的な教育や訓練に専念する学校を継続させたい場合の、今後の妥協案を示唆するものだった。(原注2)

資金削減に関する下院での決議は通らなかったものの、アメリカ陸軍米州学校内のSOA擁護者た

訳注1 「薔薇《ばら》と呼んでいる花を別の名前にしてみても美しい香りはそのまま」小田島雄志訳、「ロミオとジュリエット」『シェイクスピア全集 I』白水社、一九七三年、八三頁。『ロミオとジュリエット』(一五九四年)第二幕第二場のジュリエットの台詞。重要なのは呼び名ではなくものの本質であるという意味の警句としてよく引用される。

訳注2 チャールズ・ミルズ・マンソン(一九三四年生まれ)は、一九六〇年代末から一九七〇年代の初めにかけて、カリフォルニア州で「マンソン・ファミリー」として知られる疑似生活共同体を率いて集団生活をしていた、カルトグループの指導者、犯罪者。女優のシャロン・テートらを殺害(自身の信者を教唆して殺害させた)したことで、共謀罪を宣告された。カリフォルニア州の最高裁判所で、一九七一年にマンソンに対する死刑が確定したが、同州で死刑制度が一時的に廃止されたため、マンソンは自動的に終身刑に減刑された。現在州立刑務所で服役中。

訳注3 「礼儀正しく規則に従う子ども」を意味する。

ちやペンタゴンや単純な目的と反撃戦略しか持たないホワイトハウスは慌てた。力をつけてきたSOAの閉鎖を求める運動を弱体化させて、SOAとその卒業生たちの残忍な人権蹂躙を世間の注目からそらし、SOAに外交政策の任務を続けさせたい彼らは、その目的達成のために下院と上院の議員たちへの強烈なロビー活動に没頭した。その結果、連邦議会の両院は二〇〇〇年十二月の同じ日に、SOAの閉鎖と同時に、二〇〇一年の一月には西半球安全保障協力研究所（WHINSEC）を開校することを決定したのである。

SOAを閉鎖して、同じ敷地に本質的に同じカリキュラムで再び開校するというのは、想像力を駆使した死に物狂いの行動だった。SOAとその卒業生たちが、テロ、拷問、独裁、無法行為に関わったことを示す動かしがたい証拠を前に、同校の擁護者たちは、否認やうわべだけの変更や被害対策といった戦略で何年間も取り繕ってきた。しかし、どれも失敗に終わったのだ。重大な票決の直前に開かれた国防総省での状況説明会で、マーク・モーガン大佐は、連邦議会議員の補佐官たちにこう伝えている。「皆さんの上司の中には〝アメリカ陸軍米州学校〟の名前がついたものは、何であろうと支持できないとおっしゃった方もおられます。私たちの提案は、この懸念を解決するものです。名称を変えます」(原注3)。ジョージア州選出上院議員でSOA擁護者だった故ポール・カヴァーデルは、『コロンバス・レッジャー・インクアイアー』(訳注4)に対し、名称が変わっても「アメリカ陸軍米州学校は、その目的を続行できるだろう」として、提案されている同校の改称は、「要するに表面的なものだ」(原注4)と語った。コロンビア国防相のルイス・フェルナンド・ラミレスと陸軍司令官のフェルナンド・タピアス将軍は、雑誌『エル・ティエンポ』の二〇〇〇年十二月号に掲載されたインタヴューの中で、アメリカ陸軍米州学校は、改称後も従来の役割を継続し、コロンビア軍のメンバーは、引きつづき同校で訓練を受けられるという確証を連邦議会と米国政府から得たと明言している。(原注5)

連邦議会の多くの議員たちは、下院において僅差で可決された改称に騙されなかった。マサチューセッツ州の故ジョセフ・モークレー下院議員は、名称を変えるのは、「有害廃棄物処分場に香水をふり注ぐ」のに等しいと非難した。今日、SOA/WHINSECを閉鎖する法案は下院・上院双方に提出されており、同校を閉鎖する運動は活気に満ちている。(原注6)

『ナショナル・カトリック・レポーター』の論説は、改称を〝オーウェル的(訳注5)〟であるとして、次のように述べている。

SOAを簡単に管理できるかのような調子を否定することは別にして、改称は、根底にあるもっと深刻な問題について、まったく対処していない。アメリカ陸軍米州学校は、ただ単にいろんな学科があって、正道から逸脱した外国人生徒が何人かいるといった類のものではないからだ。同校は、軍隊の精神状態と、ジョージア州フォート・ベニングのほかにもいたる所で行われている訓練を象徴している。(原注7)

訳注4　ジョージア州の地方紙。本社のあるコロンバス市の南東にSOA/WHINSECがある。
訳注5　全体主義の管理社会。一九四九年出版の小説『一九八四年』に由来する。

さらに、訓練は孤立して行われているわけではない。同校で教えられている特殊な奇襲戦術をはじめとする技術や威嚇の方法は、よその国々の兵士たちによって実行されているかもしれないが、それは米国の政策に奉仕するためである。結局のところ、SOA卒業生たちの身の毛もよだつ経歴とは何かといえば、彼らは表向きには私たちの利益のために行動しているからこそ、米国市民である私たちはそれを容認していることなのだ。そうでなければ彼らを訓練しつづけたりしないだろう。だからこそ、単なる改称とその場しのぎの修正はなんの役にも立たないのである。

SOA／WHINSECは、米国の外交政策の核心を垣間見ることのできる窓である。改称は、その窓をレンガで覆ってしまおうとする試みの一環である。ペンタゴンの高官たちがSOAの閉鎖を求める運動を危険視しているのは、この運動が米国の外交政策の核心にある抑圧的な戦術を照らし出すからである。SOA校長のワイドナー大佐は、「SOAは冷戦の任務を果たし、閉鎖しようとしています」(原注8)と述べている。その任務は残虐で、任務を遂行する際に使われた数々の戦術は、法律上・倫理上の基準を犯すものだったことを、ワイドナーは公言しない。SOA／WHINSECの新しい校長となったリチャード・D・ダウニー大佐は、同校には隠すべきことが山ほどあることを確証した。『コロンバス・レッジャー・インクアイアー』とのインタヴューの中で、彼は次のように語っている。「私には、何が必要だったかを見るように命じられました。——必ずしも、アメリカ陸軍米州学校が何をしたのか、なぜそのようなことをしたのか、といったことではないのです。アメリカ陸軍米州学校は、二〇世紀における冷戦の理論的枠組みにあわせて立案されたのですから[原注9]」と。
　SOAを〝閉鎖〟して、本質的には同じカリキュラムで同じ場所にWHINSECを〝開校〟した連邦議会の行動は、単なる皮肉な発想以上のものを物語っていた。連邦議会議員には、激しい圧力がかかっていた。ペンタゴンとホワイトハウスは、米国の外交政策の意図がはっきりと見えるSOAの窓を、永久にシャッターで閉めたくてたまらないのである。SOAの批判者で、同校の元教官だった米国陸軍少佐のジョセフ・ブレアは、WHISC[訳注6]の頭文字が何の略なのかについて語っている。「我々は、米国陸軍のじゅうたんの下に伏せている汚らわしい過去を一掃して、SOAの失敗を言葉遊びによる隠ぺいで包み隠す[原注10]」（"We Hide In a Semantic Cover-up of SOA's failures by sweeping a dirty past under a U.S. Army rug."）
　フォート・ベニングの基地[訳注7]に〝境界線を越えて〟入ったために、六カ月間服役したSOAウォッチの理事会のメンバーであるエド・キネイニーは、ニューヨーク州、シラキュース市の『ザ・ポスト－スタンダード』紙に寄稿した記事の中で、ブレアと同様の意見を述べている。
　SOA／WHINSECは、美容整形はしても、今までのあり方を否定していないばかりか、こ

訳注6　当初、西半球安全保障協力研究所の略称は、WHISCだった。
訳注7　SOAの所在地。

れまでに犯してきた罪の告白さえしていない。真相究明委員会もなければ、司令官たちを起訴する可能性を探るための大陪審も戦犯法廷も召集されていない。彼らは服役もしていない。無数の犠牲者たちの遺族は、一度たりとも賠償金を受け取っていないのだ。SOAを名称と実体の両面で救うために、ペンタゴンは血眼になって闘った。ペンタゴンにとって、一般市民の主導したSOAの廃止は、面目を失うのと同じである。ペンタゴンのラテンアメリカの顧客たちは、SOAを閉鎖する運動で米国市民が勝利するかもしれないという可能性に当惑するだろう。結局のところ、一般市民を制圧して反対意見を鎮圧するのがSOAの仕事ではないのか。一般市民に対する戦争こそ、SOAの最大の目的ではないのか。(原注11)

ジョセフ・ルーアーは、SOAがいかに閉鎖の瀬戸際まで追い込まれたかについて、彼独自のSOAの公式な歴史の中で怒りを露わに述べている。

「左翼連中の芝居がかった言動や連邦議会の駆け引きや上層本部からの生ぬるいUSARA(SOAの公式略称)支援のせいで、SOAは世論の面前で酷い目に遭わされた」「政府機関のあいだの上層部の人脈……」を通じて、かろうじて、「同校は独自の内部情報提供者の手を借りながら、報復することができたのだ……。もしこのような関係が築かれていなければ、同校はとっくの昔に閉鎖していたはずだ。それは米国陸軍と一九四九年以来、法に則って忠実に義務を果たしてきた同校の兵士と民間人全員を、不公平にも傷つけただろう」と。ルーアーは続けて次にように語っている。

SOAの職員と教員は、政治闘争に相当悩まされてきた。良い結果を出そうと、地域の軍隊の機能を高めるためにベストを尽くしてきた二〇〇名を超える忠実な米国の兵士と民間人は、組織的に中傷されて、上層の指導者たちから見捨てられた様に感じていた。(原注12)

だが、これはSOA閉鎖の物語ではない。ルーアーは、SOAの擁護者たちが同校を開校したままにして、名称を変更し、任務を続行するために、いかに〝政府機関のあいだの上層部の人脈〟を結集したかについて解説しているだけである。SOAを開校したままにするのは何故なのか。企業主導の経済のグローバル化という状況の中で、現在同校が果たすべき任務とはいったい何なのだろうか。

SOA／WHINSECの今日の任務

すでに議論した米国の外交政策の四段階を特徴づける類似点と相違点から、外交政策に対して責任を負う立場にある者たちや政府の諸機関は、明らかにある重大な教訓を学んだことがうかがえる。ある状況下では、抑圧的な軍隊が役に立つ。しかし、別の状況下では必要がなかったり、非生産的であったりする。その違いを見極めて、それ相応の政策を実行する。これが今日、米国の外交政策立案者たちとSOA／WHINSECが直面している難問なのだ。第四段階の外交政策の核心にあるのは、実に強大な憂慮すべき矛盾である。企業主導の経済のグローバル化の時代には、より好まれる目的達成のための手段は経済だが、ＩＭＦやＮＡＦＴＡ、ＷＴＯ、〝黄金の拘束服〟、〝電脳投資家集団〟の政策と実行はどれも不安定化を招く。グローバル体制を考案した企業人たちにとって好都合な条件は、たいてい経済上のレバレッジという手段で押しつけることができる。しかし、こうした条件こそ、社会不安の原因を悪化させるのだ。貧困、不平等、文化の根絶、環境の悪化、地域農業の衰退、政治に対する失望はどれも企業主導体制がもたらす結果である。暮らしと地域社会、そして国に影響を与える政治・経済情勢を形づくる上で重要な意見をむげにされた民衆は、企業と米国の指導者たちが評価する安定というものを、例外なく拒絶する。権利を奪われた民衆は、組織して抵抗する。フリードマンが述べているように、「もし国が」グローバル経済に参加することで「アイデンティティを犠牲にするなら、もし個人が、このグローバルなシステムによって自分のオリーブの木の根がだめになるか、根ぐされを起こすと感じるようなら、オリーブの木の根は反乱を起こすだろう。蜂起して、グローバル化を抑圧することだろう」(原注13)(『レクサスとオリーブの木』上、東江・服部訳、七〇頁)。そして「多くの国々では、グローバル化に対する民衆の集団蜂起ではなく、犯罪の波また波が出現しているのだ。人々は必要なものをつかみ取って行く」(原注14)(『レクサスとオリーブの木』下、東江・服部訳、二二〇頁)。反乱か犯罪か、いずれの場合も、民衆を阻止しなければならない。フリードマンによれば、「グローバル化システムは、活動家と寛大なアメリカの外交政策なしには、まとまることはできない」(前掲、東江・服部訳、二六四頁)。「市場の見えざる手は、見えざる拳なしには機能しない」(原注15)(前掲、東江・服部訳、二五九～二六〇頁)。

ＳＯＡ／ＷＨＩＮＳＥＣが今も開校したままなのは、米国の外交政策のかなめとなるふたつの側面

——軍事上の腕力の重要性と経済上の腕力の重要性——を、ひとつ屋根の下に住まわせているからである。軍事上の腕力については、SOA/WHINSECやそのほかの米軍事訓練プログラムを通して実行に移される。公式のカリキュラムの記録に必ずしも載るとは限らないそうした訓練で、ラテンアメリカの兵士たちが〝内戦〟を戦えるようにするのだ。〝内戦〟とは、フリードマンが解説しているように、「各国内での勝者と敗者のあいだの戦争」(前掲、東江・服部訳、三八頁)、つまり企業主導の経済のグローバル化から利益を受ける者たちと、犠牲者たちとのあいだの戦争である。

軍事上の腕力を示す戦術の訓練を受けた兵士たちは、社会運動や抵抗する人々や現存する不正義に代わる別のあり方を求めて組織する人々を挫折させるという従来の職務を実行するために必要な道具を与えられている。不正義とは、経済上の極端な不平等や、抑制された民主主義のことを指しているのだが、いずれも企業主導の経済のグローバル化には予測のつく産物であり、望まれる結果である。SOA/WHINSECは、過去から現在にいたるまで、必要であれば状況に応じてテロや拷問といった戦術を含めて、軍隊や準軍事組織のどんな手段でも正当化して利用する外交政策と結びついている。従来の戦術が最も明確に示されているのが、新たなエルサルバドル、つまり今日のコロンビアである。

SOA/WHINSECに内在する米国の外交政策の二点目は、経済上の腕力の重要性に絡んでいる。現在のSOA/WHINSECは、企業主導の経済のグローバル化という地政学上の状況下で生じる新たな必要性と機会に合わせて変化してきている。経済上のレバレッジがより好まれるとはいえ、それは目的達成のための唯一の手段ではないからだ。米国は、過去数十年間にわたって抑圧的な戦術を正当化して実行するためのイデオロギーや武器や戦略をラテンアメリカの軍隊に与えてきた。これらの軍隊は、新しい地政学上の状況に関連して、相当な訓練が必要なのだ。残酷な戦術の巧妙な部分にいたるまで、すべてを要求する抑圧の戦術を習得した彼らは、今度は制限つきの民主主義という状況に見合った抑圧の方法を学ばなければならない。SOA／WHINSECで彼らが細部にわたって教え込まれているのは、経済上の外交的手腕、心理戦、民主主義の強化、戦闘技術、人権、そして抑圧である。コロンビアなど、今もなお抑圧的な戦術が必要な場合はどんな状況にあるのか、望まれる目標を達成するのに経済上のレバレッジでこと足りるのはどんな場合なのかを見極めるための洞察力を、彼らは磨いているのである。

　たとえば今日、エルサルバドル、グアテマラやその他多くのラテンアメリカの国々では、（経済上ではなく政治上の）人権は、制限つきの民主主義の枠内で尊重されている。民衆は殺されることなく広範な候補者の中から選んで投票できる。しかし、〝黄金の拘束服〟は、彼女ら・彼らの投票の意味を無効にしてしまうのだ。フリードマンは、民主主義研究者のラリー・ダイアモンドを引用している。「わたしたちは、ラテンアメリカや東ヨーロッパや東アジアの国々において、数多くの政府が、グローバル化の改革に伴う痛みに結びつけて考えられたせいで、投票で追放されるのを見てきた。次に政権を握った新政府は、いくらか軌道修正を行ったものの、だいたい同じようなグローバル化政策、市場化政策を続けている」[訳注9][原注16]（前掲、東江・服部訳、二四二頁一部改変）。フリードマンは、こう述べている。「はじめて、世界じゅうのほぼすべての国が、同じ基本ハードウェア（自由市場資本主義）を持ったのだ」[原注17]（『レクサスとオリーブの木』上、二〇二頁を一部改変）。「電脳投資家集団は、世界全体をひとつの議会制度のもとに置いた。そこでは、すべての政府が、いつ投資家集団から不信任票を出されるかと戦々恐々としている」（原注18）（前掲、東江・服部訳、一八三頁）。こうした制限つきの民主主義の環境では、〝人権〟は尊重されて抑圧的な軍隊は縮小されるはずなのだが、恐らく一時的なものだろう。

現在のSOA／WHINSECの役割は、第三世界の経済的債務（訳注10）、依存性、脆弱性からなる地政学的な状況の中で決定される。中には米国からの援助を受けた抑圧的な軍隊から数十年間におよぶ暴力がつづいた後、戦争に疲れ果てた民衆が、目的達成のための手段に関して米国の外交政策立案者たちにあらゆる選択肢を与えている場合もある。国際通貨基金（IMF）、北米自由貿易協定（NAFTA）に似た類の数々の協定、世界貿易機関（WTO）、〝黄金の拘束服〟や〝電脳投資家集団〟を通して適用されるレバレッジは、概して独裁や暗殺部隊よりも効果的であり、論争を巻き起こす確率も低い。

SOA／WHINSECは、経済上の腕力という米国の外交政策の側面で、ふたつの重要な役割を

訳注9　たとえば前政権への国民の批判を受けて登場した韓国の盧武鉉（ノムヒョン）政権も、選択肢の構造的な制約のもとで、新自由主義的経済政策を実行せざるをえなかった。

訳注10　ここでわざわざ経済的債務と「経済的」の形容詞をつけたのは、経済的債務を第三世界は先進国に負っていることにされているが、人道的債務（奴隷貿易や植民地支配）、生態学的債務（資源の収奪など）の面では逆に先進国が第三世界に債務を負っているという議論が念頭にあるのだろう。Ecological Debt, second edition, Andrew Simms, London : Pluto Press, 2009を参照。

果たしている。その一点目は、経済上の目的達成のための手段が不適切であったり、それが失敗に終わったりした場合、あるいはIMF、NAFTA、WTO、〝黄金の拘束服〟や〝電脳投資家集団〟の破壊的で歪んだ政策から生じる〝内戦〟とか内紛といった問題が起きた場合に、兵士たちが敵を倒すのに必要な軍事訓練をすることである。

抑圧的な軍事訓練は、SOA／WHINSECの歴史を通して同校の最重要任務だった。しかし、今後もそうありつづけるのかは未知数である。米国は、多岐にわたるプログラムだけでなく、別のものに見せかけたりしながら、実に多くの場所でラテンアメリカの兵士たちを訓練しているため、監視するのはほとんど不可能に近い。同校の批判者が、まずおさえておく必要があるのは、〝必要ならば手段を選ばない〟哲学と戦術は、SOA／WHINSECそのものと、米国の外交政策のありとあらゆる面において、今もなお居座りつづけていることである。今日、多くのSOA卒業生たちが、コロンビアで人権蹂躙に加担している。コロンビア軍の指導者たちは、改称によって同軍の将校や兵士たちへの訓練が変わることはないという保証を必要としていた。コロンビア兵士の大半は、SOA／WHINSECではなく、米国の特殊作戦部隊の指示のもとに、コロンビア国内で訓練を受けている。こうした事実と傾向は、SOA／WHINSECの重要性と、米国の指導者たちには柔軟性のある選択肢が用意されていることを証明するものである。

今日SOA／WHINSECが担う重要な任務の二点目は、SOA／WHINSECや米国の外交政策、そして企業主導の経済のグローバル化を、まるで自由と民主主義と人権を促進する手段であるかのように誇示する者たちに代わって、同校が主要なプロパガンダ・センターとしての役割を果たすことである。

米国の外交政策における経済上の腕力の政策と実践は、博愛、必然性、利益が広範に行きわたるという主張などといった新たな神話によって正当化されている。新種の神話もまた、かつての神話のように、重大な問題を隠蔽してしまうのである。致命的な不平等、広範囲に及ぶ環境破壊、制限つきの民主主義を含めて、企業主導の経済のグローバル化と関わりのある数々の問題は、民主主義や人権といったSOA／WHINSECから吐き出される大量の美辞麗句でごまかされてしまうのだ。SOAの改称が行われた頃、同校の副校長であるパトリシオ・アロ・アジェルヴェ大佐が書いた記事が、この美辞麗句の精神を浮き彫りにしている。

平和と民主主義を保障するために、過去五十四年間にわたって半球の安全保障と米州各国の軍人たちのプロフェッショナルとしての育成に専念してきたアメリカ陸軍米州学校は、西半球安全保障協力研究所（WHINSEC）の到来を知らせるべく、その扉を閉じようとしている……安全保障に関する事項は、米州間の協力が基本であるために、大陸に焦点をしぼった新たな研究所を設立することが必要なのだ。したがって、任務を完了し充足感を得たアメリカ陸軍米州学校は、西半球安全保障協力研究所へ〝たいまつを渡す〟のである。

同校の副校長として、ゲスト教官の派遣団の中からラテンアメリカの上級将校として貢献できるのは、名誉なことである。……教官一同、米州フォーラムでプロとしての任務を遂行する際に動機となる理想と原則を遵守しており、新たな研究所で奉仕するにあたって与えられた任務に対して同じ熱意とプロとしての献身を、誠意を込めて示しつづけることを誓う。我らが愛するアメリカ陸軍米州学校に配属されていた頃と同じ熱意で、今後も義務を果たしていきたい。

アメリカ陸軍米州学校は、まもなく西半球安全保障協力研究所となる〝肥沃な土壌〟に、実に有意義な〝種〟をいくらか蒔いてきた。これらの要素には、同校の兵士たちに宿る真のアメリカ魂や、すべての安全保障活動は国際基準にのっとって実行され、紛争においては個人の人権が完全に尊重されるべきであるという確固たる信念、さらには合法的に選ばれた文民政府への無条件の従属と民主的な文民政府組織こそ、市民の福祉と発展に関する理想的な政府の決定において、真の市民参加を必然的にともなう唯一の政府の形態であるという、同校で訓練を受けるラテンアメリカ人一人ひとりの主張が含まれている。

アメリカ陸軍米州学校を誹謗中傷する者たちが信じていることとは裏腹に、半球の兄弟愛、そして安全保障、民主主義、人権の尊重に関する洞察力に満ちた教育を普及する者のシンボルとして、半世紀以上にわたって任務を果たしてきた同校に感謝の意を表したい。(原注19)

以上は、ラテンアメリカで独裁者、暗殺者、クーデターの学校として知られる機関としては傲慢な主張である。アロ・アジェルヴェ大佐は、WHINSECとSOAが同じ機関である事実を一切隠そうとしない。唯一、実際になされた変更は、〝アメリカ陸軍米州学校を誹謗中傷する者たち〟のおかげで名称の変更を余儀なくされたことと、地政学上の状況の変化が新たな挑戦と機会を同校に与えていることである。「アメリカ陸軍米州学校が創設された環境は、幾年ものあいだに徐々に変化してきた。冷戦後の時代と一極構造が、まったく別のシナリオを生み出したからである。このことは結果的に、なぜ世界各国が安全保障問題について再定義し、新たな方向づけを余儀なくされてきたのか、その理由を説明している(原注20)」とアロ・アジェルヴェ大佐は述べている。

経済のグローバル化の提唱者であるトーマス・L・フリードマンの眼を通して描かれた一極構造は、米国が唯一の軍事的なスーパー・パワーであるという事実だけでなく、米国に支配された企業主導のグローバル経済に参加するか否か、あるいはどのように参加するかについて、米国以外の国々の選択の余地はゼロに等しいことを指している。

人権と民主主義の尊重に関するSOA/WHINSECの大仰な美辞麗句と、そうしたテーマの学科が比較的最近になって同校のカリキュラムに加えられ、なおかつ維持されているのは、〝アメリカ陸軍米州学校を誹謗中傷する者たち〟と、米国の外交政策における経済上の腕力の重要性が格上げされたことに対応したものと理解する必要があるだろう。つまり、人権に関する美辞麗句や学科は、SOA/WHINSECのプロパガンダや地政学上の状況の変化の中で、同校に課されたさらなる役割と関係しているのである。

まずは、プロパガンダから見てみることにしよう。一九九五年に掲載された、SOAの閉鎖を主張する『ロサンゼルス・タイムス』の社説は、「過去四十年間にラテンアメリカで起きたクーデターや人権蹂躙の中で、アメリカ陸軍米州学校の卒業生たちが関わっていないものを思い浮かべるのは難しい」と的確に述べている。(原注21) ＳＯＡや、その卒業生たちと人権蹂躙の関わりは非常に決定的であり、ＳＯＡの擁護者たちに深刻な問題をもたらした。そこで彼らは冷戦について漠然と述べることによって犯罪を否定し、人権や民主主義に関する様々な学科をカリキュラムに加えることで対応したのである。その後、彼らは一九九〇年代の半ばになってようやく加えられたそれらの学科をレンズに見立て、市民はそこから同校が一九四六年の開校以来果たしてきた任務を見るべきだと主張した。

この典型的なプロパガンダは、一九九六年にＳＯＡが発行した情報紙をみれば明らかである。ＳＯＡと「米国の積極的な軍事介入」のお陰で、「今日のラテンアメリカは、世界的にみて軍事化と暴力が最小限に抑えられた地域である」などと述べ、さらにこう議論している。「すべての学科は、ラテンアメリカ全域から防衛関係の問題に携わる軍人と民間人が一堂に会し、意見を交換しあって共通の絆と尊敬をつちかうフォーラムを提供している」。同校の全教官は、「アメリカ陸軍米州学校の人権教官資格取得課程の卒業生であり、人権問題について話し合い、人権と関連した訓練を」そのほかの学科に組み込む「準備ができている」。(訳注11) 同紙によれば、アメリカ陸軍米州学校は、「立憲国家における軍と文民の指導力に関する理論と実践を導入して教育するために考案された民主主義を維持するための学科」と「出現しつつある平和活動戦略のための米国の政策を学生たちに訓練する」(訳注12) ために考案された〝平和活動〟の学科を通じて「ラテンアメリカに芽生えはじめた民主主義」を強化するという。(原注22)

この美辞麗句は、人権や民主主義に関する学科が同校の歴史上五十年間近く存在しなかったことを思い出すまでは、あたかも説得力があるように聞こえる。また、一九八〇年代のエルサルバドルとホンジュラスがSOAの失敗ではなく、重要なサクセス・ストーリーとして引き合いに出されているのにも考えさせられる。コロンビアもボリビアと同じように、もうひとつのサクセス・ストーリーとされている。ボリビアで進歩的な教会関係者たちに対して半球規模の迫害に着手したのは、SOA卒業生であり独裁者のウーゴ・バンゼルだった。(原注23)

SOAの擁護者たちは、一九九〇年代に、人権と民主主義に関する学科をその場しのぎ的につけ加えて、公開討論ではこれらの学科が同校の歴史的な任務を反映しているかのように主張した。彼らのやっていることが理論的に矛盾しているのは、同校校長の公式雑誌である『アデランテ』の〝歴史的な終刊号〟を見れば明らかだ。

『アデランテ』の終刊号は、一九六一年四月六日付の、パナマのある新聞の一面に掲載されていた記事を転載した。その大見出しには、「米国がパナマ運河地帯にゲリラ戦争学校の設置を予定」とある。記事の冒頭の節は次の通りである。

訳注11　文民指導者がつねに軍部より平和的とは限らない。たとえばラムズフェルド国防長官（当時）やチェイニー副大統領（当時）は軍部よりも好戦的だった。面白い挿話がある。二〇〇七年十月二十六日、国際人権連盟（NGO）ほかは、ラムズフェルドを捕虜拷問の命令あるいは容認容疑でパリ地方検察庁に告発した。すでに国防長官を更迭されていたため（後任はゲーツ長官で、オバマ政権にも留任）外交官特権を失っていたラムズフェルドは、アメリカ大使館に逃げ込み、大使館の車でドイツに逃亡した。『人道に対する罪』前田朗（青木書店、二〇〇九年）一一〇頁。

訳注12　国連の平和維持活動（PKO）や平和構築活動を念頭においているのだろう。

ワシントン、四月五日（AP通信）――米国陸軍は、この夏に特殊なゲリラ・反ゲリラ戦争のための学校が、パナマ運河地帯に設置されると発表した。そうした訓練を求めるラテンアメリカの国々の軍人たちを指導するのだという。陸軍が運営しているフォート・シャーマンの、長い歴史を持つジャングル戦訓練施設に近いフォート・ガリックに創設されることになっている。陸軍によると、新たな学校での訓練は、ある特定の国のために特別に考案されたものではないという。この件に関する即答はなかったが、キューバからの反カストロの亡命者たちが、ジャングルーゲリラ戦の学校で、米国から訓練を受けるのではないかという意見を鎮めることを目的としていたのかもしれない。新たな学校での講義には、必然的にゲリラと反ゲリラ戦、諜報と対敵情報活動、心理作戦、国内問題と関連する分野が含まれることになっている。(原注24)

ＳＯＡ／ＷＨＩＮＳＥＣの擁護者たちが作り出すイメージとは裏腹に、〝国内問題〟の言及を除けば、自由や民主主義、あるいは人権に関する用語がひとつもないのが印象的だ。ＳＯＡは明らかに、あらゆる形態と表現において、本質的には対ゲリラ戦の学校なのである。

人権と民主主義に関する学科が充実しているというプロパガンダのもうひとつの問題点は、実際にはＳＯＡ／ＷＨＩＮＳＥＣでは今も戦闘や対ゲリラ戦に焦点をしぼった学科が大半を占めていることである。二〇〇〇年三月に、クリーヴランド・シティー・クラブでワイドナー大佐と討論した際に、彼はＳＯＡの〝教官養成訓練学科〟についてふれ、「我々の人権に関する養成訓練は、国防省が管轄するほかのどの学校よりも充実したものです」と言いきった。これに対して、私はこう返した。「ＳＯＡで教えている三三学科のうちわずか五学科が、かろうじて人権に関連するものでしょう。ＳＯＡは、〝人権教育のための教官養成訓練学科〟という名称の新たな学科を高く評価したけれども、問題なのは、その学科を受けた者は一九九七年と一九九八年ではひとりもいなかったし、一九九九年には誰ひとりとして受講の手続きをしなかったことです」と。ワイドナー大佐から返ってきたのは沈黙だった。

ＳＯＡとＷＨＩＮＳＥＣのカリキュラムの比較調査から、実質的な変更はほとんどなく、大半が単なるまとめ直しであることが判っている。ＷＨＩＮＳＥＣでリストに挙げられている三七学科のうち、二九学科はまったく同じか、ちょっとした名称の変更がなされただけだ。ＷＨＩＮＳＥＣで新たな名称に変わった四学科は、ＳＯＡで教えられていたものと同一である。以前ＳＯＡで教えられていて、ＷＨＩＮＳＥＣのカリキュラムのリストからはずされた六学科のうち四学科は、現在ＷＨＩＮＳＥＣで教えている学科と明らかに関連している。ＷＨＩＮＳＥＣで教えているすべての学科のうち、新しく加わったのは四学科にすぎない。（原注25）

学科のまとめ直しについて、さらにやっかいな点は、意図的に人を騙すようにできているところである。たとえば以前実施された〝改革〟では、心理作戦の学科が削除されたのと同時に、〝情報作戦〟という〝新しい〟学科が加えられた。それは〝削除された〟学科と実質的にはまったく同じものだった。（原注26）心理作戦のカリキュラムが、より親しみやすい響きを持つ〝平和活動〟という名称でひとつの学科に組み込まれた時も、似たような手法が使われた。元ＳＯＡ教官のジョセフ・ブレアは、ＳＯＡウォッチによるＳＯＡ／ＷＨＩＮＳＥＣのカリキュラムの比較評価を丹念に調べて、こう語っている。「彼らがやったことに関するＳＯＡウォッチの理解は的確だ。ＳＯＡとＷＨＩＮＳＥＣの一連の学科には、違いはほとんどない。両方とも同じ――まったく同じである」[原注27]。ＳＯＡの名称が変わるまで同校の校長だったグレン・ワイドナー大佐が、ブレアの意見に同意したのは意外である。ＷＨＩＮＳＥＣのクラスはすでに始まっているというのに、どうして学科のカタログを入手することができないのかと、ロイ・ブルジョワ神父が彼に尋ねたところ、「まだできてないいんだ。古いのを使えば。基本的に同じだから」[原注28]と答えたという。

ジョセフ・ブレアは、『コロンバス・レッジャー・インクアイアー』に掲載された記事の中で、〝古い〟ＳＯＡと〝新しい〟ＷＨＩＮＳＥＣのそのほかの類似性について、次のように説明している。

アメリカ陸軍米州学校[訳注13]（ＳＯＡ）を、西半球安全保障協力研究所（ＷＨＩＮＳＥＣ）に改称する連邦議会の法律は、エクソンが、同社の石油タンカーであるヴァルディーズ号[訳注14]の名称を、激怒する環境保護活動家たちを鎮めるために変えたのと似たようなものである。流出した石油の浄化は可能かもしれない。しかし、ＳＯＡで訓練されたラテンアメリカの兵士たちが手を下した流血事件、虐殺、レイプ、拷問や抑圧の苦難と記憶は、残念ながら永久に残るだろう。……客観性を重視して行われたＷＨＩＮＳＥＣに関する再調査では、特筆すべき改善は一切なされていないばかりか、実際のところ、新たなＳＯＡには同校が将来どのように運営して行くのかについて、極端に限られた制約と主導権しかないことが明らかになった。教育カリキュラムの重要な分野で、ＷＨＩＮＳＥＣはＳＯＡでなされていたことをすべて教えるだけでなく、「国防長官が適切であると判断すればどんな事であれ」指導するという、制限のない任務をまた新たに加えているのである。……ＷＨＩＮＳＥＣに関する新しい法律は、国防省が、会計年度の政府支出金のうち「いずれかの資金」から、一定の経費を支払うことを認めている。……ＳＯＡと同じように、ＷＨＩＮＳＥＣでは引きつづき米国陸軍の大佐とフォート・ベニングの司令官が命令を下し、基本的には責任範囲の限られた影響力を持たない監察諮問委員会が、旧態依然としてある。……同法律には、歴然とした手ぬかりが多い。外国人学生を選考する際の基準設定はなく、この研究所が米国の軍事装備の輸出を促進するのにどう利用されるかについて政策上の制限を設けていない。最新鋭の軍事技術を教えることについての制限すらなく、ＷＨＩＮＳＥＣがラテンアメリカで軍事行動を遂行する機動訓練チームに要員を配置することに関する制限もない。……ＷＨＩＮＳＥＣはＳＯＡがそうだったように、言ってみればラテンアメリカの陸軍学校として、引き続き機能していくのだろう。同校の上級教官のメンバーは外国人将校たちで、副所長や校長もまた米国人以外の将校である。……

訳注13　日本での名称は『エッソ』。

訳注14　一九八九年三月二十四日、ヴァルディーズ号は、米アラスカ州のプリンス・ウィリアム湾で座礁し、一一〇〇万ガロンもの原油が流出した。この結果、全長五〇〇キロにわたる周辺沿岸部が汚染された。

……現在、米国が南米で軍事的指導力を発揮している〝プラン・コロンビア〟については、敗北寸前の麻薬戦争を戦うのに一六億ドルを費やすことになっている。今やこの戦争は、WHINSECの任務と将来に、必然的に関係してくると思われる。誘拐、凄惨な虐殺、コロンビアの数々の村で引き起こされている準軍事組織による圧政に関する週に一度の報告は、正規軍と思われる軍人たちの関与を繰り返し伝えている。人権、民主主義や訓練による軍事的専門性の向上といったSOAの過去の成功を示す証拠は、コロンビアのどこを探せば得られるというのだろうか。(原注29)

SOA/WHINSECの擁護者たちが使っている〝新しい学校〟という表現や人権、民主主義などの美辞麗句は、おおむねプロパガンダの目的のためにある。しかし、アロ・アジェルヴェ大佐が一極構造と呼んでいるものに、こうした美辞麗句がどう当てはまるのかはそれほどはっきりしていない。現在のSOA/WHINSECの任務を本質的に規定しているのは、〝黄金の拘束服〟、WTO、NAFTA、IMF、〝電脳投資家集団〟を通じて実行される一極構造、経済のグローバル化や外交政策である。抑圧的な暴力行為が必要なのはどんな場合で、それが非生産的なのはどういう場合なのか、ラテンアメリカの兵士たちがそれを見極める手助けをするのが、経済上の腕力が行使される状況下での同校の戦略的役割なのだ。

米国の外交政策に、非常に多くのニーズと選択肢を与えているのが経済上の腕力である。人権は、ある状況では重要視されても、別の状況では犠牲になる。独裁者や暗殺部隊よりも経済上の腕力の方が効果的で、要求される結果をより巧妙に出すことができるのか、つねに探らなければならない。つまり、美辞麗句や人権と民主主義に関する学科は、SOA／WHINSECの批判者や、経済のグローバル化という状況の中で可能になった、経済上のレバレッジを通して目的を達成する現実がもたらす新たな機会に対応していることになる。

今日、軍事的な手段よりも、経済を通して目標を達成できるのはどんな場合であるかをラテンアメリカの将校や兵士らが見極める手助けをするのがSOA／WHINSECの任務の一部となっている。経済のグローバル化は、経済上の腕力にまつわる力の手段を強化する。それは同校の卒業生たちによって直接行使されるものではないが、目的達成のための新たな手段の可能性と限界に関する学習は、現在、SOA／WHINSECのカリキュラムの中で大きく取り上げられている。

SOA／WHINSECに関するプロパガンダと、状況を識別するという同校の卒業生たちに課された役割は、企業主導の経済のグローバル化そのものと同じように、必然的にSOA／WHINSECの抑圧的な役割に戻って行く。フリードマンはこう述べている。「アメリカ軍が任務についていなければ、アメリカ・オンラインは存在しない」（『レクサスとオリーブの木』下、東江・服部訳、二六四頁の訳文を借用、一部改変）。「このグローバル化時代は、結局、国家間の戦争ではなく、大いなる内戦の時代になるかもしれない」（原注30）（前掲、東江・服部訳、三八頁）と。経済上の腕力の核心にある政策として、〝黄金の拘束服〟や〝電脳投資家集団〟は、民衆に多大な苦難をもたらす。政策立案者たちは、民衆がフラストレーションをつのらせて組織したり抵抗したりするのに備え準備万端整えて、米国の外交政策の第一・

二段階で最も一般的だった抑圧的な選択肢に戻るのである。米国の外交政策と、企業が牛耳るグローバル化体制が根本的に変わらない限り、今後ますます〝新たなエルサルバドル〟や〝新たなコロンビア〟を生み出すことになるだろう。SOA/WHINSECと同校の卒業生たちには、五十年以上にわたる抑圧的な戦術の経験がある。ペンタゴンやホワイトハウスが同校を開校したままにしておこうと懸命になるのはこのためだ。だからこそ、SOA/WHINSECの閉鎖は今もなお極めて重要な課題であり、米国の外交政策を変えて、企業が牛耳る経済のグローバル化に代わる民主的な道を促進するために、SOA/WHINSECの閉鎖を求める運動が幅広い層に基盤をもつ運動と一体化する必要があるのだ。

もうひとつSOA/WHINSECを閉鎖すべき重大な理由がある。ホワイトハウスと連邦議会は、改称という策略を使ってSOAを開校したままにすることで、計画的な反人権のメッセージを送っている。それは、人権に関する美辞麗句やSOA/WHINSECが提供する民主化促進に関する学科のどれと比べても、より明確で強力なメッセージである。変化しているのは地政学であり、SOAではない。「必要ならば手段を選ばない」という哲学と戦略は、今もそのまま米国の外交政策の中核に居座りつづけているのである。

これまでに、良心の呵責や告白、自責の念を示す言葉、罪を犯したという認識、損害賠償、説明責任は一切なかった。名称を変えただけの以前と同じ学校が、変化した地政学上の状況の中で同じような権益のために奉仕している。つまり、必要性があればいつでも抑圧的な戦術にゴーサインを出すということである。米国の指導者や軍事訓練を行う教官、ＣＩＡの高官らに、外交政策を実行する際に犯す犯罪は容認され、そうした犯罪の加害者たちは起訴を免れるという合図を送っているのである。表向きの美辞麗句に反する抑圧的な戦術であっても、米国の権益を促進する限り価値があり、極めて重要で欠くことはできないという合図をラテンアメリカの兵士達に送っているのだ。抑圧的な戦術は活用できるし、隠ぺいされる。このようなメッセージやＳＯＡ／ＷＨＩＮＳＥＣとその背後にある外交政策は、米国やラテンアメリカ双方の民衆にとって悪しき前兆である。

世界中で最も真相究明委員会が必要な国は米国であり、それは国際的にも周知の事実である。バーバラ・クロセットは、『ニューヨーク・タイムズ』でこう述べている。「国際組織や条約に対する米国の態度に失望感が広がりつつある。(訳注15)この状況を示す動きの中で、本日行われた投票の結果、一九四七年に米国の主導のもとで国際連合人権委員会が創設されて以来はじめて、米国は同委員会から除外された」(原注31)。しかし、これが人権にとって重要な勝利を意味しない理由は、ヒューマン・ライツ・ウォッチのジョアンナ・ウェシュラーが言うように、今日の同委員会のメンバーは、「ならず者国家の人権蹂躙

訳注15　米国が国連の人権活動に不熱心であることは、『アメリカの国家犯罪全書』ウィリアム・ブルム、益岡賢訳（作品社二〇〇三年）第二〇章に詳述されている。また上村英明は、米国は経済のグローバル化には熱心だが人権のグローバル化には不熱心だと指摘する。上村「グローバル化時代と国際人権法の歴史的役割」勝俣誠編『グローバル化と人間の安全保障』所収（日本経済評論社二〇〇一年）。国連死刑廃止条約（一九八九年）に抵抗する先進国が米日だけであることもよく知られている。

者たちの面々」(原注32)で構成されているからである。米国の追放は、ならず者国家の面々から一国減らすことになるという人もいるだろう。アムネスティー・インターナショナルの米国支部が創立四十周年に際して述べたように、米国の排除には明らかに正当な理由があった。ウィリアム・シュルツ事務局長は、「米国政府には、人権を明るくさえた声色で訴える傑出した指導者がひとりもいない」と嘆いて、「米国は、国際連合人権委員会から追放されて当然だ。追放される時期が早まったのは、米国の影響力が衰えてきたことと、歴代政権と連邦議会がとってきたダブル・スタンダード〔二重基準〕によるもの」(原注33)と語った。

シュルツは、米国が対人地雷禁止条約〔一九九七年〕の批准をしなかったこと、国際刑事裁判所(ICC)の設立に反対したことを失策の例として挙げた(訳注16)。米国がICCを支持しなかった理由については、偏見を持たずにこの本を読んでいればはっきりしているはずである。CIAとSOAの訓練マニュアルは、拷問とテロを提唱した。SOA卒業生らは、抑圧の波を巻き起こして進歩的な宗教家たちを標的にした。キッシンジャー国務長官は、民主主義を支持したという罪でチリの将軍を殺す決定を下した。ラテンアメリカ全域で独裁政権と残虐なクーデターを援助し、おびただしい数の失跡や大虐殺において中心的な役割を担った外国の諜報員やSOA卒業生たちを訓練したのも米国である。さらに、現在から過去にいたるまで、〝必要ならば手段を選ばない外交政策〟の核心にある戦術上の暴挙の現場に残してきた米国の指紋と足跡〔国際刑法で問題となる証拠〕は、数えきれないほどあるはずだ。

『ミネアポリス・スター・トリビューン』に掲載された、『戦犯法廷常設にむけた米国の合図を待ち構える国々——追求される米国人の例外扱い』と題する記事は、米国が法廷を支持しないのは、ペンタゴンの懸念が原因であることを明らかにしている。この記事によると、「戦犯法廷常設に反対するペンタゴンは、米国が法廷の当事者でなくても、米国の将校や海外勤務中の文民高官がひとりとしてその司法権の及ぶ範囲に該当しないという保証を［クリントン］政権が求めるように仕向けた」という。(原注34)

ＳＯＡ／ＷＨＩＮＳＥＣの閉鎖は、良識にかかわるどんな基準からみても絶対に不可欠なのだが、それは一定の目標にすぎない。ＳＯＡの閉鎖を求める運動は、米国の外交政策を変革し、非暴力抵抗の政治から生じる活力と知恵と方向性を政治のシステムと選挙政治に吹き込むことによって民主主義を活性化させる、より幅広い運動の一環である。〝慈悲深い覇権主義者〟が操縦する企業主導の経済のグローバル化は万人に有利であるという新しい神話と、民衆の実体験は真っ向から対立している。だが、いい知らせもある。企業主導のグローバル化体制が推し進める制限つきの民主主義は、真の民主主義を卑劣な手段で弱体化させて選挙政治を財界人たちの思い通りに動かし、政治経済の意思決定を特権階級のごく一部に限っているため、民衆が世界各地で抗議のデモを行っているのだ。全米で、そして世界中で、私たちは現状とは別のシステムを組織して変革を求めている。

何万人もの私たちは、ＳＯＡ／ＷＨＩＮＳＥＣの閉鎖と、同校の背後にある外交政策の変革に力を尽くしている。さらに、より大胆な債務帳消し、ＩＭＦ・世銀の構造調整プログラムの改革もしくは廃

訳注16　最近の事例では、たとえばクラスター爆弾禁止条約（二〇〇八年）への不参加がある。なおＩＣＣについては、『人道に対する罪』前田朗（青木書店、二〇〇九年）が必読である。

止、国内経済と世界経済における正義と平等の拡充、軍事費の削減、(すべての世界的な機関の中で恐らく最も非民主的な) WTOの廃止や環境正義に向けて取り組んでいる。私たちは世界で最も急を要するどの問題(どれも企業主導の経済のグローバル化で悪化した)にも、創造的かつ効果的に対応する可能性を持つ、新たな運動の初期段階にあるというのが私の印象である。私たちの重要な政治課題には、必然的に、現存する不正義への抵抗とともに、正義と環境的に持続可能な社会のヴィジョンに根ざした、これまでとは異なる諸機関の構築がともなう。

SOA/WHINSECの閉鎖を含めて、変革は懸命な努力なしにはやってこない。私たち自身とまわりの人々の教育を怠らず、州代表の連邦議会議員たちとともに身近なところで効果的な草の根の組織化に取り組み、協力関係を築き、SOA/WHINSECの所在地であるジョージア州フォート・ベニングでの全米・国際抗議行動に加わり、自由貿易協定やIMF、WTOといった機関の横暴で非民主的な権力に挑んで覆そうとする闘いを支援する必要がある。

二〇〇一年五月、ある米国の裁判官が、信仰に従って行動した罪で裁判にかけられた二六名の抗議行動参加者たちに判決を下した。ほとんどが刑務所で六カ月間過ごすことになるだろう。この本の中で順を追って説明してきた数々の犯罪に共謀した戦争犯罪者の可能性がある者たちを擁護して報酬を与え、そうした不正義に抵抗する人々や、貧困層のために尽くし、地域社会で心を込めて働いてきた人々には重い刑期を科すような国は、危機的状況にある。やるべきことは山ほどあるのだ。キリスト教信仰の理由からこうしている私たちは、SOA/WHINSECの良心の囚人であるグウェン・ヘネッセーが裁判官に語りかけた言葉から、インスピレーションを貰うことができる。グウェンと彼女の八十八歳になる姉のドロシーには（ふたりともフランシスコ会の修道女である）懲役六カ月の刑が下った。

私たちは主の時代を築くために、この地上にいるのです。――すべての兄弟姉妹、すべての生きとし生けるものと連帯して、私たちの人間愛を生かし、主がお与えになった内なるすぐれた才能を分かち合うために。私たちは、愛と、思いやりと、主が与えてくださった私たちのすぐれた才能のすべてを生かすために、ここにいるのです。今日、私たちは尊厳を踏みにじられた人々のために、強く抗議します。今日、私たちは声なき人々のために、強く抗議します。抑圧、強姦、虐殺を教える不当な複数の組織、米国の税財源によって持ちこたえているこれらの組織、［すなわち］私たちの共同の罪に対して、今日、私たちは強く抗議します！　主の御名において、私たちはSOAと同校が象徴するすべてを閉鎖しなくてはなりません。私たちがこの地上にいるのは、主の時代を築くためなのです。

資　料

国際機関・協定の説明

米州自由貿易圏（ＦＴＡＡ）：米州首脳会議の会合（一九九四年十二月開催）では、西半球諸国から出席した三四カ国の首脳が、二〇〇五年までに米州自由貿易圏を創設すると公約した。ＦＴＡＡは、加盟諸国によって取引されるほぼすべての商品・サービスへの投資、および貿易の障害を排除することになる。二〇〇一年四月にカナダで開かれた米州首脳会議は、ＦＴＡＡの重要な政治課題を推し進め、これが大衆的な抗議行動の対象となった。

国際通貨基金（ＩＭＦ）：第二次世界大戦後に、各国が通貨の問題に直面することを見越して、一九四四年に創設されたのがＩＭＦである。同基金は、困難な国際収支の管理について、各国を支援するために立案された。ＩＭＦにおける投票権の比率は、同基金への国の出資額によって規定される（訳注１）。一九八〇年代には、力のある民間銀行や政府とともに第三世界の債務危機の管理に取り組み、国際的な財源、あるいは民間の財源からの借款を求める第三世界の各国政府に対して、条件（構造調整プログラム）を押しつけた。ＩＭＦは、今日もこの役割をつづけており、同基金の提唱する条件は、第三世界の諸政府が経済管理を向上させる際に必要だとしている。

訳注１　したがって、出資額の大きい米国が事実上の拒否権をもつなど、大国の意向に左右される。

北米自由貿易協定（ＮＡＦＴＡ）：ＮＡＦＴＡは、米国、メキシコ、カナダのあいだで結ばれた貿易協定で、貿易と投資を拡大するために立案された。この協定は、関税・非関税障壁の大幅な削減を追求し、貿易と投資を管理する包括的な規則を確立するものである。労働者や環境に関する懸念は、実行規則がないに等しい副次的な合意に委ねられている。ＮＡＦＴＡは、一九九四年一月一日に発効した（原書一四〇頁）。この日、チアパスのサパティスタ民族解放運動は、同協定が先住民族とメキシコの農業にもたらす壊滅的な結果に人々の注意を喚起するため、メキシコ南部のチアパス州において武装闘争を開始した。ＦＴＡＡは、ＮＡＦＴＡのあらゆる条項を西半球全域に広げることになる。

世界銀行（WB）：世銀は、一九四四年にIMFとともに創設された。同銀行の借款は、第三世界の国々で発展に必要と思われる基盤施設（インフラ）の開発を援助するのが目的だった。歴史的にみて、世銀の計画事業は、巨大プロジェクトこそ発展と同義である、あるいは発展に導くものであるとする西側の財界エリート層の偏見を反映していた。彼らにとって発展とは、［民衆の］社会福祉の向上よりもむしろ貿易や経済活動の拡大で評価されるものであった。一九八〇年代と九〇年代にわたって、世銀はIMFの構造調整プログラムとほぼ同一のプログラムを貧困諸国に押しつけた。今日、IMFと世銀の同盟には、亀裂が入りはじめている。世銀は、［以前よりも］貧困問題に真剣に取り組むことになっているのだ。世銀では、恐らくIMFの条件によって悪化したものと思われる多くの貧困諸国における社会崩壊が、こうした国々を手に負えない状態にしてしまう可能性を憂慮する声も聞かれる。

世界貿易機関（WTO）：関税貿易一般協定（GATT）の賛助のもとで、国際貿易と投資に関する規則を設ける一連の国際交渉から誕生したのがWTOである。一九九四年に創設されたWTOには、国際貿易の規則を強制するための紛争処理を行う仕組みがあり、これを管理している。WTOは、恐らく世界最強の非民主的な組織だろう。紛争処理委員団を構成しているのは非選任で、責任を負うことのない貿易弁護士たちである。所在地は、スイスのジュネーブ。シアトルで開かれたWTO会議（一九九九年十一月～十二月）での大規模な抗議行動においては、感銘深い民主主義のデモンストレーションに労働者、農民、学生、環境保護活動家たちが一堂に集まった。二〇〇〇年十二月四日付のオックスフォード・アナリティカ・デイリー・ブリーフの報告は、WTOについて次のように述べている。「シアトルで失敗に終わった閣僚会議は、WTOに永久的なダメージを与えた。過去一年間の大半は、回復期の患者が［苦しみに］耐える過程として特徴づけられ、二〇〇一年もその状態がつづくとみられる。」（七ページ）

原注

解説

1　解放の神学に対する米国政府の支援を受けた戦争については、ＥＰＩＣＡから最近刊行された著者の次の小説を参照してほしい。Jack Nelson-Pallmeyer, *Harvest of Cain* (Washington, D.C.: EPICA, 2001, http://www.epica.org).

2　軍・産・連邦議会複合体とは、過大な防衛費を奨励し、そこから利益を得る複数の集団を指す。軍部はもちろんのこと、武器製造業界（訳注）、不必要な軍事基地や防衛産業の工場を有する選挙区、あるいは州選出の連邦議会議員からなる強大な集団である。

訳注　近年では、従来の軍需産業（ロッキードマーチン、三菱重工など）の他に、民間軍事会社（ＰＭＣ）も重要である。ＰＭＣのブラックウォーターはイラクで不祥事を起こした。日本にはＰＭＣはない。ＤＶＤ映像『イラク戦場からの告発』（西谷文和制作、イラクの子どもを救う会、二〇〇七年）『ジャーハダ　イラク民衆の闘い』（同制作、同会、二〇〇八年）などがわかりやすい。

3　David C. Korten, *When Corporation Rule the World* (West Hartford, CT: Kumarian Press, and San Francisco: Berret-Koehler Publishers, 1995), pp. 261-62.（『グローバル経済という怪物　人間不在の世界から市民社会の復権へ』デビッド・コーテン、西川潤監訳、桜井文訳、シュプリンガー・フェアラーク東京、二〇〇〇年、三三〇頁）

4　"Discoveries Underline Need for Truth Commission," *National Catholic Reporter*, May 19, 2000.

5　*ADELANTE: U.S. Army School of the Americas 1946-2000*, pp. 2-3.『アデランテ』は、ＳＯＡ校長の公式の刊行物である。

第一章　公式の歴史と民衆の物語

1　*The CIA's Nicaraguan Manual: Psychological Operations in Guerilla Warfare* (New York: Random House, 1985), p. 33.

2　"Affidavit of Edgar Chamorro," Case Concerning Military and Paramilitary Activities in and against Nicaragua (Nicaragua *v.* United States of America), International Court of Justice, September 5, 1985, P. 21.

3　William I. Robinson and Kent Norsworthy, *David and Goliath: The U.S. War against Nicaragua* (New York: Monthly Review Press, 1987), pp. 56-57, に強調を加えた。

4　Leslie Cockburn, *Out of Control* (New York: Atlantic Monthly Press, 1987). に引用されている。

5　"Affidavit of Edgar Chamorro," pp. 20-21.

6　Jack Nelson-Pallmeyer, *War aginst the Poor: Low-Intensity Conflict and Christian Faith* (Maryknoll, NY: Orbis Books, 1989) の第三章を参照。

7　Bob Woodward, *Veil: The Secret Wars of the CIA* (New York: Simon & Schuster, 1987), p. 195, p. 173.（『ヴェール：ＣＩＡの極秘戦略一九八一―一九八七』上下、ボブ・ウッドワード、池央耿訳、文藝春秋、一九八八年。

8　Robinson and Norsworthy, *David and Goliath*, p. 26.

9　"Affidavit of Edgar Chamorro," p. 17.

10　"Report on the Guatemala Review," Intelligence Oversight Board, June 28, 1996, p. 84.

11　Lisa Haugaard, "Torture 101," *In These Times*, October 14, 1996, p. 14.

12　Dana Priest, "U.S. Instructed Latins on Executions, Torture," the *Washington Post*, September 21, 1966.

13　"Torture 101," *In These Times*, p. 14.

14　Arthur Jones, "Haiti, Salvador Links Viewed," *National Catholic Reporter*, November 19, 1993.

15　"The Ties That Bind: Columbia and Military-Paramilitary Links," February 2000, Vol. 12, No. 1 (B), ウェブサイト：www.hrw.org/reports/2000/columbia.

16　Greg Gordon, "D.C. Diary," *Minneapolis Star Tribune*, June 1, 2001.

17　Americas Watch testimony, January 31, 1990, に強調を加えた。

18 Celerino Castillo III and Dave Harmon, *Powderburns: Cocaine, Contras and the Drug War* (Buffalo, NY: Oakville and London/ Mosaic Press, 1994), pp. 151-54.

19 "U.S. Army School of the Americas Frequently Asked Questions," に強調を加えた。

20 Adam Isacson and Joy Olson, *Just the Facts 1999 Edition: A Civilian's Guide to U.S. Defense and Security Assistance to Latin America and the Caribbean* (Washington, D.C.: Latin America Working Group, 1999), p. ix.

第二章　銃と強欲とグローバリゼーション　連続性と変化

1 Michael Klare, "Low Intensity Conflict: The War of the 'Haves' against the 'Have-Nots,'" *Christianity and Crisis*, February 1, 1988, P. 12. に引用されている。

2 *Sojourners*, February-March 1990, p. 5 に引用されている。

3 Jack Nelson-Pallmeyer, *War aginst the Poor: Low-Intensity Conflict and Christian Faith* (Maryknoll, NY: Orbis Books, 1989) を参照。

4 *Christianity and Crisis,* February 1, 1988, pp. 12-13 で、マイケル・クレアに引用されている。

5 ＵＮＤＰ（統計数字は国連開発計画）の *Human Development Report* 1998（『人間開発報告書　一九九八』UNDP、広野良吉、恒川恵市監訳、国際協力出版会、古今書院発売、一九九八年）から得た。この報告書は下記に引用されている。Chuck Collins et al., *Shifting Fortunes: The Perils of the Growing American Wealth Gap* (Boston: United For a Fair Economy, 1999), p. 18.

6 Thomas L. Friedman, *The Lexus and the Olive Tree: Understanding Globalization* (New York: Farrar, Straus and Giroux, 1999), p. 12, p. 197.
（『レクサスとオリーブの木』上、トーマス・フリードマン、東江一紀・服部清美訳、草思社二〇〇〇年、三五頁）

7 前掲『レクサスとオリーブの木』下、一一頁、原著に強調あり。

8 前掲『レクサスとオリーブの木』上、三五頁

9 前掲『レクサスとオリーブの木』下、二六四頁

10 前掲『レクサスとオリーブの木』下、二六〇頁

11 Richard Barnet, *Intervention and Revolution* (New York: World Publishing Company, 1969), pp. 229-30 に引

用されている。

12 Adam Isacson and Joy Olson, *Just the Facts 1999 Edition: A Civilian's Guide to U.S. Defense and Security Assistance to Latin America and the Caribbean* (Washington, D.C.: Latin America Working Group, 1999), p. iv.

第三章　SOAに注目

1 *A People's History of the United States* (New York: Harper Lollins, 1999), p. 408（『民衆のアメリカ史』下巻、ハワード・ジン、猿谷要監修、富田虎男ほか訳、明石書店、二〇〇五年、九三頁）

2 "A Half Century of Professionalism: The U.S. Army School of the Americas" by Joseph C. Leuer, in the "Historical Edition" of *ADELANTE: U.S. Army School of the Americas 1946-2000*, p. 6. 同誌には、「内容に関するお問い合わせは、アメリカ米州陸軍学校の広報事務局（Public Affairs Office）まで。《宛先住所》Fort Benning, GA 31905」とある。

3 一九七七年に締結されたパナマ運河条約では、SOAは一九八五年末までにパナマから撤退しなければならないという条件が課された。

4 Vincent Harding, "We Must Keep Going: Martin Luther King Jr. and the Future of America," in Walter Wink, ed., *Peace Is the Way: Writings on Nonviolence from the Fellowship of Reconciliation* (Maryknoll, NY: Orbis Books, 2000), pp. 194-95.

5 前掲 p. 198.

6 前掲

7 前掲 p. 199.

8 前掲 p. 198.

9 前掲 p. 201.

10 Archbishop Oscar Romero, *Voice of the Voiceless* に掲載された、オスカル・ロメロ大司教からジミー・カーター米国大統領宛の手紙。"His Excellency, The President of the United States, Mr. Jimmy Carter" on February 17, 1980. (Maryknoll, NY: Orbis Books, 1985), pp. 188-90.

11 An article by Michael Klare, "Low Intensity Conflict: The War of the 'Haves' against the 'Have Nots,'" *Christi-*

anity and Crisis, February 1, 1988, pp. 12-13 に引用されている。

12 Martin Lange and Reinhold Iblacker, eds., *Witnesses of Hope: The Persecution of Christians in Latin America* (Maryknoll, NY: Orbis Books, 1981), pp. 79-80.

13 Michael K. Frisby, "U.S. Aid: Rebels Gained in Priests Killing," *Boston Globe*, December 20, 1989, p. 17.

14 *United Nations Truth Commission Report*, March 15, 1993.

15 ＳＯＡウォッチおよびＳＯＡ／ＷＨＩＮＳＥＣを閉鎖する運動に関する詳しい情報の問い合わせ先はこちら：SOA Watch, PO Box 4566, Washington, DC 20017 ： 202-234-3440, or www.soaw.org.

16 Col. Glenn R. Weidner, "A Word from the Commandant," in the "Historical Edition" of *ADELANTE: U.S. Army School of the Americas 1946-2000*, p. 2.

17 本書では、一九四六年から最近の名称変更にいたるまで、様々な形態をとってきた「学校」を、アメリカ陸軍米州学校、あるいはＳＯＡと呼んでいる。ＳＯＡが二〇〇〇年十二月に〝閉鎖〟され、二〇〇一年一月に西半球安全保障協力研究所（ＷＨＩＮＳＥＣ）として再び開校されたことを示すために、名称変更後はＳＯＡ／ＷＨＩＮＳＥＣと表記している。

18 Weidner, in the "Historical Edition" of *ADELANTE*. p. 6

19 前掲 "Historical Edition" of *ADELANTE* に強調を加えた。

第四章　証拠と戦術

1 *United Nations Truth Commission Report*, March 15, 1993.

2 "U.S., Latin America Sign Secret Defense Plan," *National Catholic Reporter*, December 16, 1988.

3 *Total War against the Poor* (New York: Circus Publications, 1990), p. 133 に引用されている。

4 Jon Sobrino, Ignacio Ellacuría and Others, *Companions of Jesus: The Jesuit Martyrs of El Salvador* (Maryknoll, NY: Orbis Books, 1990), p. xviii（『エルサルバドルの殉教者　ラテン・アメリカ変革の解放の神学』ジョン・ソブリノ［ヨン・ソブリノ］、山田経三監訳、柘植書房、一九九二年。

5 The Committee of Santa Fe, "A New Inter-American Policy for the Eighties" (Washington, D.C.: Council for Inter-American Security, 1980).

6 *Guatemala: Never Again! Recovery of Historical Memory Project, The Official Report of the Human Rights Office, Archdiocese of Guatemala* (Maryknoll, NY: Orbis Books, 1999), pp. xxviii-xxix に引用されている。

7 前掲 *Guatemala: Never Again!* pp. 152 and xvi.

8 低強度戦争〔低強度紛争〕・戦略の枠組みにおける米国の心理戦争・戦術の一環としてのテロ操作について詳しく書いた、私の著書を参照してほしい。Jack Nelson-Pallmeyer, *War against the Poor: Low-Intensity Conflict and Christian Faith* (Maryknoll, NY: Orbis Books, 1989). また、一世紀のパレスチナにおいてローマが仕掛けた心理テロの状況の中で起きたキリストの十字架刑について書いた私の下記の著書を参照。Jack Nelson-Pallmeyer, *Jesus against Christianity: Reclaiming the Missing Jesus* (Harrisburg, PA: Trinity Press International, 2001).

9 "Lessons in Terror," *Boston Globe*, October 1, 1996.

10 *Guatemala: Never Again!* pp. 118-19.

11 前掲 *Guatemala: Never Again!* p. 120.

12 前掲 *Guatemala: Never Again!* pp. 123-124.

13 前掲 *Guatemala: Never Again!* p. 36, 原著に強調あり。

14 前掲 *Guatemala: Never Again!* p. 105.

15 前掲 *Guatemala: Never Again!* p. 155.

16 前掲 *Guatemala: Never Again!*

17 前掲 *Guatemala: Never Again!*

18 前掲 *Guatemala: Never Again!*

19 "Our Man in Guatemala," *Washington Post*, March 26, 1995.

20 前掲 "Our Man in Guatemala."

21 Tim Weiner, "A Guatemalan Officer and the CIA," *New York Times*, March 26, 1995.

22 "The Vigil Begins," excerpted from *Sojourners*, July-August, 1996, p. 18.

23 前掲 "The Vigil Begins," excerpted from *Sojourners*, July-August, 1996, pp. 18-19.

24 グラマホ将軍は、グアテマラ軍を戦後の役割に移行させる試みにおける軍部の代表者として、報告書：*Guatemala: Never Again!* の中で、中心的に取り上げられている。一九八〇年代後半、米国の指導のもとに彼が直面した難問は、グアテマラ軍を無差別テロの手段としての歴史的な役割から退けて、米国の低強度戦争・戦略の枠組みの中で、計画的な暴力へと移行させることだった（同報告書の二五二ページを参照）。シスター・ダイアナ・オルティスが強姦と拷問を受けた当時、グラマホは、軍部の司令官という任務にありながら米国の指導者たちから好意的に扱われたことは、宗教家の迫害における米国の共犯を示す、もうひとつの例である。

25 Daniel Maloney, “SOA Recognizes 1991 Staff College Graduates,” *The Bayonet*, January 3, 1992.

26 *Guatemala: Never Again!* pp. xxiii-xxiv.

27 前掲 *Guatemala: Never Again!* pp. xxiv-xxv, 原著に強調あり。

第五章　さらなる証拠と重要な疑問点

1 一九九五年六月十一日から十八日にかけて『ボルチモア・サン』に掲載された連載記事、「Unearthed: Fatal Secrets」の再版。“Unearthed: Fatal Secrets,” Gary Chon and Ginger Thompson, *Baltimore Sun*, June 11-18, 1995.

2 ロバート・リクター制作のドキュメンタリー映画、“*Inside the School of Assassins*”。上映時間六十分のこのドキュメンタリーは、ＳＯＡウォッチから購入可能。*Inside the School of Assassins.* Robert Richter, Richter Productions.

3 前掲 *Inside the School of Assassins.*

4 *Baltimore Sun*, June 11-18, 1995.

5 前掲 *Baltimore Sun*, June 11-18, 1995.

6 二〇〇一年四月十九日付『ロサンゼルス・タイムス』に掲載されたジョセフ・E・マリガンの注釈を参照。“What Did Negroponte Hide and When Did He Hide It,” by Joseph E. Mulligan, *Los Angeles Times*, April 19, 2001.

7 前掲 “What Did Negroponte Hide and When Did He Hide It,” *Los Angeles Times*, April 19, 2001.

8 Christopher Hitchens, “The Case against Henry Kissinger, Part One: The Making of a War Criminal,” *Harper's Magazine*, February 2001, p. 53. 同じ著者の関連書籍の邦訳『アメリカの陰謀とヘンリー・キッシンジャー』クリストファー・ヒッチンス、井上泰浩訳、集英社、二〇〇二年

9 前掲 “The Case against Henry Kissinger, Part One: The Making of a War Criminal,” pp. 53-54.

10 前掲 “The Case against Henry Kissinger, Part One: The Making of a War Criminal,” pp. 55.

11 Christopher Hitchens, "The Case against Henry Kissinger, Part Two: Crimes against Humanity," *Harper's Magazine*, March 2001, p. 50, emphasis added.

12 前掲 "The Case against Henry Kissinger, Part Two: Crimes against Humanity," p. 52.

13 "The Case against Henry Kissinger," Part One, p. 36.

14 Javier Giraldo, S.J., *Colombia: The Genocidal Democracy* (Monroe, ME: Common Courage Press, 1996), pp. 19-20.

15 前掲 *The Genocidal Democracy*, pp. 7-8.

16 前掲 *The Genocidal Democracy*, p. 46.

17 前掲 *The Genocidal Democracy*, p. 60.

18 "Plan Colombia: Wrong Issue, Wrong Enemy, Wrong Country," by Marc Cooper, *The Nation*, March 19, 2001, p. 16. に引用されている。

19 "The Ties That Bind: Colombia and Military-Paramilitary Links,"Human Rights Watch, February2000, vol.12, No.1(B). at www.hrw:org/reports/2000/Colombia.

20 ＳＯＡウォッチが提供している以下の情報は、多岐にわたる人権報告書にもとづいている。

21 ＳＯＡウォッチが提供している情報に引用されている。

22 二〇〇一年一月五日から十七日にかけて、「平和のための証人」の代表団の一員としてコロンビアを訪れた、ゲイル・ファースがＥメールで送った報告。

23 www.ciponline.org

24 二〇〇一年一月、「平和のための証人」の代表団による取り組みの一環として、ローズ・バーガーが、コロンビアのボゴタで行ったインタヴューの大まかな筆記から。

25 Winifred Tate, "Repeating Past Mistakes: Aiding Counter-insurgency in Colombia," *NACLA Report on the Americas*, September-October, 2000, p. 17.

26 "Adjusting Drug Policy," *New York Times*, February 27, 2001.

27 "Repeating Past Mistakes," p. 18.

28 "Plan Colombia: Wrong Issue, Wrong Enemy, Wrong Country," *The Nation*, March 19, 2001, p.11.

29. 前掲 "Plan Colombia: Wrong Issue, Wrong Enemy, Wrong Country," p. 17.

30 *Congressional Record*, May 20, 1994, p. H3771.
31 前掲 *Congressional Record*.

第六章　地政学とSOA／WHINSEC　外交政策の第一段階

1 一九四六年十一月十二日に行われたThe National Foreign Trade Conventionでの演説。
2 Michael T. Klare and Peter Kornbluth, eds., *Low Intensity Warfare: Counterinsurgency, Proinsurgency, and Antiterrorism in the Eighties* (New York: Pantheon Books, 1988), p. 48.
3 Hubert Humphrey, 84th Congress, First Session, Senate Committee on Agriculture and Forestry, *Hearings: Policies and Operations of Public Law 480*, 1957, p. 129.
4 Directorate of Intelligence Office of Political Research, *Potential Implications of Trends in World Population, Food Production, and Climate* (Washington, D.C.: Library of Congress, 1974), p. 15, p. 39.
5 Agribusiness Manual (New York: The Interfaith Center on Corporate Responsibility, 1978), Section II, p. 13.
6 二〇〇一年一月、「平和のための証人」の代表団による取り組みの一環として、ローズ・バーガーが、コロンビアのボゴタで行ったインタヴューの大まかな筆記から。
7 “School of the Americas and U.S. Foreign Policy Attainment in Latin America,” an “information paper” by Joseph C. Leuer, January 1996, p. 7. に強調を加えた。
8 前掲 School of the Americas and U.S. Foreign Policy Attainment in Latin America,” an “information paper,” p. 1.
9 前掲 School of the Americas and U.S. Foreign Policy Attainment in Latin America,” an “information paper.”
10 前掲 School of the Americas and U.S. Foreign Policy Attainment in Latin America,” an “information paper,” p. 2, に強調を加えた。
11 前掲 School of the Americas and U.S. Foreign Policy Attainment in Latin America,” an “information paper.” pp.2-3
12 *Atlanta Constitution*, June 3, 1995.

13 *The Secret Government: The Constitution in Crisis* と題する、ビル・モイヤース出演の特別テレビ番組、Public Affairs Television の筆記から引用した。*The Secret Government: The Constitution in Crisis*. Alvin H. Perlmutter, Inc., and Public Affairs Television, Inc. in association with WNET and WETA. Copyright 1987 by Alvin H. Perlmutter, Inc., Public Affairs Television, Inc. 筆記：ニューヨークのジャーナル・グラフィックスによる作成。

14 Thomas McCann, *An American Company: The Tragedy of United Fruit* (New York: Crown Publishers, 1976), pp. 39-40.

15 Peter Dale Scott, Jonathan Marshal, and Jane Hunter, *The Iran Contra Connection: Secret Teams and Covert Operations in the Reagan Era* (Boston: South End Press, 1987, p. 31, に強調を加えた。

16 José Comblin, *The Church and the National Security State* (Maryknoll, NY: Orbis Books, 1979), p. 65.

17 Penny Lernoux, *Cry of the People* (New York: Penguin Books, 1980), pp. 142-43.

18 *Sojourners Magazine*, February-March, 1990 に引用されている。

19 Suzanne Gowan et al., *Moving toward a New Society* (Philadelphia: New Society Press, 1976), pp. 86-87 に引用されている。

第七章　地政学とＳＯＡ／ＷＨＩＮＳＥＣ　　外交政策の第二段階から第四段階

1 Jack Nelso-Pallmeyer, *War against the Poor* を参照。

2 *San Antonio Express-News*, April 14, 1995.

3 *Des Moines Register*, May 16, 1995.

4 *Atlanta Constitution*, June 3, 1995.

5 *Cleveland Plain Dealer*, July 20, 1995.

6 *New York Times*, March 24, 1995.

7 Ecumenical Coalition for Economic Justice, *Recolonization or Liberation: The Bonds of Structural Adjustment and Struggles for Emancipation* (Toronto: Ecumenical Coalition for Economic Justice, 1990), p. 6.

8 前掲 p. 7, p. 8, p. 24.

9 Michael Harrington, *Socialism Past and Future* (New York: Arcade Publishing, 1989), p. 165.

マイケル・ハリントン（一九二八～一九八九）の邦訳は四点あり（国会図書館）http://opac.ndl.go.jp/

10 *The State of the World's Children 1989* (New York: Oxford University Press, 1989). *The State of the World's Children 1990* (New York: Oxford University Press, 1990).（『世界子供白書 一九八九』ユニセフ、ユニセフ駐日代表事務所訳、ユニセフ駐日代表事務所・財団法人日本ユニセフ協会、一九八九年）（『世界子供白書 一九九〇』ユニセフ、ユニセフ駐日代表事務所訳、ユニセフ駐日代表事務所・財団法人日本ユニセフ協会、一九九〇年）。

11 *Recolonization or Liberation*, p. 30.

12 Walden Bellow, *Brave New Third World? Strategies for Survival in the Global Economy* (San Francisco: The Institute for Food and Development Policy, 1989), pp. 60-61 に引用されている。

13 Thomas L. Friedman, *The Lexus and the Olive Tree: Understanding Globalization* (New York: Farrar, Straus and Giroux, 1999), p. 8.（『レクサスとオリーブの木』上、トーマス・フリードマン、東江一紀・服部清美訳、草思社、二〇〇〇年、三〇頁）

14 前掲『レクサスとオリーブの木』上、三四頁

15 前掲『レクサスとオリーブの木』上、一四三頁

16 前掲『レクサスとオリーブの木』上、一四三～一四四頁

17 二〇〇〇年の夏にミネソタ州、ノースフィールドで行われたジョン・カブ（本名：John B. Cobb, Jr.）による講演。題目は、"The Theological Stake in Globalization."

18 前掲『レクサスとオリーブの木』上、一八五頁

19 前掲『レクサスとオリーブの木』上、二二〇頁

20 前掲『レクサスとオリーブの木』上、一四二頁

21 前掲『レクサスとオリーブの木』下、二二四頁

22 前掲『レクサスとオリーブの木』下、二六一～二六二頁

23 前掲『レクサスとオリーブの木』上、四三頁に強調を加えた。

24 前掲『レクサスとオリーブの木』下、三九頁

25 Col. Patricio Haro Ayerve, "Greetings from the Subcommandant," quoted in *ADELANTE: U.S. Army School of the Americas 1946-2000*, p. 4.

26 前掲『レクサスとオリーブの木』下、二六頁

27 Larry Rohter, "Latin America's Armies Are Down but Not Out," *New York Times*, June 20, 1999.
28 前掲『レクサスとオリーブの木』上、五八、五九、六一頁
29 前掲『レクサスとオリーブの木』下、二五九〜二六〇頁
30 *Marine Corps Gazette*, May 1990, p. 16.
31 Michael Klare, "Facing South: The Pentagon and the Third World in the 1990s," a talk given at the University of Minnesota, October 5, 1990 に引用されている。
32 James Petras, "The Meaning of the New World Order: A Critique," *America*, May 11, 1991, p. 512.
33 Andrew and Leslie Cockburn, *Dangerous Liaison: The Inside Story of the U.S.-Israeli Covert Relationship* (New York: HarperCollins, 1991), p. 354-55.
34 前掲 *Dangerous Liaison: The Inside Story of the U.S.-Israeli Covert Relationship*, p. 355.
35 Coletta Youngers, "Cocaine Madness: Counternarcotics and Militarization in the Andes," *NACLA Report on the Americas*, November-December 2000, p. 18.
36 *New York Times*, June 20, 1999.
37 Cedric Muhammad, "A Deeper Look: Concerned about Cheney," http://blackelectorate.com/archives/072500.asp. http://www.blackelectorate.com/index.asp から上記の文書は削除されている。
38 William Hartung, "Rumsfeld Reconsidered: An Ideologue in Moderate's Clothing," World Policy Institute. ウィリアム・ハートゥングに関する情報などは：http://www.worldpolicy.org/projects/arms/biowh.htm を参照。
39 William D. Hartung, "Winning One for the Gipper: Donald Rumsfeld and the Return to the Star Wars Lobby," www.fpif.org/commentary/0101starwars_body.html.
40 William D. Hartung, "Bush's Nuclear Revival," *The Nation*, March 12, 2001, pp. 4-5. 同じ著者の関連書籍の邦訳『ブッシュの戦争株式会社：テロとの戦いでぼろ儲けする悪い奴ら』ウィリアム・D・ハートゥング、杉浦茂樹、池村千秋、小林由香理訳、阪急コミュニケーションズ、二〇〇四年

第八章　経済のグローバル化と強欲

1 Eric Black, *Rethinking the Cold War* (Minneapolis: Paradigm Press, 1988), pp. 9-11.

2 Thomas L. Friedman, *The Lexus and the Olive Tree: Understanding Globalization* (New York: Farrar, Straus and Giroux, 1999), p. 6, p. 8, p. 93.（『レクサスとオリーブの木』上、トーマス・フリードマン、東江一紀・服部清美訳、草思社二〇〇〇年、二七、二九、一五〇頁）

3 前掲『レクサスとオリーブの木』上、九九頁

4 前掲『レクサスとオリーブの木』上、八七―八八頁

5 二〇〇〇年の夏にミネソタ州、ノースフィールドで行われたジョン・カブ（本名：John B. Cobb, Jr.）による講演。題目は、"The Theological Stake in Globalization."

6 前掲 *Rethinking the Cold War*, p. 9.

7 前掲『レクサスとオリーブの木』下、二六一頁

8 前掲『レクサスとオリーブの木』下、二六三頁

9 前掲『レクサスとオリーブの木』下、一五九～一六〇頁

10 前掲『レクサスとオリーブの木』上、一四三頁

11 前掲『レクサスとオリーブの木』上、二四八頁

12 前掲『レクサスとオリーブの木』上、二四六頁

13 Xabier Gorostiaga, "World Has Become a 'Champagne Glass,'" *National Catholic Reporter*, January 27, 1995.

14 Chuck Collins and Felice Yeskel, *Economic Apartheid in America* (New York: New Press, 2000), p. 61.

15 Paul Street, "Free to Be Poor," *Z Magazine*, June 2001, p. 25 に引用されている。

16 Chuck Collins et al., *Shifting Fortunes: The Perils of the Growing American Wealth Gap* (Boston: United for a Fair Economy, 1999), p. 18.

17 前掲 *Shifting Fortunes: The Perils of the Growing American Wealth Gap*, p. 5, p. 16, p. 18.

18 前掲 *Economic Apartheid in America*, p. 39 に強調を加えた。

19 前掲 *Economic Apartheid in America*, p. 58.

20 前掲 *Economic Apartheid in America*, p. 24.

21 前掲 *Economic Apartheid in America*, p. 46.

22 前掲 *Economic Apartheid in America*.

23 前掲 *Economic Apartheid in America*, p. 6.

24 前掲『レクサスとオリーブの木』下、八九頁
25 前掲『レクサスとオリーブの木』下、八九～九〇頁
26 前掲『レクサスとオリーブの木』下、九一～九二頁
27 前掲『レクサスとオリーブの木』下
28 前掲『レクサスとオリーブの木』下、四一頁
29 *New York Times*, April 24, 2001.
30 "FTAA for Beginners," United for a Fair Economy, January 2001.
31 Witness for Peace, "A Hemisphere for Sale: The Epidemic of Unfair Trade in the Americas," 2001, p. 1, www.witnessforpeace.org. 引用された項は、Fundo de Apoyo Mutuo, Mexico, 2000 と Grupo Parlamentario, PPD, 2000 からの統計を含む。
32 前掲『レクサスとオリーブの木』上、一二三頁、一二四頁
33 前掲"A Hemisphere for Sale," p. 1.
34 前掲"Free to Be Poor," *Z Magazine*, June 2001, pp. 25-26.
35 前掲 *Economic Apartheid in America*, p. 25.
36 Paul Hawken, *The Ecology of Commerce* (New York: Harper Business, 1993), p. 6.（『サステナビリティ革命　ビジネスが環境を救う』ポール・ホーケン、鶴田栄作訳、ジャパンタイムズ、一九九五年、二五、二七、二九頁）。
37 前掲『グローバル経済という怪物』六八頁
38 政策研究所（Institute for Policy Studies）のホームページ http://www.ips-dc.org/ を参照。
39 前掲『グローバル経済という怪物』三三〇頁
40 Sandra Postel and Christopher Flavin in *State of the World 1991* (New York: W. W. Norton, 1991), p. 174.（『地球白書 一九九〇―一九九一』レスター・ブラウン編、松下和夫監訳、北濃秋子訳、ダイヤモンド社、一九九〇年、二八一頁）
41 Ed Ayres 編："Note from a Worldwatcher," *World Watch*, March-April, 2001, p. 3 に引用されている。
42 Alan Durning, *State of the World 1990* (New York: W. W. Norton, 1990), p. 135-36.（前掲、『地球白書 一九九〇―一九九一』松下監訳、北濃秋子訳、二三〇～二三二頁）
43 *State of the World 1994*, p. 19.（『地球白書 一九九四―一九九五』レスター・ブラウン編、澤村宏監訳、ダイヤモ

ンド社、一九九四年、三三二頁)

44 人口の急激な増加に拍車をかけている三つの要因は、⑴多くの女性が文盲で貧しく、効果的な避妊具がほとんど手に入らない状況にある。⑵子どもの数の多さが身分の高さを表したり、神の恩恵としたりすることに関連した文化的な要因。⑶世界人口は若年層が多数を占める。つまり、出産可能な年頃の女性の数が多い。これは、すべての女性が子どもを二人だけ生んだとしても、短・中期的に世界人口が爆発的に増加することを意味する。ジョージ・W・ブッシュは、大統領に就任したその日に、国際的な産児制限への米国の支援を削減した。

45 前掲『地球白書 一九九〇—一九九一』二八五頁

46 "Intergovernmental Panel on Climate Change: Working Group II, Climate Change Impacts, Adaptation and Vulnerability," Shanghai Draft, January 21, 2001. IPCCのウェブサイト http://www.ipcc.ch/ を参照。

47 Alan Durning, *How Much Is Enough* (New York: W. W. Norton, 1992), p. 22.（『どれだけ消費すれば満足なのか 消費社会と地球の未来』アラン・ダーニング、山藤泰訳、ダイヤモンド社、一九九六年、六頁)

48 前掲『レクサスとオリーブの木』下、七一頁

49 前掲『レクサスとオリーブの木』上、三〇頁

50 前掲『レクサスとオリーブの木』下、五〇頁

51 前掲『どれだけ消費すれば満足なのか』三三頁

52 前掲『グローバル経済という怪物』二五頁

53 前掲『レクサスとオリーブの木』上、三二—三三頁

54 前掲『地球白書 一九九〇—一九九一』二四頁

55 前掲『レクサスとオリーブの木』上、三八頁、原著に強調あり。

第九章 薔薇を別の名前にしてみても

1 SOA/WHINSECを閉鎖する運動に関する情報の問い合わせ先：SOA Watch, PO Box 4566, Washington, DC 20017, 202-234-3440, www.soaw.org

2 *ADELANTE* の "Historical Edition": *U.S. Army School of the Americas 1946-2000*, p. 30 に掲載された、ジョセフ・C・ルーアーによる文書："A Half Century of Professionalism: The U.S. Army School of the Americas."

3 「今でも暗殺者学校」は、ＳＯＡウォッチ制作のフライヤー［チラシ］に引用されたフレーズ。
4 前掲ＳＯＡウォッチ制作のフライヤー
5 前掲ＳＯＡウォッチ制作のフライヤー
6 法案の番号は変わるため、関心のある読者には、前記のＳＯＡウォッチの問い合わせ先へ連絡を。
7 "SOA Quick Fix Won't Cleanse U.S. Policy," *National Catholic Reporter*, June 2, 2000.
8 Col. Glenn R. Weidner, "A Word from the Commandant," *ADELANTE*, p. 2 に強調を加えた。
9 ダスティー・ディックスによるリチャード・Ｄ・ダウニー大佐へのインタヴュー。"New Name…New Game," *Columbus Ledger-Enquirer*, April 29, 2001.
10 "School Has Only Changed Names," by Joseph A. Blair, *Columbus Ledger-Enquirer*, January 24, 2001.
11 "Ft. Benning's New 'Potemkin Village' Masks Its Shame," by Ed Kinane, *Post-Standard*, February 7, 2001 に強調を加えた。
12 前掲 "A Half Century of Professionalism," pp. 25-26.
13 Thomas L. Friedman, *The Lexus and the Olive Tree: Understanding Globalization* (New York: Farrar, Straus and Giroux, 1999), p. 35.（『レクサスとオリーブの木』上、トーマス・フリードマン、東江一紀・服部清美訳、草思社二〇〇〇年、七〇頁）
14 前掲『レクサスとオリーブの木』下、一二〇頁
15 前掲『レクサスとオリーブの木』下、二六四頁、二五九〜二六〇頁
16 前掲『レクサスとオリーブの木』下、二四二頁
17 前掲『レクサスとオリーブの木』下、二〇二頁
18 前掲『レクサスとオリーブの木』下、一八三頁
19 Ayerve, "Greetings from the Subcommandant" in *ADELANTE*, p. 4.
20 前掲 "Greetings from the Subcommandant" in *ADELANTE*.
21 Editorial by Frank del Olmo, *Los Angeles Times*. 一九九五年四月三日付『ロサンゼルス・タイムス』の社説。
22 一九九六年一月発行のジョセフ・Ｃ・ルーアーによる情報紙 "School of the Americas and U.S. Foreign Policy Attainment in Latin America," pp. 1, 8-11.
23 前掲 "School of the Americas and U.S. Foreign Policy Attainment in Latin America," pp. 11-14.

24 この記事は、『アデランテ』に引用されたパナマの新聞、the *Star and Herald*, pp. 10-11 から。
25 SOAウォッチが制作した"Course Offerings at the Western Hemisphere Institute for Security Cooperation."
26 前掲"Course Offerings at the Western Hemisphere Institute for Security Cooperation."
27 前掲"Course Offerings at the Western Hemisphere Institute for Security Cooperation."
28 前掲"Course Offerings at the Western Hemisphere Institute for Security Cooperation."
29 前掲"School Has Only Changed Names."
30 前掲『レクサスとオリーブの木』下、三八頁
31 http://nytimes.com/ に掲載された二〇〇一年五月四日付の記事。Barbara Crossette, "U.S. Voted Off Rights Panel of the U.N. for the First Time."
32 前掲"U.S. Voted Off Rights Panel of the U.N. for the First Time."
33 Associated Press, "U.S. No Longer Leader on Human Rights, Says Amnesty International," *Minneapolis Star Tribune*, May 31, 2001.
34 *Minneapolis Star Tribune*, November 24, 2000.

監訳者あとがき

本書の意義と最近の情勢を含めた補足説明については、原著者の日本語版への序文および訳者解説に詳しいので、特につけ加えることはない。これまでＳＯＡ（School of the Americas）および「改称」後のＷＨＩＮＳＥＣ（Western Hemisphere Institute for Security Cooperation）について日本語で読めるまとまった文献はなかったので、本書が広く読まれることを期待したい。

著者ジャック・ネルソン‐ポールミヤーはウィキペディア英語版に「Jack Nelson-Pallmeyer」という項目があるほどの有名人であるが、著書は次の通りである。

Hunger for Justice: the Politics of Food and Faith. Maryknoll: Orbis Books, 1980.
The Politics of Compassion. Maryknoll: Orbis Books, 1986.
War Against the Poor: Low-Intensity Conflict and Christian Faith. Maryknoll: Orbis Books,1989.
Brave New World Order: Must We Pledge Allegiance? Maryknoll: Orbis Books 1992.（この書名は英国の作家オルダス・ハックスレーのアンチユートピアＳＦ『すばらしい新世界』一九三二年、をもじったものである）
School of the Assassins. Maryknoll: Orbis Books, 1997.（本書の原著初版）
Families Valued: Parenting and Politics for the Good of All Children. New York: Friendship Press, 1996.
Harvest of Cain. District of Columbia: EPICA, 2001
Jesus Against Christianity: Reclaiming the Missing Jesus. Harrisburg: Trinity Press International, 2001.
School of the Assassins: Guns, Greed and Globalization (2nd Edition). Maryknoll: Orbis Books, 2001.（本書）

Is Religion Killing Us? Violence in the Bible and the Quran. Harrisburg: Trinity Press International, 2003.
Worship in the Spirit of Jesus: Theology, Liturgy and Songs without Violence. (2005) with Bret Hesla. Cleveland: Pilgrim Press/United Church Press, 2005.
Saving Christianity from Empire. New York: Continuum International, 2005.（ブッシュ政権批判）
（http://en.wikipedia.org/wiki/Jack_Nelson-Pallmeyer）

本書を理解するうえで参考になる日本語文献、ウェブサイト、映像を紹介しておきたい。米国の戦略、米国の国家犯罪、解放の神学などを中心にあげておく。

【参考文献（タイトル50音順）】

『アシジの貧者・解放の神学』レオナルド・ボフ、石井健吾訳（エンデルレ書店、一九八五年）
『アメリカが本当に望んでいること』ノーム・チョムスキー、益岡賢訳（現代企画室、一九九四年）
『アメリカ新大陸の略奪と近代資本主義の誕生—イラク戦争批判序説』土井淑平（編集工房 朔、二〇一〇年）
『アメリカの陰謀とヘンリー・キッシンジャー』クリストファー・ヒッチンス、井上泰浩訳（集英社、二〇〇二年）
『アメリカの国家犯罪全書』ウィリアム・ブルム、益岡賢訳（作品社、二〇〇三年）一二九頁から一三四頁でSOAについて解説し、ロメロ大司教暗殺事件、エル・モソテ村虐殺事件などについても言及している。
『エコノミック・ヒットマン　途上国を食い物にするアメリカ』ジョン・パーキンス、古草秀子（東洋経済新報社、二〇〇七年）
『アメリカン・ドリームという悪夢』藤永茂（三交社、二〇一〇年）
『エルサルバドルの殉教者　ラテン・アメリカ変革の解放の神学』ジョン・ソブリノ、山田経三監訳（柘植書房、一九九二年）
『オスカル・ロメロ　エルサルバドルの殉教者』マリー・デニス、レニー・ゴールデン、スコット・ライト、多ヶ谷有子訳（聖公会出版、二〇〇五年）
『解放の神学』グスタボ・グティエレス、関望・山田経三訳（岩波書店、新装版、二〇〇〇年）
『解放の神学が問いかけるもの』ルーベン・アビト、山田経三（女子パウロ会、一九八五年）

『解放の神学と日本』ルーベン・アビト、山田経三（明石書店、一九八五年）
『解放の神学とラテン・アメリカ』フィリップ・ベリマン、後藤政子訳（同文館出版、一九八九年）
『顔のない国際機関　ＩＭＦ・世界銀行』北沢洋子・村井吉敬（学陽書房、一九九五年）構造調整プログラムの弊害についての平易な解説あり。
『環境正義と平和「アメリカ問題」を考える』戸田清（法律文化社、二〇〇九年）
『軍産複合体のアメリカ』宮田律（青灯社、二〇〇六年）
『ゲバラの夢　熱き中南米』伊藤千尋（シネフロント社、二〇〇九年）
『現代世界における解放の神学』山田経三編（明石書店、一九八五年）
『債務危機の真実』スーザン・ジョージ、向寿一訳（朝日新聞社、一九八九年）
『債務ブーメラン』スーザン・ジョージ、佐々木建・毛利良一訳（朝日新聞社、一九九五年）
『ＣＩＡ暗殺計画』米上院特別委員会報告、毎日新聞外信部訳（毎日新聞社、一九七六年）
『ＣＩＡ秘録』上下、ティム・ワイナー、藤田博司ほか訳（文藝春秋、二〇〇八年）日本については、自民党への秘密献金、岸信介との関係などを記述。
『社会変革をめざす解放の神学　被抑圧者との連帯』マシュー・ラム、山田経三訳（明石書店、一九八七年）
『収奪された大地　ラテンアメリカ五百年』エドゥアルド・ガレアーノ、大久保光夫訳（藤原書店、新装版、一九九七年）中南米史の古典。著者はウルグアイのジャーナリスト。
『人道に対する罪』前田朗（青木書店、二〇〇九年）
『世界資源戦争』マイケル・クレア、斉藤裕一訳（廣済堂出版、二〇〇二年）
『世界の貧困をなくすための50の質問　途上国債務と私たち』ダミアン・ミレー、エリック・トゥーサン、大倉純子訳（柘植書房新社、二〇〇六年）
『世界貿易機関（ＷＴＯ）を斬る　誰のための「自由貿易」か』鷲見一夫（明窓出版、一九九六年）
『それでも私は腐敗と闘う』イングリッド・ベタンクール、永田千奈訳（草思社、二〇〇二年）コロンビア政府と麻薬組織の癒着を追及した上流階級出身の女性国会議員の自伝。ただし米国への評価は甘く、プラン・コロンビアやＳＯＡへの言及もない。
『誰のためのＷＴＯか?』パブリック・シティズン、ロリー・Ｍ・ワラチ、ミッシェル・スフォーザ、ラルフ・ネーダー監修、海外市民活動情報センター監訳（緑風出版、二〇〇一年）

『血と油　アメリカの石油獲得戦争』マイケル・クレア、柴田裕之訳（ＮＨＫ出版、二〇〇四年）
『テロ帝国アメリカは21世紀に耐えられない』桜井春彦（三一書房、二〇〇五年）
『どれだけ消費すれば満足なのか』アラン・ダーニング、山藤泰訳（ダイヤモンド社、一九九六年）
『日本にとって解放の神学とは』相馬信夫ほか（中央出版社、一九八六年）
『入門解放の神学』レオナルド・ボフ、クロドビス・ボフ、大倉一郎、高橋弘訳（新教出版社、一九九九年）
『反米大陸』伊藤千尋（集英社新書、二〇〇七年）
『一人の声が世界を変えた!』伊藤千尋（新日本出版社、二〇一〇年）
『貧困の世界化　ＩＭＦと世界銀行による構造調整の衝撃』ミシェル・チョスドフスキー、郭洋春訳（柘植書房新社、一九九九年）
『フィリピンの民衆と解放の神学』ルーベン・アビト、山田経三編（明石書店、一九八六年）
『燃える中南米』伊藤千尋（岩波新書、一九八八年）
『冷戦後の米軍事戦略　新たな敵を求めて』マイケル・クレア、南雲和夫・中村雄二訳（かや書房、一九九八年）
『浪費するアメリカ人』ジュリエット・ショア、森岡孝二監訳（岩波書店、二〇〇〇年）

【参考ウェブサイト】

解放の神学講座講義録　相馬信夫司教　一九九六年　http://www.wa.commufa.jp/~momochan/kaiho/soma.html
債務と貧困を考えるジュビリー九州　http://jubileekyushu.org/　国内外の関連団体へのリンクあり
益岡賢のページ　http://www.jca.apc.org/~kmasuoka/
「ラテンアメリカ・キリスト教」ネット　http://www.latinamerica-ch.net/
Human Rights Watch' Americas　http://www.hrw.org/en/americas
School of the Americas Watch（SOA Watch）　http://www.soaw.org/
Support Roy Bourgeois　http://www.opticalrealities.org/SupportRoyBourgeois.html
Z Net　http://www.zmag.org/znet
なおＷＨＩＮＳＥＣ自体の公式ウェブサイトは左記のはずであるが、「アクセス困難」となっている。
Western Hemisphere Institute for Security Cooperation　https://www.benning.army.mil/whinsec/index.asp
ウィキペディアの英語版は左記であり、とりあえず参考にはなる。

Western Hemisphere Institute for Security Cooperation（Wikipedia,） http://en.wikipedia.org/wiki/Western_Hemisphere_Institute_for_Security_Cooperation

次のウェブサイトも、最終更新が二〇〇六年ではあるが、参考になる。

Just the facts : A civilian's guide to U.S. defense and security assistance to Latin America and Caribbean http://www.ciponline.org/facts/soa.htm

【参考映像】

『テロリストは誰？　第三世界との戦争　僕がアメリカの外交政策について学んだこと』（フランク・ドリル監督、きくちゆみ日本語字幕、グローバルピースキャンペーン、二〇〇四年）この作品に収録されたＳＯＡについての映像には、ルイ・ブルジョワ神父も出てくる。またＣＩＡ高官ジョン・ストックウェルの証言映像も収録。

ハーモニクスライフセンター　http://www.harmonicslife.net/

グローバルピースキャンペーンストア　http://store.globalpeace.jp/

ところで、校正中に、本書でも引用されている米国の良心、ハワード・ジン博士の訃報を聞いた。ご冥福を祈りたい。また、このたびオバマ政権のＮＰＲ（核戦略見直し）の内容が明らかになった。「米の核は非保有国を攻撃しない。ただし北朝鮮、イランは例外」ということで、米国政府が核の使用条件を限定するのは初めてだと言う（二〇一〇年四月七日各紙）。

二〇一〇年四月　　戸田清

訳者解説

本書は、*School of Assassins: Guns, Greed, and Globalization*, Jack Nelson-Pallmeyer, Orbis Books, 2001の全訳である。原書の初版は二〇〇一年だが、アメリカ陸軍米州学校（SOA）の実態と米国の外交政策の中で果たしてきた同校の役割を知る上で役立つことから、SOAウォッチ（School of the Americas Watch）のオフィシャルブックとして今も活躍している。

SOAウォッチは、一九九〇年にメリノール宣教会のロイ・ブルジョワ神父によって創設された草の根の市民団体である。ラテンアメリカの人々との連帯を深めるとともに、SOA／WHINSECの閉鎖と、同校に類似した様々な機関に象徴される米国の抑圧的な外交政策の変革を求めて、非暴力不服従の運動をつづけている。現在、本部はワシントンDCにある。

訳者が米国に大学院留学していた時期（一九九八〜二〇〇一年十二月）は、経済のグローバル化が引き起こす諸問題に取り組む多彩な市民運動が高揚しながら、米国内ではほとんど成果を上げないままジョージ・W・ブッシュ政権の「対テロ戦争」によってすっかり勢いを失ってしまった時期と重なる。同政権がむき出しの恐怖政治をはじめる前、ラテンアメリカ諸国のエリート層と米国資本の企業の権益を守るために、圧倒的多数の貧困層を抑圧する手段のひとつとして存在してきたSOAを閉鎖に追い込む市民運動は、反グローバル化のうねりと連動して拡がりを見せていた。そのため「暗殺者学校」、「クーデター学校」、「独裁者学校」といった異名を持つSOAは、二〇〇一年一月には西半球安全保障協力研究所（WHINSEC〔ウィンセック〕）に改称せざるを得なかった。ただしそれは文字通り単なる化粧直しであり、所在地はもちろんラテンアメリカ諸国の軍人たちを訓練する内容もSOA時代と変わりない。したがってSOAウォッチは、同校をSOA／WHINSECと呼んでいる。

対米従属からの脱却をはじめた国々の中からも、不服従の意志を示す動きがある。二〇〇四年にベネズエラがSOA／WHINSECに軍人を送るのを廃止して以来、アルゼンチン（二〇〇六年）、ウルグアイ（二〇〇六年）、コスタリカ（二〇〇七年）、ボリビア（二〇〇八年）がそれにつづいている。（注1）

SOA／WHINSECの存在は米国内でもいまだに広く知られているわけではない。たとえば一九七三年九月十一日、チリで起きたクーデターとピノチェト軍事独裁政権の背後にCIAや米国の企業の援助があったことはある程度知られていても、米国が「民主主義を求める市民を弾圧するためにナチスの抵抗運動つぶしと拷問の技術を使った（注2）」ことや、ピノチェト将軍の「抑圧的な政権には、おびただしい数のSOA卒業生を配置していた」ことに関する認識度は低い（本書第五章参照）。

本書の前身ともいえる *School of Assassins*（Nelson-Pallmeyer, 1997）を訳者が初めて手にしたの

は、二〇〇〇年十一月にアメリカ陸軍米州学校（ＳＯＡ）の所在地であるジョージア州フォートベニングで開かれた同校の閉鎖を求める集会に参加した時だった。二〇〇一年に*School of Assassins: Guns, Greed, and Globalization*（Nelson - Pallmeyer, 2001）が出版された時も日本語訳の必要性を感じた。しかし、実際に翻訳に取りかかったのは、二〇〇九年の春に公開されたスティーブン・ソダーバーグ監督の『チェ　三九歳　別れの手紙』を観た後だった。チェ・ゲバラが米軍の特殊部隊に訓練を受けたボリビア軍に追われ、ついには射殺されてしまうシーンを観ながら、米国による訓練――暗殺の仕方、クーデターの起こし方、市民への拷問の仕方、虐待の方法、諜報組織の作り方など――（注3・4）は、ラテンアメリカ全域の軍人たちを対象に行われていたことを詳しく解説した本が必要だと思った。その象徴ともいえるＳＯＡ、つまり現在の西半球安全保障協力研究所（ＷＨＩＮＳＥＣ）は、オバマ政権のもとでも閉鎖の兆しはない。

新自由主義と対米従属からの脱却が趨勢を占める南米だが、米国は旧態依然として西半球の永久支配を狙っているようである。二〇〇九年十月三十日には、コロンビア政府とのあいだで、米軍がコロンビア国内の七つの軍事基地と国際空港を必要な時にいつでも利用できるという協定を結んだ。（注5）ジョージ・W・ブッシュ政権がアフガニスタンやイラクへの侵略に没頭しているあいだに急速に失われた米国の影響力をなんとか挽回するために、コロンビアをラテンアメリカ全域に向けた軍事行動の拠点にするつもりなのだろうか。これには周辺諸国はもちろん、コロンビアの多くの人々が怒っている。（注6）一九八五年以来つづく内戦で、コロンビア人口の十分の一にあたる四六〇万人もの人々が、住みなれた土地から強制的に退去させられてきた。（注7）コロンビアはそうした人々の数が世界で最も多い国である。（注8）二〇〇八年だけでも三八万人が住処を追われている。コロンビア軍は国内の先住民を頻繁に殺害しているが、二〇〇八年には隣国のエクアドルに侵入し、一七名の命を奪った。(注9) 本書の第五章にもコロンビアの石油資源に絡んだ人権蹂躙の実態が書かれているように、同国の人権記録はラテンアメリカにおいて最悪である。(注10) にもかかわらず、二〇〇〇年以降米国からの軍事援助額は四六億ドルにのぼるという。(注11) 一九四六年以来、SOA／WHINSECに最も多くの軍人を送ってきたのもコロンビアであり、その数は一万名を超える。(注12)

米国は石油供給源の半分をラテンアメリカに頼っていることから、二〇〇八年から米国第四艦隊を周辺海域に復活させている。(注13) 同艦隊の艦艇にはポラリス（核弾頭を搭載した潜水艦発射弾道ミサイル）で武装した複数の潜水艦が含まれている可能性があり、一九六七年に採択されたラテンアメリカ核兵器禁止条約（トラテロルコ条約）に違反していると指摘する専門家の声もある。(注14)

米国は、中米にも波及している脱新自由主義の波に歯止めをかけようとしているのだろうか。そんな印象を与える動きがホンジュラスで展開されている。二〇〇九年六月に同国で起きたクーデターは、SOA／WHINSECが今もなお米国の政財界にとって重要な役割を果たしていることを証明した。過去四十年にわたってラテンアメリカ情勢を取材しつづけている英国人ジャーナリスト、ヒュー・オーショーネシーによると、マヌエル・セラヤ大統領を排除しようとする背景には米国の政財界の強い意向があるという。(注15) 米国から訓練を受けた軍の指導部とワシントンの有力な政治家たちの力で民主主義を破壊し、企業の権益を守ろうとする典型的なケースである。

セラヤ大統領のもとで、ホンジュラスが米州ボリバル代替統合構想（ALBA）に加盟したのは二〇〇八年のことだった。[注16] ALBAは富の一極集中化を招く経済のグローバル化ではなく、相互利益と協力に基づく国際貿易の仕組みを創造する目的で、二〇〇四年にベネズエラとキューバが提案した経済ブロックである。[注17] 新自由主義と対米従属からの転換に乗り出していたマヌエル・セラヤ大統領が、二〇〇九年六月二十八日、パジャマ姿のまま軍用機に乗せられてコスタリカに連れ去られた。[注18・19] 米国の政財界との結びつきが深いホンジュラスの右派が、このクーデターを起こした動機のひとつとしてALBAへの加盟が指摘されており、案の定、セラヤ大統領の排除に成功した後に開かれたホンジュラス議会は二〇一〇年一月十二日、同経済ブロックから脱退を決議した。[注20]

話が前後するが、クーデターを実行したのは陸軍のロメオ・バスケス・ベラスケス将軍と、空軍のルイス・ハビエル・プリンセ・スアソ将軍で、いずれもアメリカ陸軍米州学校（SOA）の卒業生である。[注21] クーデターは米国、ベネズエラ、ホンジュラスの極めて保守的な人物たちがワシントンで企てたことが明らかになっているが、この中には二〇〇二年にベネズエラのチャベス大統領を誘拐して政府の転覆を謀った者たちも含まれている。[注22] ホワイトハウスに隠したまま計画を進めながら最終的にはオバマ大統領の支持を得るという彼らの思惑が、[注23] 果たして二〇〇九年十一月末にはその通りになった。[注24]

日本のマスメディアは、クーデターとSOAの関わりはもちろんのこと、その背後にある米国の政財界の思惑や、セラヤ大統領を排除したロベルト・ミチェレッティ暫定政権下のホンジュラスで起きている弾圧についてまったくといっていいほど報道していない。ニューヨーク出身の弁護士でジャーナリストのエバ・ゴリンジャーは、二〇〇九年九月二十七日にミチェレッティ暫定政権が四十五日間の期限を設けた非常事態宣言を発令したことで、憲法が保障する結社の自由、表現の自由、出版の自由などが停止されたと伝えている。(注25) クーデターに反対する放送局は閉鎖され、ジャーナリストたちが拘留、あるいは失踪させられているばかりか、暫定政権の指揮下にある軍や警察がセラヤ大統領の支持者の多くが住んでいる貧困地区を襲撃して、死者の数は非常事態宣言の発令から翌日までに一〇〇名を超えたという。(注26)

二〇〇九年十一月二十九日、セラヤ大統領を復帰させないまま次期大統領「選挙」が行われ、国民党のポルフィリオ・ロボが、自由党のエルビン・サントスを破って当選した。(注27・28) ブラジル、アルゼンチン、ボリビア、エクアドル、ベネズエラ、エルサルバドル、チリをはじめとするラテンアメリカ諸国の大多数は、この新政権を認めていない。(注29) クーデター直後には恐らく何も知らされていなかったためにセラヤ大統領の復帰を強く求めていたオバマ大統領だったが、このころになると態度を一変させて、「選挙」結果を承認する意向を早々と示唆したのである。(注30)

以下は英『インディペンデント』紙(二〇〇九年七月十九日)に掲載されたヒュー・オーショーネシーによる記事の一部である。

クーデターのための資金は、(米国の)製薬業界と通信業界から出ていることが指摘されている。前者については、ホンジュラス人口の圧倒的多数を占める貧困層のために、商標登録の保護を受けない薬（ジェネリック医薬品）を生産して安価で売るというセラヤ大統領の計画を恐れている。後者の通信業界に関しては、ホンジュラスの国営プロバイダーであるホンジュテルを敵視している。これに匹敵するものとして、一九七三年にニクソン政権がチリのアジェンデ政権を転覆させた際に、米国の電話会社であるＩＴＴが資金を提供したことが挙げられる。二〇〇二年に起きたチャベス大統領に対するクーデターは失敗に終わったが、この時も通信業界からの資金提供があったと指摘する声もある（注：一九五二年にキューバで起きたクーデターで実権を握ったバティスタも、「アメリカ資本の電話会社のために電話料を値上げするなどアメリカに便宜を図った」）。(注31)

ベネズエラ国籍のロベルト・カルモナ‐ボルハス弁護士は、チャベス政権の転覆を狙う中心的な人物である。二〇〇二年のクーデターが失敗した後、彼は米国に逃げ込んだ。現在は、ワシントンに本拠地を置くアルカディアという財団の代表を務めている。セラヤ大統領とホンジュテルの汚職をでっちあげたのも、カルモナ‐ボルハスである。彼の財団の背後にあるのが、米国国務省から資金援助を受けている全米民主主義基金（ＮＥＤ）と、共和党から豊富な資金を与えられている共和党国際研究所（ＩＲＩ）である。二〇〇九年度には、ホンジュラスでの〝政治活動〟のためと称してＮＥＤから一二〇万ドルが送られている。

一方、ＩＲＩの役員会会長を務めるのが、二〇〇八年の大統領選挙で敗れた共和党のジョン・マケイン上院議員である。連邦議会では、マケインは通信業界に関する問題に精力的に取り組んでいる（注：企業献金を手厳しく非難するマケインだが、通信業界から巨額の献金を受け取っていることが詳しく報道されている）[注32]。ホンジュラスでのクーデターを正当化する目的で、二〇〇九年七月七日にワシントンのナショナル・プレス・クラブに暫定政権のミチェレッティを招いたジョン・ティモンズは、ジョン・マケインの選挙資金調達係であり、大手電話会社のＡＴ＆Ｔの代表を務めた経験もある通信業界の屈指のロビイストである。

クリントン国務長官についてはクーデター直後からセラヤ大統領の復帰を求めなかっただけでなく、レーガン政権時代に駐ホンジュラス大使を務めたジョン・ネグロポンテを顧問として起用した。ジョージ・Ｗ・ブッシュ政権下で国連とバグダッドの大使に任命されたネグロポンテは、駐ホンジュラス大使時代（注：本書第五章参照）にはニカラグア政府を転覆させる目的で、米国が援助するテロリスト集団のコントラに資金を流し、中米における米国の主要な軍事基地である「パルメロラ」（注：正式名称は、エンリケ・ソト・カノ空軍基地。ホンジュラスの首都、テグシガルパから北西四五キロに位置する。セラヤ大統領は、ミチェレッティ暫定政権と「パルメロラ」に駐留する米軍が協力し合っていると非難した）から武器や物資が確実にコントラの手に渡るよう手配した。エクアドルでは二〇〇八年九月に行われた国民投票で、外国軍基地の設置を禁止する新憲法が承認された（注：二〇〇九年九月、米軍はエクアドルのマンタ基地から撤退した）[注33]。ネグロポンテはセラヤ大統領が「パルメロラ」を閉鎖した場合の米国の損失を充分に心得ているのだ。

ホンジュラスのクーデターからさかのぼること約一年前には、キューバ出身のウーゴ・ローレンスが米国の駐ホンジュラス大使に就任していた。チャベス大統領に対するクーデターが起きた二〇〇二年にジョージ・W・ブッシュ政権の国家安全保障の対ベネズエラ顧問を担当していたのがローレンスである。二〇〇二年のクーデター当時、ローレンスは米国務省の強硬派で同じくキューバ出身のオットー・ライク国務次官補（西半球担当）やエリオット・エイブラムズとの連携を組んでいた。元駐ベネズエラ大使のライクはAT＆Tに勤務した経験があり、通信業界の権益を擁護するジョン・マケインが大統領選挙に出馬した際には顧問を担当した。(注34)

セラヤ大統領の復帰を拒否したままクーデター派が強行した次期大統領「選挙」について、クリントン国務長官は、「広範な国民が民主的意思を表明した」と歓迎している。(注35)こうした一連の動きから、このクーデターは米国の政財界が周到に仕組んだものであることが見てとれる。またアメリカ陸軍米州学校（SOA）、すなわち西半球安全保障協力研究所（WHINSEC）は、〝必要ならば手段を選ばない〟米国の外交政策にとって欠くことのできない存在であることをワシントンに再確認させることになった。米国が二〇〇九年十一月の次期大統領「選挙」を容認してからホンジュラスに関するニュースはほとんど姿を消したが、抵抗勢力のメンバーたちをターゲットにした暗殺は増加傾向にあるという。(注36)さらなる残虐行為を防ぐために国際的な人権監視団の入国が望まれている。(注37)

次に、拷問と暗殺について手短に補足したい。SOAなどで拷問の訓練を受けたラテンアメリカの兵士たちが使った手口は、占領下のイラクやアフガニスタン、グアンタナモなどで活用されている。二〇〇四年には、イラクのアブグレイブ刑務所で米軍関係者が抑留者に対して行った拷問の現場写真が多数公開されたが、その後新たに二〇〇〇枚以上の証拠写真が見つかった。(注38) これらはすべてジョージ・W・ブッシュ政権のもとでイラクやアフガニスタンの複数の刑務所で撮影されたものである。(注39) アメリカ自由人権協会(ACLU)がその中から四四枚の公開を求めて裁判を起こしたところ、ニューヨークの連邦地方裁判所はその要求を認め、二〇〇九年五月二十八日までに写真を公開するよう米国政府に命じた。(注40) 当初は公開すべきだとしていたオバマ大統領だったが、公開期日が近づくと軍部からの強い懸念に配慮する形でその主張をあっさりと覆した。(注41)「これらの写真を公開したところで、ごく一部の兵士たちによってなされた過去の出来事への我々の認識が深まることはないだろう。……写真を公開すれば反米感情をあおることになり、(イラクやアフガニスタンに駐留している)米兵たちをさらに危険な状況におとしいれることになる」(注42) というのがその理由である。まさに、【ひとにぎりの卒業生による嘆かわしい行動のためにSOAが非難されるべきではないという「腐ったリンゴ説」】(本書第五章参照)と同じ言い逃れである。支配下に置こうとする人々の尊厳を蹂躙するために行う拷問は、米国の外交政策の重要な手段のひとつであることが本書でも明らかにされている。ACLUのアンソニー・ロメロ事務局長は、二〇〇〇枚もの証拠写真が出てきたことから「もはやひとにぎりの腐ったリンゴに罪を着せるのは無理がある。政府のトップレベルで決定された政策だ」と述べて、オバマ政権が写真を「隠すのはブッシュのホワイトハウスのためだけでなく、みずからのためである」と非難した。(注43)

オバマ大統領は、暗殺についても積極的である。暗殺といえば銃殺、毒殺、刺殺などが思い浮かぶ。

しかし、暗殺方法には空からの攻撃もある。したがって、暗殺のターゲットにされた人物以外にも多数の犠牲者をともなう。

調査報道を専門とする米国人ジャーナリストのジェレミー・スケイヒルによると、レーガンからオバマにいたるまで、どの大統領も軍事作戦や先制攻撃と称して〝テロリストたち〟を暗殺する権利を保持してきたという。(注44) もちろん〝テロリスト〟の定義は、その時々の大統領が判断することである。(注45) たとえばビル・クリントン大統領は、オサマ・ビンラディンの暗殺にも意欲的だったが、一九九九年四月二十二日には、NATO軍にユーゴスラビアのスロボダン・ミロセビッチ大統領の自宅を空爆するよう命じた。(注46) その翌日には、セルビアのアレクサンダル・ヴチッチ情報大臣がセルビア国営テレビ局を訪れるという情報をもとに、クリントン大統領とウェズリー・クラーク将軍は彼を暗殺するために同局へのミサイル爆撃を指示した。(注47) 結局ヴチッチ情報大臣は殺されずにすんだが、一六名の放送局員の命が奪われた。(注48)

ジョージ・W・ブッシュ政権は、CIAの無人攻撃機・プレデター（注：プレデターは軍用無人機で、米軍やCIAが使用する。ここではCIAのそれをさす）を使ったり、特殊部隊に〝値打ちの高い標的〟を追跡させたりするなどして暗殺を実行した。(注49) このほかにもCIAの秘密刑務所に無期限に収容するなどして〝抹殺〟が行われた。(注50) クリントン政権下の一九九〇年代、ビンラディンがスーダンにいた頃、同国でCIAの支局長を務め、ジョージ・W・ブッシュのもとではビンラディンらの暗殺計画にたずさわったJ・コーファー・ブラックによると、二〇〇四年までにアルカイダ指導部の七割以上が逮捕、拘束、あるいは殺害されたという。(注51)

オバマ政権の暗殺計画は、これらの延長線上にある。二〇〇九年十二月一日、オバマ大統領はアフガニスタンへ三万人の米兵を増派すると表明した。(注52) 対アフガニスタン新戦略には、CIAの無人攻撃機・プレデターによるパキスタン領内での攻撃拡大も含まれている。(注53) つまりパキスタン側に潜伏しているとされるアフガニスタンの反政府武装勢力タリバンの指導者など、米国側にとって〝値打ちの高い標的〟の暗殺を、より広範に行うということである。当然巻き添えを食らって多くの人々が犠牲になってしまう。『ニューヨーク・タイムズ』(二〇〇九年十二月四日)は、あからさまに暗殺とは書かないが、オバマ大統領のもとで行われてきたCIAの無人攻撃機による「爆撃」の回数は、ジョージ・W・ブッシュのそれを上回ると伝えている。(注54) しかもこの手法によるアルカイダへの「攻撃」は、党派を超えて大きな支持を得ているというから恐ろしい。(注55)「文民の諜報機関が、米国が公式に戦争をしていない国でロボットを使って人を選び出し、殺害するという軍事的な重大任務を果たすのは世界史上初めて」(注56)である。二〇〇九年十二月十四日に入るとCIAの無人攻撃機による爆撃対象地域をさらに拡大して、アフガニスタンとの国境に近い谷に位置する人口八五万人の大都市・クエッタをターゲットにするという米国政府の意向が伝えられた。(注57) 政府内にも賛否両論があるとされているが、パキスタン側の高官によるとクエッタがタリバンの聖域になっているという米国の主張は誇張されたものにすぎないという。(注58) アフガニスタンのバグラム空軍基地はオバマ政権のもとで拡張され、数百名もの人々が容疑もないまま収容されている。(注59) 無人攻撃機を使った暗殺を含めて、CIAが秘密計画として進めようとしたことをオバマ政権は白昼堂々とやってのけているというのがジェレミー・スケイヒルの見方である。(注60)

議会が宣戦布告さえしていない主権国家への爆撃を正当化するオバマ大統領だが、そんな彼がノーベル平和賞を受賞した。歴史家のハワード・ジンは、次のように述べている。「バラック・オバマがノーベル平和賞を授与されたと聞いて、私は愕然とした。ふたつの戦争を続行中の大統領が平和賞を与えられるなんて、本当にショックだと言ってもいいくらいだ。だが、そういえばウッドロー・ウィルソン、セオドア・ルーズベルト、ヘンリー・キッシンジャーたちも皆、ノーベル平和賞を受賞していたのだった。ノーベル委員会は、表面的な判断を下すことで有名だ。美辞麗句や口先だけのジェスチャーにとらわれて、世界平和への露骨な侵害を無視するのだ(注61)」と。ただし世界を見渡せば、オバマ政権下で行われている戦争はふたつだけではない。

本書の内容を端的にまとめると、「米国の外交政策の目的は一貫して米国の政財界の権益を守ることであり、そのためには手段を選ばない」ということになると思う。そのひとつの象徴として、SOA／WHINSECを取上げている。そんな米国に、日本はいまだに依存している属国である(注62)。「在日米軍再編」を商機と捉える日米軍需関連企業やゼネコン(注63)、世界最大の経済市場である米国で利益を上げつづけたい多国籍企業の意向も関係していると思うが、本書の日本語版への序文の中で著者のジャック・ネルソン - ポールミヤーは、こう述べている。「米国はまぎれもなく帝国の急速な衰退期に入っている。米国には倫理上の権威も、経済力も、国際社会において特権的地位を堅持するために戦争を起こそうにも効果的な軍事的手段もない」と。米国の著名な教育者であり、草の根の市民運動に深く関わってきた

ネルソン - ポールミヤーの見解は、世界的には多数派を占めるだろう。

日本国憲法の第二五条には、「①すべての国民は、健康で文化的な最低限度の生活を営む権利を有する」「②国は、すべての生活部面について、社会福祉、社会保障および公衆衛生の向上及び増進に努めなければならない」(注64)とある。にもかかわらず、日本政府がこの国に暮らす人々の生活の質を犠牲にしながら米国に大盤振る舞いしたところで、いずれ共倒れするだけではないだろうか。衰退する帝国の延命装置的な役割を日本が果たす必要などない。むしろ日米軍事同盟を解消して日本国憲法を活かす道(注65)にこそ未来がある。

ジョージ・W・ブッシュ政権の退陣以来、米国の暗部を暴く本は出版しにくい状況らしい。そんな中で、本書の出版を手掛けてくださった緑風出版の高須次郎さんと高須ますみさんに厚くお礼を申し上げたい。原著者のジャック・ネルソン - ポールミヤーさん、オービス・ブックスのドリス・グッドノーさん、監訳者の戸田清さん、緑風出版の斎藤あかねさんにも大変お世話になった。どうもありがとうございました。

安倍陽子

二〇一〇年一月二十四日（沖縄県名護市の市長選挙で、辺野古への新基地建設計画に反対する稲嶺進候補が勝利した日）

【訳者解説引用および参考文献】

1. "Ask Nicaragua to withdraw from the SOA," SOA Watch, http://salsa.democracyinaction.org/o/727/t/3823/petition.jsp?petition_KEY=1882.
2. 伊藤千尋『ゲバラの夢　熱き中南米』（シネ・フロント社、二〇〇九年）二〇四頁。
3. 前掲。
4. 伊藤千尋『反米大陸』伊藤千尋（集英社新書、二〇〇七年）、伊藤千尋『ゲバラの夢　熱き中南米』（シネ・フロント社、二〇〇九年）。
5.「米・コロンビアが挑発するラテンアメリカにおける戦争の脅威」リブ・イン・ピース☆9＋25、二〇〇九年十一月二十三日。http://www.liveinpeace925.com/latin_america/us_colombia_threat.htm.
6. Hugh O'Shaughnessy, "US builds up its bases in oil-rich South America," Independent News and Media Limited, 22,November 2009.
7. 前掲。
8. 前掲。
9. 前掲。
10. "2010 Delegations – Travel to Latin America: Colombia," SOA Watch News and Updates, www.SOAW.org.
11. Hugh O'Shaughnessy, "US builds up its bases in oil-rich South America," Independent News and Media Limited, 22, November 2009.
12. "2010 Delegations – Travel to Latin America: Colombia" SOA Watch News and Updates, www.SOAW.org.
13. Hugh O'Shaughnessy, "US builds up its bases in oil-rich South America," Independent News and Media Limited, 22, November 2009.
14. 前掲。
15. Hugh O'Shaughnessy, "Honduras: Democracy hangs by a thread. The right-wing coup d'état is faltering, but its supporters have powerful friends in Washington," Independent New and Media Limited, 7, July 2009.
16. James Sugget, "Honduras withdraws from ALBA, El Salvador won't join despite FMLN support,"

Venezuelanalysis.com, 15, January 2010.
17. 前掲。
18. Hugh O'Shaughnessy, "Honduras: Democracy hangs by a thread. The right-wing coup d'état is faltering, but its supporters have powerful friends in Washington," Independent New and Media Limited, 7, July 2009.
19. Chris Kromm, "Honduran coup shines spotlight on controversial U.S. military training school," Facing South, 1, July 2009.
20. James Sugget, "Honduras withdraws from ALBA, El Salvador won't join despite FMLN support," Venezuelanalysis.com, 15, January 2010.
21. Chris Kromm, "Honduran coup shines spotlight on controversial U.S. military training school," Facing South, 1, July 2009.
22. Hugh O'Shaughnessy, "Honduras: Democracy hangs by a thread. The right-wing coup d'état is faltering, but its supporters have powerful friends in Washington," Independent New and Media Limited, July 2009.
23. 前掲。
24. 島田峰隆「ホンジュラス大統領選：中南米は認めず」『しんぶん　赤旗』二〇〇九年十二月一日　国際面。
25. Eva Golinger, "Urgent! Massive repression in Honduras-45 day state of emergency imposed by coup regime," Postcards from the Revolution, 28, September 2009.
26. 前掲。
27. 「ロボ氏　勝利宣言　ホンジュラス大統領選」『西日本新聞』二〇〇九年十二月一日　総合・国際面。
28. 島田峰隆「ホンジュラス大統領選：中南米は認めず」『しんぶん　赤旗』二〇〇九年十二月一日　国際面。
29. 前掲。
30. 前掲。
31. 伊藤千尋『ゲバラの夢　熱き中南米』（シネ・フロント社、二〇〇九年）六七頁。
32. Matt Kelley, "Telecom lobbyists tied to McCain," *USA Today*, 23, March 2008.
33. 島田峰隆「米軍9月に撤退完了——エクアドル：基地協定更新拒否受け」『しんぶん　赤旗』二〇〇九年七月十九日。
34. Hugh O'Shaughnessy, "Honduras: Democracy hangs by a thread. The right-wing coup d'état is faltering, but

its supporters have powerful friends in Washington," Independent New and Media Limited, 7, July 2009.

35. 「主張：中南米、前進する民主的変革のうねり」『しんぶん　赤旗』二〇〇九年十二月十五日　政治面。

36. "2010 Delegations – Travel to Latin America: Honduras," SOA Watch News and Updates, www.SOAW.org.

37. 前掲。

38. Jeff Zeleny and Thom Shanker, "Obama moves to bar release of detainee abuse photos," *The New York Times*, 14, May 2009.

39. Peter Wallsten, Julian E. Barnes and Greg Miller, "Obama administration to release Bush-era detainee photos," *The Los Angeles Times*, 24, April 2009.

40. Jeff Zeleny and Thom Shanker, "Obama moves to bar release of detainee abuse photos," *The New York Times*, 14, May 2009.

41. 前掲。

42. 前掲。

43. 前掲。

44. Jeremy Scahill, "The Democrats' selective amnesia on assassination: Clinton did it and Obama does it too---while the focus is on Dick Cheney's role, the U.S. has long had a bi-partisan assassination program," RebelReports, 15, July 2009.

45. 前掲。

46. 前掲。

47. 前掲。

48. 前掲。

49. 前掲。

50. Jeremy Scahill, "Is Obama Continuing the Bush/Cheney assassination program? Congress is outraged that Cheney concealed a CIA program to assassinate al Qaeda leaders, but they should be investigating why Obama is continuing---and expanding---U.S. assassinations," RebelReports, 14, July 2009.

51. Jeremy Scahill, "The Democrats' selective amnesia on assassination: Clinton did it and Obama does it too---while the focus is on Dick Cheney's role, the U.S. has long had a bi-partisan assassination program,"

RebelReports, 15, July 2009.

52. 木村一浩「アフガン米軍十一年七月に撤退開始　オバマ大統領が発表」『沖縄タイムス』二〇〇九年十二月二日。

53. Scott Shane, "C.I.A. to expand use of drones in Pakistan," *The New York Times*, 4, December 2009.

54. 前掲。

55. 前掲。

56. 前掲。

57. Greg Miller and Julian E. Barnes, "Obama may launch drone attacks on major Pakistani city: U.S. officials seek to push CIA drone strikes into the major city of Quetta to try to pressure Pakistan into pursuing Taliban leaders based there," *The Los Angeles Times*, 14, December 2009.

58. 前掲。

59. Jeremy Scahill, "Is Obama Continuing the Bush/Cheney assassination program? Congress is outraged that Cheney concealed a CIA program to assassinate al Qaeda leaders, but they should be investigating why Obama is continuing--and expanding--U.S. assassinations," RebelReports, 14, July 2009.

60. 前掲。

61. Howard Zinn, "War and peace prizes: the dismaying gift of the Nobel prize puts Barack Obama on the list of its winners who promised peace but prosecuted war," guardian.co.uk. 10, October 2009.

62. ガバン・マコーマック、新田準訳『属国』（凱風社、二〇〇八年）

63. 『日本の軍事費：巨大なムダと利権』安保がわかるブックレット③（安保破棄中央実行委員会、二〇〇八年）

64. 常岡［乗本］せつ子、C・ダグラス・ラミス、鶴見俊輔『英文対訳　日本国憲法をよむ』柏書房（一九九四年）三一頁。

65. 伊藤千尋『活憲の時代　コスタリカから9条へ――』（シネ・フロント社、二〇〇八年）

[著者紹介]

ジャック・ネルソン - ポールミヤー（Jack Nelson-Pallmeyer）

1951 年生まれ。聖オロフ大学政治学部卒業。ユニオン・セオロジカル・セミナリー神学部修士課程修了。ミネソタ州の聖トマス大学で「正義と平和の研究」を教えるかたわら、非暴力に根ざした社会運動に深く携わる。地球温暖化、イラク戦争、保健医療、教育などについて論陣を張り、全米各地で講演活動も行う。ニカラグアをはじめとする海外での豊富な経験と研究をもとに、信仰、飢餓、軍拡競争、米外交政策に関するテーマの著書、評論多数。著書については、監訳者あとがきを参照。

[訳者紹介]

安倍　陽子（あべ　ようこ）

1969 年生まれ。フロストバーグ州立大学哲学部卒業。ウェストバージニア大学社会学部修士課程修了。南アジアを中心に放浪するバックパッカー。ネパール植林プロジェクト代表。

[監訳者紹介]

戸田　清（とだ　きよし）

1956 年大阪生まれ。大阪府立大学、東京大学、一橋大学で学ぶ。日本消費者連盟事務局、都留文科大学非常勤講師などを経て、長崎大学環境科学部教授。専門は環境社会学、平和学。博士（社会学）、獣医師（資格）。著書は『環境正義と平和』（法律文化社 2009 年）ほか。訳書は『エコ社会主義とは何か』（緑風出版 2009 年）ほか。
http://todakiyosi.web.fc2.com/

アメリカの暗殺者学校《あんさつしやがっこう》

2010年5月20日　初版第1刷発行　　定価2,600円＋税

著　者　ジャック・ネルソン - ポールミヤー
訳　者　安倍陽子
監訳者　戸田清
発行者　高須次郎
発行所　緑風出版 ©
〒113-0033　東京都文京区本郷2-17-5　ツイン壱岐坂
［電話］03-3812-9420　［FAX］03-3812-7262
［E-mail］info@ryokufu.com
［郵便振替］00100-9-30776
［URL］http://www.ryokufu.com/

装　幀　斎藤あかね
制　作　R 企 画　　印　刷　シナノ・巣鴨美術印刷
製　本　シナノ　　用　紙　大宝紙業　　E1500

〈検印廃止〉乱丁・落丁は送料小社負担でお取り替えします。
Printed in Japan　　ISBN978-4-8461-1004-8　0031